U0462769

本书为南京大学研究生"三个一百"优质课程建设项目建设成果

杨海平　张新新　等/编著

中国
数字出版业发展
典型案例研究

社会科学文献出版社
SOCIAL SCIENCES ACADEMIC PRESS (CHINA)

编著者

杨海平　　张新新　　汪美晨　　牛睿敏　　陈健珊
刘筱婧　　唐婉琳　　白　雪　　蒋雪晴　　马　榛

前　言

　　数字出版作为新兴技术背景下传统出版业与新型数字技术的融合，多年来呈现良好发展态势。"十二五"时期以来，数字出版产业高速发展，用户规模不断扩大。同时，由于政府牵头、多措并举、行业推进，数字出版产业发展获得多方引导和支持，处于快速发展的机遇期。未来，数字出版将获得更高质量、更高水平的发展。

　　本书编著者持续关注数字出版业的实践、研究和探索，主持并完成了一系列国家级和省部级课题，大量课题关涉数字出版的发展与转型，也因此结识了行业内有影响力的诸多专家。越是深入研究越是发现，数字出版作为一个新兴行业，其发展中还存在诸多问题，也尚有很大发展潜力。如何正确看待数字出版当前所处的发展阶段？如何应对数字出版目前存在的问题？如何在技术快速更迭的时代走在行业前列？一系列问题均值得我们深入研究与探讨。而在这短暂的发展历程中，不乏一些出版企业和出版人为行业做出了优秀的示范，生产了一大批重要的数字出版产品。对这些鲜活的案例进行研究，可以为数字出版业的发展提供更为直接的参照，理清我国数字出版业未来发展的思路和策略，从而改善出版学术界案例研究的薄弱现状。

　　本书是融智库 2019 年度重点课题的研究成果。从 2019 年 7 月开始着手研究，2019 年 10 月正式开题，到 2020 年 8 月完成，历时一年时间。在项目研究前期阶段，课题组成员通过多渠道检索，全面搜集、掌握了国内外数字出版业的研究现状，对我国数字出版业的发展情况及相关案例进行了归纳分析，讨论并确定了优秀案例范围。中期阶段，召开多次讨论会议，在对案例对象选取、访谈提纲拟定等集中讨论的基础上，采用访谈法等调研方法，对10余家出版企业的数字出版业务负责人、数字出版业领军人物进行调研采访，全面了解了目标产品、企业以及人物的相关情况，为课题研究提供了大量一手材料。在课题研究后期阶段，完成调研报告的撰写、查重、校对等工作，并将初步撰写好的初稿交由相关领域的专家学者和行业人士审阅，最终汇总完成《我国数字出版业发展优秀案例》研究报告。

本书依据我国数字出版业发展情况，通过对比研究，选取我国数字出版业典型产品和数字出版转型企业等。全书分为两大部分：第一部分选取7个典型数字出版产品案例，从研发优势、产品特色、技术创新等方面进行成功经验总结；第二部分选取17个典型企业案例，从企业的组织架构、体制机制、人才培养、营收情况、利润、成本、人均产值、业务概况、投资方向、数字出版发展战略规划、主要产品、成就等方面进行全面总结和介绍。希望这些典型案例能为我国出版行政管理部门、行业协会、业界、学界提供理论思考和实践参考。

本书在案例选取和案例研究两方面做了积极的探索。一方面，在案例选择过程中尽可能扩大案例类型的覆盖范围。在产品案例中融合了大众出版、专业出版、教育出版等不同类型的数字出版产品，在企业案例中并未将研究范围限定在传统出版社的数字化转型，而是结合新兴数字出版企业共同研究。另一方面，本书运用产业经济学、营销管理等基本理论和方法，从内容组织、商业模式、人才建设、技术创新等方面进行分析和总结，兼具理论与实践意义。

本课题由杨海平、张新新统筹策划、制订大纲、组织协调、撰写、修改、完善。汪美晨、牛睿敏、陈健珊、刘筱婧、唐婉琳、白雪、蒋雪晴、马榛参加调研、撰写、校对，王昕雨、陈彦清参与了文字校对工作。

在调研和写作过程中，我们得到地质出版社、重庆出版集团、凤凰出版传媒集团、广东高等教育出版社、贵州出版集团、华东师范大学出版社、中国科学技术大学先进技术研究院、知识产权出版社、北京大学出版社、广西师范大学出版社、长江出版传媒集团、易思科技有限责任公司、化学工业出版社、清华大学出版社、人民卫生出版社、陕西新华出版传媒集团、中地数媒（北京）科技文化有限责任公司、中国建筑工业出版社、中南出版传媒集团等的大力支持，各出版机构及领导同仁为本书提供了调研便利和详细资料，在此对他们表示感谢。在资料搜集过程中我们借鉴和引用了许多专家学者的研究成果，在此对他们表示诚挚的敬意！南京大学社会科学处、信息管理学院、出版研究院资助了本书的出版，社会科学文献出版社及谢炜副社长、赵晶华编辑为本书出版提供了诸多帮助，在此一并表示感谢！

因工作性质、研究视野和其他条件限制，本书亦存在缺点和不足，欢迎政产学研界专家们批评指正（联系邮箱：yhp@ nju. edu. cn），以便于我们继续修订和完善。

编著者

2023 年 1 月于南京

目录
CONTENTS

第一部分　产品篇

第二部分　企业篇

第一部分 产品篇

第一章
“课书房”新形态教材支撑平台：加强
资源融合，出版立体教材

受数字出版转型浪潮的影响，我国出版社在教育出版领域也进行了积极的探索和尝试，以期更好地顺应新时期教育市场的发展趋势。重庆大学出版社“课书房”新形态教材支撑平台由数字资源、教学服务云平台和慕课在线学习平台三部分构成。本章通过分析该平台的建设和运营情况、优势特征、实施效果以及全方位的开发经验等，以期为其他教育出版企业的发展提供借鉴，推动教育出版企业的数字化转型，更好更快地实现从知识提供商向内容服务商的转型发展。

一 绪论

（一）数字出版环境下的教育出版转型发展

我国出版业已由传统业态全面步入数字时代，各类新兴数字板块持续发展，数字出版用户规模平稳增长。2021年10月公布的《2020—2021年中国数字出版产业年度报告》显示，2020年，我国数字出版产业整体收入规模超过万亿元，达到11781.67亿元，相比上年增长19.23%，呈现逆势上扬态势。一方面，出版数字化转型的深化得到国家政策支持，如2017年国家新闻出版广电总局发布《新闻出版广播影视业“十三五”时期发展规划》，确立了数字出版转型的目标。另一方面，数字阅读已经逐步嵌入国民的阅读习惯中，出版市场对数字阅读的需求进一步扩大。2021年发布的《第十八次全国国民阅读调查报告》显示，我国民众目前对数字化阅读方式的接触率已经连续十二年保持上升趋势，传统出版的数字化变革成为产业升级的必然结果。

教育出版是出版业的重要组成部分，是当前研究出版新形态的重要切入点。[1]数字教育出版是指，在数字出版和数字教学逐渐兴起的过程中，为适应新时代用户的需求，将传统教育出版物按照数字出版的生产方式进行加工，提供知识增值服务，并借助网络传播，或借助传统出版物渠道发行，用户使用个人计算机或移动终端阅读设备等进行阅读的出版活动。[2]受数字出版转型浪潮的影响，我国出版社在教育出版领域也进行了积极的探索和尝试，打破了传统的教育理念，不断扩大教育的受众范围，逐渐丰富产品的呈现形式，通过技术赋能的丰富表现形式，顺应新时期教育市场发展的趋势。

（二）重庆大学出版社数字化转型发展概况

2015 年以来，我国内容付费用户数量增长显著，但作为内容产品的图书，销量却没有跟上。移动互联网的普及成为内容付费规模化增长的最大推手，手机等移动终端的广泛使用，让越来越多的读者放下书，变成用户。出版社已经走到转型与升级迭代的关键路口，在线出版、在线教育、知识付费、数据库出版和辅助决策产品等都是不错的发展方向。各出版社结合现有的产品特色，发挥自身优势，深挖作者与客户资源，选择适合的路线前进。

重庆大学出版社是一家以教育出版为核心的综合出版社，既具备传统出版社的一般属性，又兼具服务教学科研的特殊功能。重庆大学出版社拥有 37 年的建设历史，依托重庆大学的教育、人才、产业等资源不断发展，成为国家一级出版社、全国百佳图书出版单位。重庆大学出版社依托几十年来积累的丰富教育内容资源，积极开展数字化转型，现已初具规模和成效。分析总结并提炼推广重庆大学出版社的发展模式和成功经验，不仅能为重庆大学出版社的未来发展提供决策依据，更能为其他高校出版社数字化转型发展提供借鉴参考。

为加快数字化转型进程，重庆大学出版社在 2010 年设立了数字出版中心，并在此基础上于 2011 年创立了重庆迪帕数字传媒有限公司（简称"迪帕数媒"）。迪帕数媒是一家专业提供教育数字化综合解决方案的创新型高科技公司，致力于为职业院校和职业培训机构提供数字化教学的综合解决方案，包括在线课程及资源库产品、数字化教学资源定制开发、数字化教学支撑平台、在线教育平台运营等产品和服务。同时，它为出版社的传统出版业务提供有力的数字化技术支撑和运维服务，为出版融合发展提供驱动力。

以"教材 + 资源 + 服务平台"为核心内容的新形态教材支撑平台，是重庆大学出版社在数字化转型升级之路上迈进的一大步。内容优质的新形态教材和一般图书的开发将是出版社下一阶段产品提档升级的新的突破口。

二 "课书房"新形态教材支撑平台的实施背景

（一）良好的产业集群发展基础

2017 年，重庆数字出版业发展态势良好，产值达到 179.58 亿元，网络出版服务单位相比 2016 年增加了 4 家，达到 21 家；传统出版单位向数字化转型，参与数字出版业务，取得了明显效果。[3] 数字出版业对发展模式进行创新，形成了"内容 + 文创"、"内容 + 电商服务"、"内容 + 教育服务"、"内容 + 智库服务"和"技术 + 教育服务"的商业模式。两江新区国家数字出版产业基地的产业集聚能力不断增强。

重庆市数字出版业的特色和亮点主要是数字教育。在基础教育和职业教育方面，有重庆出版集团、西南师范大学出版社的课标平台，课堂内外杂志社的"灵狐课外""壹笔作文"，重庆大学出版社迪帕数媒的"课书房"等平台；在继续教育方面，有当代党员杂志社、商界传媒集团等主体的介入。

截至 2016 年末，重庆基本形成了五大产业集群，这五大产业集群对重庆数字出版业的贡献达到 80% 以上。数字教育出版对数字出版产业具有基础支撑作用。重庆的数字教育出版发展拥有得天独厚的先天优势，尤其是在基础教育、职业教育、素质教育等领域形成了特色。[3]

（二）国家对数字出版产业发展的政策扶持

互联网渗入人们生活的方方面面，在此背景下，教育出版也面临着数字化转型。《国家中长期教育改革和发展规划纲要（2010—2020 年）》提出，把教育信息化纳入国家信息化发展整体战略，超前部署教育信息网络。数字化转型成为教育出版发展的必经之路。[4]

《重庆市数字出版业"十三五"发展规划》提出，要建设西部数字教育出版基地。这意味着重庆出版业将集中优势"兵力"主攻数字教育出版，充分释放产业聚集力和影响力。

"课书房"新形态教材支撑平台是由迪帕数媒独立运营的基于教学行为

大数据分析的知识服务云平台。该项目入选2016年度新闻出版改革发展项目库，并获2016年度文化产业发展专项资金资助。

（三）云计算助力数字出版转型发展

当前，云计算技术的应用渐入佳境，探索基于云计算的教育模式有着创新性现实意义。教育出版云包括出版管理平台和教育服务平台，依托云计算技术提供各种功能和服务，这是构建基于云计算的教育出版模型的核心内容。出版管理平台将教学资源素材收集起来，形成资源仓库，教育服务平台根据需要通过版权控制器获取相应的资源素材。[5]

迪帕数媒是重庆大学出版社与重庆电子音像出版社共同成立的，是以云计算为核心构建教育出版模型的典型。"课书房"职教资源云是由迪帕数媒建立的出版云，包括出版管理平台和教育服务平台，背靠重庆大学的教育资源，借助云计算提供各种功能和服务。迪帕数媒通过该出版云使针对学校、机构的服务与针对大众、个人的服务对接，运营课程内容和版权，按需为用户提供解决方案，打造了一体化教育服务模式。通过出版管理、数字出版和教育服务的合理组合，迪帕数媒构建了一套以云计算为主要运行方式的教育出版模式。[5]

（四）长期积累的教育出版服务优势

重庆大学出版社的传统业务是以出版大学、中学教材为主，同时辅以反映新兴科学技术和时代特征的、有着重要价值的学术著作。重庆大学出版社借助在教材教辅方面积累的内容优势，在内容题材和主题范围的选择上，充分利用出版社现有的条件。

同时，经过多年的研发，迪帕数媒已发展为集资源开发、平台研发及运营于一体的创新型科技企业，目前已建成机械资源馆、电子资源馆、建筑资源馆三大专业资源库。其中，"进城务工实用知识与技能培训网""开放式职业技术教育云服务平台及应用示范""基于教学行为大数据分析的知识服务云平台——课书房（库课）智慧移动课堂"等项目，通过国家新闻出版广电总局审核，成为新闻出版改革发展项目库入库项目，同时这3个项目分别获2013年度、2014年度、2016年度财政部文化产业发展专项资金资助。此外，还有多个项目分获科技部科技型中小企业技术创新基金、重庆市数字出版发展专项资金、重庆市北部新区科技创新局科技型中小企业技术创新基金资助，多个项目分别入选 2014 年新闻出版项目金融推介项目、重庆市级文化产业引导基金项目储备库入库项目、重庆市经信委（市云办）云计算服务试点项目以及重庆市 2016 年度"互联网＋"试点示范项目。

三 "课书房"新形态教材支撑平台建设

根据《国民经济行业分类（2017）》，数字出版业包括数字出版产品生产服务、数字出版支撑服务、智能设备制造等 5 个类型，而数字出版业的核心是数字出版产品生产服务和数字出版支撑服务。[3]

"课书房"新形态教材支撑平台是由重庆大学出版社迪帕数媒独立运营的基于教学行为大数据分析的知识服务云平台，具体包括数字资源、教学服务云平台和慕课在线学习平台三个部分。它以数字出版方式融合增强现实技术等技术手段，实现数字出版和传统出版的融合发展，着力于优质教育教学资源的云采编、云生产和版权交易，以确保内容的优质和高效分发。

在"云"环境下，"课书房"新形态教材支撑平台将针对学校、机构的服务与针对大众、个人的服务进行对接，为平台之间以及平台内部元素之间赋予交互传播的特征，将"教学"和"数字出版"结合起来，建立起全方位教育服务模式。学校与出版社、教师与教师、教师与学生、学生与学生、教师与出版社编辑、出版社编辑与学生用户等，均可借助相关的应用来实现信息的交流分享。

（一）平台的数字资源

1. 立体化教材
新形态立体化教材是"互联网＋"时代教材功能升级和模式创新的成果，也是教材未来的发展方向。它以纸质教材为核心，将多媒体教学资源与纸质教材相融合，让学生在纸质文本之外获得在线数字课程资源。教材通过视频、动画、虚拟仿真等技术展现内容，以更直观的表现形式还原教材的重点和难点，实现线上线下互联互通。迪帕数媒提供核心专业课程教材的立体化建设，以及新旧媒体融合的整体解决方案。除了教材配套服务支撑外，迪帕数媒还同步开发了音频和视频类课程，拓展知识付费业务，覆盖更广泛的用户群体，在纸质图书之外开拓更多的收益模式。这些课程可以与相关图书结合，拓展学习应用，也可以通过课程或课程库的形式实现销售。

在线教育的数字教材开发为广大院校的数字教材建设提供如下服务：①内容规划及专业指导；②素材资源的制作；③出版、发行；④数字化转换及内容制作；⑤移动端开发。

数字教材主要是利用技术手段制作教学所需的素材内容，包括教学设计、课件、图纸、图片、加工程序、软件、教学视频、微课、二维动画、三维动画、虚拟仿真、AR 和 VR 等。目标用户资源平台承载与知识点配套的素材内容，生成二维码或 AR 视窗，利用技术软件扫描，即可实现移动端的实时学习与交互。

以《在微信上建学校》一书为例，在策划阶段同步规划了两门在线课程，作者、编辑和运营团队共同开发出两门拓展视频课程，在"课书房"同步上线、付费售卖。平台还跟业界专家合作，开发出"儿童问题心理评估与咨询"在线课程，以视频和音频两种形式呈现，教师声情并茂地讲解，给读者带来更好的学习体验和更多选择。

2. 教学动画开发

教学动画因具有形象直观、表现力丰富的特点，越来越成为现代教育技术的重要组成部分。迪帕数媒多年来积累了丰富的教学动画制作经验，利用自身的多媒体技术优势，结合教育教学特点，将动画与教学内容恰到好处地融合，拓展学生的知识想象力，增强教学的趣味性。

其技术特点主要包括：①专业的动画设计师遇见职业级的技术团队，给予客户最真实、立体的空间感；②精细的传统手绘动画与具有科技感的现代 CG 动画冲撞完美融合，使平面动感传达更为精彩；③借助电影的拍摄理念，结合影视制作的多种手段，加上广告级影像作品的水准要求，为客户提供完美的影像体验。

3. 微课建设服务

微课是以视频、动画等为主要载体，呈现某个学科的知识点或者某个教学环节教师的精彩教学过程，一般为 5 ~ 10 分钟。

根据教学目标，平台在对传统教学内容分析的基础上梳理出微课内容的重难点和技能点，突出课程特色，进行内容设计，突出主题，完善和优化知识内容。迪帕数媒的微课资源解决方案，提供专业的微课设计、标准化的开发工艺流程、精美的资源开发成果，完整的微课资源建设支撑教学模式改革，为翻转课堂提供优秀的微课资源（见图 1 - 1）。

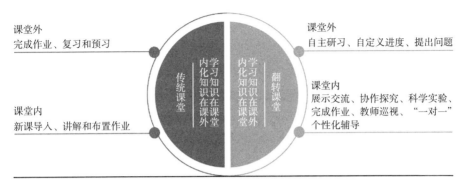

图 1 - 1　传统课堂 vs 翻转课堂

微课主要具有以下四个特征：①时间短：5 ~ 10 分钟；②文件容量小：几十 M；③内容精炼：聚焦问题，突出主题；④实用、丰富：成果实用性强，生动有趣，操作灵活方便。

微课建设服务主要包括：①教学方案、PPT 课件、习题、图片、总结等材料的排版设计及增效；②课程选题、教学形式、课程类型等辅助策划；③课程拍摄场景搭设，编导，视频拍摄、剪辑、合成、后期处理；④片头、片尾特效制作；⑤课程讲解过程中使用动画、视频、虚拟仿真等技术的教学资源制作；⑥聘请专业评审专家进行指导。

"课书房"新形态教材支撑平台具有以下七个优势：①采用"头脑风暴"的方法进行微课选题；②通过细致的 ADDIE 模型分析进行微课设计；③有精细化微课开发的工艺流程，提升制作效率；④成果发布简单、快速、所见即所得；⑤教师微课制作培训课程系统；⑥开发成果支持跨终端访问，使学习不受拘束；⑦低成本开发，节约学校资源。

4. 专业教学资源库建设

专业教学资源库建设遵循知识的内在逻辑关系，以"专业—课程—知识点"为结构主线，以知识点为中心，立足于知识点的配套资源（教学设计、课件、微课、动画、虚拟仿真、图纸、工程文件等），从而形成完整的知识结构和资源体系。同时，通过创设信息化学习环境，实施信息技术与学科教学的整合，进而实现信息技术与学习的整合，使学生获得知识的方式更灵活、学习的效率更高。

5. 在线开放课程建设服务

迪帕数媒拥有完整的服务体系、多样的服务模式、全面的服务内容，致力于协助中职、高职高专和本科院校进行在线开放课程的开发和设计，为各院校进行课程设计和创新提供技术支持。迪帕数媒竭诚为职业院校提供在线开放课程的培训、调研、设计、开发、应用、更新等全程一体化服务。

该服务的集中优势主要体现在以下五个方面。①精细化的教学设计：尽显每一门课程的优势与特点，使课堂效率最大化。②资深的校企合作项目团队：细化责任，分工明确，让各环节质量可控。③专业的技术开发团队：遵循技术开发标准，使课程内容呈现形式多样化，利于学校后期维护，减少其维护成本。④标准化的工艺流程：精细化、流程化和规范化的开发流程，有效保障项目顺利完成。⑤校企合作协同开发机制：使教师真正参与项目开发，快速提升精品课程的教学设计能力和信息化水平。

（二）教学服务云平台

"课书房"新形态教材服务云平台通过 AR、二维码等技术实现纸质教材和优质数字教学资源的联动，服务于院校的教学互动环节，通过对课前、课中、课后全流程的数据汇聚、挖掘、分析和整理，使教学的过程评价和结果考核相结合，从而实现通过教学行为大数据提升教学效果的目标。教学服务云平台提供数千门在线音视频课程，全面满足学生的个性化学习需求。

教学服务云平台为学校提供 SPOC 专有教学平台，为教师提供备课、授课工具，为学生提供学习、交流工具，包括教师在线备课及授课应用、在线监测与考试应用、互动学习应用和回答交流应用四大功能板块。职业学习者、兴趣学习者、继续教育学习者等可以通过公共学习平台（即"课书房"）学习经出版机构审校的高品质内容，享受在线监测与考试、互动学习和问答交流等服务。

1. 教学服务云平台之管理端

出版社通过策划深度融合的新形态教材和配套资源，为学校提供优质内容与个性化服务。同时，通过从云平台获取数据（用户的学习内容数据、学习效果考核数据、教学过程行为数据等），可进一步驱动内容改进，有助于检测教材品质、资源质量、教学效果等，分析、挖掘教师需求、学生需求和管理需求，从而更好地反哺选题、完善内容、改进功能、提升产品和服务。

该平台为用户提供多重接入方式，全书配套总入口二维码，按知识点配套细分二维码、微信公众号、出版社网站以及第三方平台、App（AR、VR）等。

2. 教学服务云平台之教师端

教师登录之后进入云备课操作界面。该界面由四个功能板块组成，包括授课备课、题目管理、资源管理以及个人中心。其中"授课备课"是核心功能区，教师在此板块可以进行备课及授课。"题目管理"板块分为"我的题库"以及"公共题库"两部分。老师可以自行建立私有题库，也可从公共题库中浏览或选取题目融入教学活动中。"资源管理"板块集合了"我的资源"、"课程资源"以及"公共资源"三个部分，使用者可以分门别类地对资源进行查看、下载、删除。"个人中心"主要是对个人信息以及安全设置等进行管理。平台处于动态建设过程，会根据教学需要进行现有功能的升级以及新功能的开发。

点击进入课时界面，可以看到课时内容由四个教学模块以及一个评价模块组成。教学模块包括教学设计、学习资源、习题、答疑交流。点击"教学设计"，可上传课件、教案以及总结；点击"学习资源"，可上传与课时相关的各类音频、视频、图片、文档等多媒体资源；点击"习题"，可以添加判断、单选、多选三类客观题型；点击"答疑交流"，可以添加预设问题，用于课前、课中以及课后讨论。评价模块分为"分组评价"和"分组管理"两部分。教师通过"分组管理"，对班级学生进行课堂分组；通过"分组评价"，为各小组评分。

"资源管理"分为"我的资源"、"课程资源"、"公共资源"三个部分。其中"公共资源"部分由平台整合优秀教师、出版社共同建设。教师可在"公共资源"栏下按照专业分类、资源类型对资源进行查看，也可通过搜索关键字查找、浏览或下载所需资源。

备课完成后，可在该页面继续进行授课活动。教学活动以 PPT 为主线，各类教学资源在 PPT 界面中随时调用，以配合教学。课时界面配备有单独二维码，学生扫描二维码可在手机端进行课程资源查看、习题演练、课堂答疑交流等，学生答题、讨论、交流的结果可以同步反馈到网页端，老师可以实时查看学生答题及讨论情况，根据结果对教学活动进行调整。

3. 教学服务云平台之学生端

学生可以通过扫码或者输入域名登录，使用域名登录时需要选择对应的学校，并输入对应的学号和预设的密码。如果没有注册，可以点击下方的"学生注册"。需要注意的是，注册的时候也需要选择自己所在的学校。

如果通过扫描教师提供的二维码进行登录，则系统已经预设了所在学校的信息，不需要再选择。登录后首先看到的是"我的课程"页，单击某一课程，可看到该课程的课时。单击某一课时后，可以看到该课时的详细信息。每课时由"资源"和"活动导航"两部分构成。

点击资源的名称，可以看到该资源的详情。点击下方的"活动导航"，可以在学习资源、练习题、互动讨论三个功能中切换。点击"活动导航"中的练习题，可以完成教师布置的作业练习。点击下方"提交"按钮后，系统将给出作答的反馈。通过互动讨论功能可以对教师预设的问题进行讨论，点击右上方的"提问题"，可以提交自己的问题给教师，其他同学也可以参与回答。当使用键盘输入问题不便的时候，可以采用图片的形式发布自己的问题。如果不需要其他同学参与讨论，可以点击"该问题仅适合自己可见"，则其他同学将看不到自己的提问。

（三）慕课在线学习平台

慕课在线学习平台作为高品质在线知识获取平台，面向广大在校学生、在职人士，提供专业学科、就业创业、生活服务、金融理财等各类在线课程，旨在利用云计算、大数据及移动互联网技术，构建针对各级院校、培训机构乃至全社会有职业技能学习需求人士的综合性"互联网＋教育"应用平台。同时，还为有技术技能的专家型人才和专业机构提供在线内容创作和技能培训功能，服务于更广泛的受众群体。通过该平台，亦可实现内容众筹、众包等运营模式。

该平台的课程内容十分丰富，目前包括就业创业、金融理财、生活服务三个大类，涉及求职面试、办公达人、经营管理、渠道营销、职场修炼、商务礼仪、投资理财、基金股票、黄金期货、美食达人、智趣生活、家庭心理、保健养生、个人安全等数十种专题在线课程，为用户提供在线学习、在线授课、课程管理等多种类型的互联网教育服务。

四 "课书房"新形态教材支撑平台的优势特征

（一）教育服务功能完善全面，提供整体产品解决方案

"课书房"围绕"教"和"学"两部分展开。迪帕数媒针对学校教育搭

建了"校园云课堂"，针对社会教育建立了"公共互联网在线教育平台"。在"校园云课堂"的支持下，学校能够轻松开展现代化教学，而不用购买价格不菲的服务器等硬件设备。"课书房"利用教育大数据分析平台对教学行为数据进行收集、分析、筛选和重新整合，再反馈给老师，有助于学校和教师根据学生的学习状况来改进教学方式，从而提高教学质量和教学管理水平。针对社会教育领域的"公共互联网在线教育平台"也具有类似的功能和作用，对出版社开展出版经营管理和策划选题均产生重要影响。

此外，"课书房"新形态教材支撑平台不断创新产品设计，提供完善的教育服务。迪帕数媒以一体化教育出版服务平台为建设目标，积极构建基于云计算的教育出版模式，通过不断创新功能，为师生提供内容资源管理平台、在线备课授课平台、自我测试及习题库管理平台等全面立体的服务。

与传统教育出版公司仅提供单一产品或服务不同，迪帕数媒通过自身完善的出版矩阵，能够提供基于云服务的数字化教学整体解决方案，包括数字化教学需要的环境（平台）、数字化教学资源产品、数字化技术服务、学习效果测试与评估等系列产品。

（二）双向互动式信息流通，及时更新和调整内容生产

在"课书房"的支持下，学校教师和出版社编辑不再局限于单一角色，可以担任多重角色，他们既可以是知识教授者和内容把关人，也可以是知识创造者和内容创作者。通过师生双向的信息交流反馈，老师能够随时掌握学生情况并做出教学改进；同时，对信息进行加工处理和利用，可以让信息素材衍生出更多新作品，由出版社专业编辑负责加工审核，然后以存储或直接推送的方式提供给平台学习者。

迪帕数媒借助开放的资源获取方式，能够高效、快速地获取海量素材资源。重庆大学出版社是专业内容的提供商，借助素材数据分析平台等功能板块，可以及时掌握消费者的心理需求变化、把握市场动向、及时调整出版策略和制定出版方案，有意识地生产或提供有针对性的产品和服务，精准满足出版传播受众的需求。同时，利用"校园云课堂"和"公共互联网在线教育平台"两大平台，对数据进行收集、分析筛选、加工处理和审核校对，然后放入资源仓库，更新出版内容，使资源仓库内容更加丰富和完善。

（三）系统共享节约硬件投资成本，技术加密强化版权保护

重庆大学出版社的 ERP 项目于 2008 年 5 月启动，出版社正式步入信息

化管理发展阶段。伴随信息时代的到来，传统的数据处理软件难以适应新形势下信息数据的快速增长，对海量信息分析处理的能力不足。迪帕数媒积极顺应环境变化，提升数字出版创新水平，加快 ERP 系统建设。在该系统的支持下，用户无需耗费巨资进行硬件设施建设，仅需支付服务器、网络等的租用费用，即可随时随地获取、共享信息资源，并在确保安全的环境下将数据存储至基础系统中。

不管是面向个人的"公共互联网在线教育平台"，还是面向服务机构的"出版运营平台"，都可以利用版权控制服务器来控制版权，保障创作者的利益。迪帕数媒为了制止用户对"课书房"职教资源云上的培训课程视频进行非法下载和非法传播，运用 CC 视频的云计算加密技术，在视频上传转码环节对视频内容进行自动加密处理，实现水印和内容的融合。这既能降低网站编辑视频处理的成本，还可以有效保护视频节目的版权。[5]

除此之外，在出版融合领域，借助二维码、AR 等新兴技术，迪帕数媒将云端资源转化为对传统教材出版的内容支撑，并进一步建设沟通终端读者的信息通道。

五 "课书房"新形态教材支撑平台的实施效果

（一）智慧化教学服务效果显著，获得校企多方积极反馈

重庆迪帕数字传媒有限公司是重庆大学出版社的下属企业，其"课书房"新形态教材支撑平台积极探索"教材 + 数字内容 + 平台化教学工具"的发展模式，以促进传统教材服务能力和服务水平的提升。同时，"课书房"智慧移动课堂推出了一套"数字技术 + 软件 + 平台"的数字化教学综合解决方案，为用户提供在线教学服务，为智慧化教学提供了强有力的支撑。[6]

从出版传播受众和出版传播效果来看，基于该模式，迪帕数媒在 2011 ~ 2016 年五年里与国内多个省市的职业院校开展合作，提供相关的教学内容研发、教学管理和技术支持服务，成效显著，累计收入超 2000 万元，[7]教育和出版行业都给予了高度评价。

（二）实现内容资源优化整合，加快数字出版转型升级

新时期用户需求的悄然变化，直接影响了内容资源生产模式和服务方式

的转型升级。"课书房"新形态教材支撑平台以传统出版业务为支撑，立足于自身的专业内容资源优势，选择擅长的业务领域，以数字出版技术为驱动，通过开发建设数据库完成对传统资源的加工改造，加快内容资源的优化整合和数字化转型升级。

（三）"小而专"的数字资源开发，丰富大学社的盈利模式

新形态教材是出版社转型升级的方向性产品，它融合了"优质纸书内容 + 资源干货 + 适应市场需求"。出版社在发行纸书的同时，紧密结合用户需求，使知识实现多元化生产、整合、传播与变现，顺利实现转型升级。

完备的配套拓展资源和增值服务，对纸书销量起到很好的助推作用。同时，"课书房"拓展读者消费渠道，为出版社探索更多的收益模式，通过付费阅读、付费课程、组织在线辅导、直播活动、网友打赏等形式，充分利用 IP 变现，创造二次利润。

利用数字出版技术为用户提供增值服务，成为越来越多出版社的发展重点。出版社依托自建的数字出版部门或采取与第三方科技公司合作的方式来增强技术实力，设计将平台、资源、软硬件结合起来的产品线，推动传统纸书教材生产转型升级。同时，大学出版社综合利用数字资源、开发数字出版产品方兴未艾，数字出版产品的形态得到不断丰富拓展，逐渐衍生出产品 App、网络平台、新形态图书等多元产品形态。不少出版社选择研发 App、数字互动平台和小程序，"小而专"的出版产品尤其受中小型大学出版社的青睐。从现有盈利模式来看，现阶段数字产品创收依然以纸书为基础，通过提供数字资源增值服务来带动纸书销售增值，纸书增值也成为大学出版社数字出版转型发展的重点。[8]

同时，平台将针对学校、机构的服务与针对大众、个人的服务进行对接，构建全方位的教育服务模式。重庆大学出版社通过运营课程内容、课程销售、按需为用户提供解决方案等方式，实现盈利模式的转变，从"卖书"走向"卖服务"。

（四）加快促进教学改革，提升教学效果

重庆大学出版社坚持立足不同消费者立场。对于学生来说，他们亟须个性化的学习解决方案；对于老师来说，他们的核心需求主要包括适量的内容

资源、简单易学的技术和一个便于互动交流的平台。新形态教材就是通过提供多种教学资源和教学应用服务来满足教育市场的需求，提高教学质量，促进教学改革，从而突破传统纸质教材的局限，拓展内容、强化服务、提升品质。新形态教材的出版发行，向用户提供同步的备课、授课、测验、慕课、互动、答疑等多种教学服务工具，显著提升出版社的教学服务能力和教材竞争力。在用户应用过程中产生的大量数据成为教学的实时参考，同时也为教材再版提供决策参考。

以 2018 年重庆大学出版社出版的《房屋建筑学》（第三版）为例，内容和技术团队共同开发出教案、课件、微课、动画、试题等教学资源，与纸质书内容紧密结合。教师们可以进行个性化备课、授课，为教学工作提供了极大的便利。《机械制图习题集》配套了大量的三维机械模型素材，用户通过扫描二维码或 AR 扫图，可对模型进行旋转、缩放、透视等多种模式的操作观看，相较于平面图片更加生动形象，大幅提升教学效果。

六 总结

本章介绍的重庆大学出版社"课书房"新形态教材支撑平台，由数字资源、教学服务云平台和慕课在线学习平台三部分构成。以上通过分析其平台建设、优势特征、实施效果等全方位的开发运营经验，以期为其他教育出版企业的发展提供借鉴，推动教育出版企业向数字化转型，更好更快地完成从知识提供商向内容服务商的转型发展。

参考文献

［1］任艺霏：《我国教育出版数字化场域的资本运作研究》，华东师范大学硕士学位论文，2019。

［2］贺子岳、陈文倩、丁嘉佳：《数字教育出版模式综论》，《出版科学》2013 年第 2 期，第 77~80 页。

［3］《重庆市数字出版产业发展报告》，《中国传媒科技》年 2018 第 11 期，第 25~29 页。

［4］闫玲玲：《MOOC 环境下我国教育出版数字化转型困境》，《新媒体研究》2019 年第 12 期，第 113~116 页。

［5］刘茂林、董康、晏国轩：《基于云计算的教育出版模式的探索实践——以重庆迪帕数字传媒有限公司为例》，《科技与出版》2016 年第 11 期，第 72～74 页。

［6］赫琦、宋萌萌、胡睿：《融合环境下我国数字出版业发展趋势分析》，《河北企业》2018 年第 9 期，第 89～90 页。

［7］刘茂林、董康、晏国轩：《基于云计算的教育出版模式的探索实践——以重庆迪帕数字传媒有限公司为例》，《科技与出版》2016 年第 11 期，第 72～74 页。

［8］董琦：《大学社融合发展青睐"小而专"》，《中国出版传媒商报》网络版，http：//dzzy. cbbr. com. cn/html/2019－11/15/content_1_4. htm。

第二章

本草风物志·中草药数据库：建设垂直领域专题数据库，实现地方出版创新服务

　　2013 年，传统出版企业正式启动数字转型工作。在此背景下，传统出版社利用现有资源实行内容二次加工，纸质内容数字化成为基本的数字化转型模式。随着数字出版改革的深化，纸质书籍直接转化为电子书已无法满足当下用户的需求，在大数据、互联网技术发展的背景下，"知识服务"概念被提出。知识服务指利用独特的知识和能力对现成文献进行加工，形成新的、具有独特价值的信息产品，为用户解决依靠其知识和能力所不能解决的问题。[1]将纸质产品转化为资源数据库是传统出版社知识服务转型的模式之一，在国外已经形成了较为成熟的盈利模式，但我国依然处于探索阶段。贵州出版集团作为地方出版集团，重视数字出版转型发展，成立了全资子公司贵州数字出版有限公司，在数据库建设方面取得了一定的成就。

　　贵州出版集团采取差异化竞争战略，在出版社纷纷通过知识服务实现数字化转型的背景下，基于用户对养生、保健等中医药知识的需求，以其地域优势和企业丰富的优质内容资源为基础，聚焦中草药市场，为用户提供专业性强、独具特色的差异化产品——"本草风物志·中草药数据库"，形成了自身的核心竞争力。该产品面世后，获得社会各界一致好评，于 2019 年入选国家新闻出版署"数字出版精品遴选推荐计划"。

　　本章以贵州出版集团在数据库领域的探索实践——"本草风物志·中草药数据库"为例，分析地方出版社开辟垂直领域专题数据库的数字化建设策略。

一 贵州出版集团数字化转型现状

贵州出版集团是贵州省大型国有文化企业，于 2005 年 9 月 30 日经中共贵州省委、贵州省人民政府、新闻出版总署批准正式挂牌成立。贵州出版集团现已形成"3＋1"业务形态板块：一是编辑、印刷、发行三个主体业务板块，由贵州出版传媒有限公司及其下辖的贵州人民出版社有限公司、贵州教育出版社有限公司、贵州数字出版有限公司等十几家单位共同承担，努力打造"黔版图书"，大力实施精品工程。二是多元化业务板块，贵州出版集团投资成立贵州出版集团鹏森资产管理有限公司、贵州出版集团博优金融服务有限公司、贵州智慧教育科技有限公司等，将经营方向扩展至金融服务、智慧教育、房地产等不同领域。

当前，数字出版快速发展，在出版业中所占比重逐渐上升。国家高度重视数字出版产业发展，推出多项政策和措施来发展数字出版产业。2006 年，《国家"十一五"时期文化发展规划纲要》提出，要"积极发展以数字化生产、网络化传播为主要特征的数字内容产业"，促进数字出版的发展。贵州出版集团顺应数字化转型潮流，将数字化产品作为集团的重要经济增长点，为数字出版的发展提供资金、内容的支持。2012 年成立全资子公司——贵州数字出版有限公司，集中发展数字出版业务，主要经营范围包括：利用互联网及数字媒体制作和发布数字产品、电子出版物、网络读物、动漫媒体及其他媒介产品，组织互联网文化活动等。

在企业经营过程中，贵州数字出版有限公司积极打造数字平台，对已有的内容资源进行整合改造，用项目推动出版数字化的布局与发展。目前，企业已经在数据库建设、手机出版以及新媒体出版三个方面形成优势。[2]尤其在数据库建设方面，贵州出版集团利用地方优势资源，深入垂直领域，通过数字版权完善、图书内容拆分、元数据标引、文化深度挖掘、资源二次加工[3]等方式，研发具有贵州特色的数据库产品，为用户提供知识服务，例如，中草药数据库、贵州民族风情文化数据库、旅游数据库等，实现纸质图书资源的二次利用，扩大其产品价值。

二 "本草风物志·中草药数据库"概况

"本草风物志·中草药数据库"是由贵州出版集团的全资子公司——贵

州数字出版有限公司承担项目建设及运营的中草药工具型数据库产品。数据库综合参考了多部专著，例如，《中华本草·苗药卷》《中国常用中草药彩色图谱》等，对这些精选图书进行内容碎片化重组，并收进数据库中，形成关于中草药、茶药等的相关条目。数据库内容丰富，图文并茂，共包含6000余种中草药信息、9000多张图像、上万条知识条目。在数据库中，用户既可以查询中草药相关条目，获取信息，又可以通过专题形式进行知识阅读、电子书阅览。该数据库是全面介绍中草药信息的工具型数据库。

三 "本草风物志·中草药数据库"的价值及优势

（一）价值分析

数据库出版物是将同一系列或同一体系的内容通过数据库形式集成出版，方便用户查询某一领域的信息。[3]出版社利用自身的优质资源，将现有的内容资源进行加工转化，通过碎片化重组，有效地进行知识的整合和传播。

"本草风物志·中草药数据库"通过数字化、信息化、网络化、产品化的手段，综合利用现有的纸质书内容资源，针对中国具有民族特色的中医药治病方法和医药理论、医药资源进行搜集、挖掘、整理，形成全国中草药高校和研究机构以及中草药爱好者认可的具有贵州特色的知识库。一方面，"本草风物志·中草药数据库"有助于加强对中医药文化的宣传和知识普及，推动中医药进校园、进社区、进乡村、进家庭。通过建设中医药全媒体传播平台，形成文化精品，促进中医药与广播电视、新闻出版、数字出版、动漫游戏、体育健身、旅游餐饮等有效融合，打造贵州本土优秀的中医药文化品牌。另一方面，该数据库有助于推动贵州少数民族中草药传承与保护，促进少数民族中草药文化的记录与传承。

（二）研发优势分析

"本草风物志"作为由政府资金带动、企业配套资金支持、贵州数字出版有限公司研发的数据库，在平台开发的过程中得到内外部的支持。大数据等技术的发展，国家、地方政府对中草药文化的支持，数字化转型的推动以及贵州所处的地理优势，为"本草风物志"的开发提供了外部优势。在知识盈余、内容过剩的背景下，贵州出版集团丰富而具有特色的内容资源，为数据库开发提供了内容优势。下文将从政策支持、技术支持、地域优势以及内容资源四个方面，分析"本草风物志"研发的优势。

1. 政策支持

随着文化传播在国家形象建设和世界竞争中越来越重要，国家和地方政府积极推动普及中国传统文化，扩大中国优秀传统文化的传播范围。中草药文化是中国优秀传统文化的组成部分，近年来，政府出台系列政策予以推广。国务院发布振兴发展中医药的方针政策和决策部署，提出《"十四五"中医药发展规划》，目标是到2025年中医药健康服务能力明显增强，中医药高质量发展政策和体系进一步完善，中医药振兴发展取得积极成效，在健康中国建设中的独特优势得到充分发挥。而中草药文化是贵州重要的传统特色文化之一，贵州政府对其发展尤其重视，制定了《贵州省中药材产业发展三年提升计划》《贵州省"十四五"中医药发展规划》等，推动具有贵州特色的中草药产业发展。

2. 技术支持

大数据技术的发展为"本草风物志"数据库的建设提供技术支持。贵州省委、省政府高度重视大数据的发展，将其作为贵州省的重点战略之一。2012年，国务院提出贵州发展电子信息技术的战略新兴产业，与此同时，新闻出版总署2012年8月发布《关于促进贵州新闻出版业发展的若干意见》，高度关注贵州新闻出版业的发展繁荣。2015年10月，国家新闻出版广电总局与贵州政府达成合作意向，签订"中国文化（出版广电）大数据产业项目"，致力于推动出版广电大数据产业项目开发，以期进一步促进传统媒体与新兴媒体的融合。

大数据技术的发展，可以满足业务形态多元化、功能需求复杂化、信息交互通用化的数字出版转型需求。[4] 贵州作为中国大数据发展的主要阵地，已经取得了一定的成果，为数据库建设提供了技术支持。首先，大数据技术的发展为数据库建设中对相关数据内容的采集和碎片化归类提供了前提。其次，大数据为数据库建设中大量碎片化知识的标引、分类提供了可能性。最后，大数据为用户行为数据的采集提供了便利，可以及时监测产品用户的使用行为，为数据库依据个人用户的行为习惯和需求制定个性化解决方案提供技术支持。

3. 地域优势

"黔地无闲草，夜郎多灵药。"贵州以中草药品种多、分布广、产量大、质量优著称[5]，被称为"天然药物宝库"，是全国中药材四大主产区之一。

贵州有天麻、杜仲、桔梗、天冬、龙胆等中药材资源4802种，占全国中药材种类总数的40%，居全国第2。2021年，中药材种植面积突破700万亩，跃居全国第2，许多贵州中药材被誉为"地道的中药材"。贵州在中草药文化传承中的地位，提升了其产品的代表性和权威性，丰富而独有的中草药资源为出版集团开发中草药相关数据库提供了丰富的素材和具有独特性的内容。

4. 内容资源

垂直领域数据库的建设是对传统出版形式的丰富和扩展，是对传统的内容资源进行二次改造、加工、利用的过程。中草药出版物是中华优秀传统文化的重要组成部分，出版历史悠久，数量众多，为数字化开发提供了内容基础。贵州出版集团较早意识到中草药文化的传承推广价值，贵州科技出版社以贵州优势草药资源为依托，已先后出版了《贵州民族常用天然药物》《黔版中草药彩色图谱系列》《精编中草药图谱》等纸质图书，为数字化内容提取、电子书形式转化提供了内容基础。

四 "本草风物志·中草药数据库"发展现状

（一）产品

"本草风物志·中草药数据库"目前已经建立了针对机构的网页版以及针对个人用户的微信版平台。平台按照草药的类别、生长环境、主治功能等多个维度归类，并关联条目与相关文献和书籍。用户可以在阅读电子书的基础上进行交互式内容创建和编辑。该数据库已然形成较为成熟的具有交互功能的服务型平台。

数据库从主治功效、药物类别、临床科目、性味等多个角度进行归类，其下再按照草药形态、生长环境分布、入药部位、行为功效等对药材进行细致描述，并附有在药物生产地点实际拍摄的彩图，内容丰富，图文并茂。数据库支持拼音索引、笔画索引和拉丁文索引，可以实现标题、关键字、内容等多字段同时检索，用户可以精准、快速地检索到所需的信息。

数据库设置精选专题，为用户提供茶药、药歌等系统性内容。中国茶药是祖国医学宝库中的璀璨明珠，从唐朝"茶为万病之药"（《本草拾遗》）的高度评价可知，茶的药用价值不可估量。基于此，数据库延伸出茶药专题，收集茶药方2300多个，对茶方来源注明出处。茶药根据功能分为保健茶、治疗茶、保健食品茶、药茶和代用茶五类，又根据养生补气、美容怡神、内外科治疗等功能各列出上百个茶方，并详细叙述了茶方组成、用法、功能及来源。此外，数据库根据《新编药歌500解》一书设置药歌专题，专题按药物的功能性分为二十类，每首药物歌诀为四言四句，用户可在专题库中点击观看相应歌诀。歌诀中融入540种中草药的性味、功用、主治功能等资料，使用者通过诵读药歌的方式了解草药的相关功能，语言简练顺口，易于背诵和记忆。

数据库中上传了37本电子书，包括《中华本草·苗药卷》《仡佬族医药》《毛南族医药》《布依族医药》《苗族医药学》等经典民族中草药书籍。数据库精致清晰的阅读页面带给用户良好的阅读体验；同时，用户可以通过检索系统使用中草药数据库的中文（简体、繁体）联网版或离线版，部分数据甚至还支持英文版。

（二）用户

至2021年4月，"本草风物志·中草药数据库"上线访问量已达到140万人次，微信服务号自2019年3月正式推广以来粉丝数已有6000人，用户以"80后"和"90后"为主，年龄介于25~40岁之间。[6]从用户地域来看，广东、江苏、北京、山东、吉林等地占比较高，其次为云南、四川、重庆、湖北等地。

五　"本草风物志·中草药数据库"的探索实践分析

在信息泛滥、知识爆炸的时代，传统内容资源的电子化格式处理方式已无法满足用户需求，大量传统出版企业投身于知识服务中，对知识内容进行分解、重构，形成新的知识生产和传播体系，采用新的模式和方法，为用户提供优质的知识内容。[7]随着大数据技术的发展，数据库成为知识服务的重要形式之一。当下以数据库形式提供知识服务的产品众多，同质化严重，出版企业需要结合自身的优势，形成具有创新性和独特性的数据库产品，方可产生竞争优势。"本草风物志·中草药数据库"作为贵州出版集团数据库研发的尝试，在选题开发、内容升级、运营开发及盈利模式等方面充分结合自身优势，深耕垂直领域。

（一）选题：充分突出地域特色，深耕垂直领域

在用户需求多元化、知识盈余、消费升级、存量超载的背景下，文学、经济等大众领域的内容服务竞争激烈，同质化现象严重，用户的需求量趋于饱和，知识服务向垂直领域下沉。出版社应综合考虑所享有的资源和发展优势，充分利用出版企业的环境优势，从小处入手，增强产品的独特性。

"本草风物志·中草药数据库"选择具有贵州地域特色的中草药领域开辟垂直市场。第一，贵州丰富的中草药资源为平台建设提供了独特的内容，增强了相关内容的权威性，在知识服务产品中提供具有地缘优势的贵州特色中草药材产品。数据库结合贵州本地中草药文化，录入多本贵州民族医药电子书，如《黔本草》（第一卷）、《中华本草·苗药卷》、《仡佬族医药》、《毛南族医药》、《布依族医药》、《苗族医药学》等，并建设贵州少数民族医药精选图书专题模块等，为用户提供具有贵州特色的内容，促进贵州中草药文化的传播，突出平台的唯一性，塑造平台品牌，提高在同类产品中的竞争力。第二，打造具有地方特色的数据库，容易获得地方政府的支持。贵州出版集团数字出版中心主任张忠凯认为："将切入点放在出版业大数据试点及特色资源全媒体出版上，抓住贵州大数据战略和集团独有的民族文化、中草药文化等出版资源，借梯登高、推进工作，就更容易得到支持和肯定。"[8]"本草风物志·中草药数据库"将地方优势资源作为其垂直深化的方向，获得政府资金带动和企业配套资金的支持。

（二）内容：保证数字出版版权，专业内容结构化呈现

数据库的开发以用户服务为导向。尤其是垂直细分领域的数据库，用户多为具备一定专业知识基础的用户，只有提供专业化、有深度的内容，方可满足其需求。出版社传统的内容版权资源，为数据库开发提供了专业化内容基础。出版社在多年的积累中多数已形成垂直化内容资源基础，这为数据库等知识服务产品的开发提供了优势。在大数据时代，出版社应将现有内容资源中的文字、图片、视听资料、游戏动漫等视为数据，从生产端输入，从另一端产生所需要的二次数据、创新数据，实现对数据价值的潜在挖掘。

版权是知识服务产品的重要组成部分，也是实现内容资源开发的前提。

缺少版权管理和保护，将对平台、用户、作者等造成损害。在传统出版企业，部分图书由于出版时间较早，版权合同签订时并未获得数字版权，因此在数字化产品研发过程中需要重新与作者沟通，签订数字版权，为数字化产品的研发带来时间的不确定性和不可控性。"本草风物志·中草药数据库"研发中投入了大量资金获取知识版权，在版权获取过程中同样存在联络作者的时间较长、产品研发陷入被动的问题。"本草风物志·中草药数据库"在研发过程中依托贵州出版集团旗下的贵州科技出版社、贵州民族出版社已出版的中草药纸质出版物，贵州数字出版有限公司与贵州科技出版社、贵州民族出版社等进行对接，由贵州科技出版社、贵州民族出版社与相关图书的作者签订数字版权，一定程度上节省了沟通的时间。出版社在数据库等知识服务产品的研发中，一方面要重视数字版权的获取，为数字版权获取预留时间；另一方面要充分利用出版社的现有资源，尽快有效整合现有的知识版权，利用权威性和专业性的资源优势，构建垂直化知识体系。

在获取版权的基础上，出版企业对纸质内容资源进行二次加工，为其赋予新的生命力。"本草风物志·中草药数据库"在获取版权的基础上充分发挥现有资源的价值，上传《中华本草·苗药卷》《中国常用中草药彩色图谱》《贵州民族常用天然药物》《精选草药图片彩色图集》等电子书资源，为读者提供在线阅读服务。此外，通过大数据技术，进行纸质书籍内容的碎片化处理，进而形成所需的知识资源，将书中的内容分解为不同的词条、语义以及图画，实现对数据的挖掘和采集。在此基础上，出版企业对形成的知识资源进行清洗、挖掘和标引。在理清与中草药相关的各个知识点间的逻辑层次、按照现有学科分类的基础上，结合目标受众的需求，建立数据库的知识体系，依据知识体系对知识进行标引。"本草风物志·中草药数据库"对中草药的别名、来源、形态特征、性能功效以及单方验方等特征标引项进行自动分析和提取，同时完成主治功效、药物类别、临床科目、性味等类别的自动分类，实现对内容的结构化、层次性梳理。

（三）运营开发：利用大数据技术，分析用户行为

数字时代，传统的读者变为用户，知识服务促使出版从传统的"产品中心"转变为"用户中心"。知识服务从特定的用户出发，针对其需求提供个性化知识产品，力争通过服务使用户满意。[9]因此，知识服务产品需要形成以用户需求为中心的开发原则，增强服务的创新性。

一方面，产品在平台设计、内容生产过程中，需细分目标用户，分析不同用户的行为习惯及需求，提供具有针对性的服务；另一方面，数据库在大数据的支持下监测用户行为，及时调整营销推广的重心以及分发的内容，从而提升产品的服务价值。

1. 精准定位目标用户，满足用户需求

当下，用户行为呈现需求多元化、平台移动化、互动社交化以及个性化的趋势。

首先，数据库研发应对平台面向的用户进行细分归类，明确不同类型用户的需求，确定平台的自身定位，针对目标市场开发相应的内容。"本草风物志"下属的中草药数据库，其面对的用户分为个人用户和机构用户，而个人用户又可分为普通用户、种植用户、专业用户。①普通用户。随着公众对中医药养生越来越关注，普通的个人用户使用中药材数据库是为了掌握中药材的基本知识和功效，在遇到病症时可以对症下药。因此，针对这一类型用户，应该注重内容的碎片化重组，形成简单易懂、可读性较强的轻科普内容。同时，依据不同的治疗功效进行分类，为用户提供基本的中草药资料。②种植用户。种植用户阅读平台内容的目的在于获取种植技术以及防治病虫害的指导，平台更应该注重提供技巧以及方法，增强实用性，提供定制化服务。③专业用户。专业用户为中草药科研人员，该类用户更注重平台内容的及时性和专业性。平台需要为专业用户提供专业化信息内容，同时为其提供交流的平台。④机构用户。主要指中草药行业行政主管部门以及从事中草药生产、加工、销售的机构。信息咨询为其使用平台的主要需求，平台在开发的过程中应注重为机构用户提供市场信息。

"本草风物志·中草药数据库"依据市场需求及产品研发的目的，将目标市场定位于以中医药大学和研究机构、图书馆为代表的机构用户，以及以中草药爱好者为代表的个人用户。

中医药大学和研究机构、图书馆的用户以专业用户为主，重视平台内容的及时性和专业性。出于科研需要，专业用户的数据库阅读以 PC 端为主，便于大篇幅浏览以及引用相关内容。以中草药爱好者为主的个人用户以形成认知为主要目的，数据库在内容分发中应提供可读性较强的科普内容，增强内容的趣味性。与此同时，个人用户的移动阅读率较高。截至 2021 年 12 月，我国手机网民规模达 10.29 亿人，较 2020 年底增加了 4373 万人，其中网民中使用手机上网的比例为 99.7%。移动端阅读是用户阅读的发展趋势，在移动端使用设备中，根据第 46 次《中国互联网络发展状况统计报告》，截至 2020 年 6 月，微信用户使用率为 85.0%，用户规模达 7.93 亿人。[10]

基于上述用户需求，"本草风物志"建立了针对机构用户的以及针对个人用户的两种平台。

机构版平台于 2017 年 4 月正式上线，通过市场推广向全国 20 多家中医药大学和研究机构提供试用服务，如长春中医药大学、上海中医药大学、成都中医药大学等。网页版平台设置导航栏、搜索栏，用户可根据已知的关键词进行条目的搜索。电子书提供 epub 阅读模式以及原版阅读模式，用户可根据个人习惯选择阅读模式，满足了用户多元化的产品需求。

根据个人用户的移动端阅读习惯，"本草风物志"以微信服务号为入口，无需下载软件，用户关注微信公众号即可获取数据库内容。针对个人用户的微信版平台更注重内容的实用性和科普性。数据库除了为用户提供在线查询中草药的主治功效、药物类别、性味、临床科目以及中医药书籍等功能以外，还以微信公众号的形式定期推送文章，介绍不同的中草药常识以及中药原植物、标本图片药物、用药提醒等，并通过与中草药有关的诗词歌赋、故事向用户展示中草药，以增强趣味性，起到中草药文化的推广作用。数据库设置内容分享链接，用户在观看内容时可随时将内容分享至微博、微信等平台，方便快捷，满足用户的社交化互动需求。

2. 及时分析用户行为，调整服务功能

随着技术的发展，出版企业可以利用大数据技术捕捉、分析用户行为，监测用户需求，改善内容，提升营销的精准度。当前，数字产品的更新换代速度加快，用户的兴趣点随之迅速转移，从消费心理学角度看，消费者对数字出版产品所提供的多样化体验产生兴趣。无论是用户喜欢的内容、形式还是信息接收渠道等，都在快速变革。出版企业需要对数字出版产品的用户需求和用户行为进行实时监测，以及时调整策略。

在此背景下，出版单位需要形成产品的用户画像，根据产品的用户特征及时调整策略。用户画像是通过对用户的人口统计学信息（demographic data）、社交关系（social network relationships）和行为模式（behavior patterns）等进行总结、抽象和挖掘出来的标签化用户模型。[11]通过对用户画像的分析，可以了解产品的主要用户组成及其需求，从而提供满足用户需求的内容和信息。

"本草风物志"数据库在工作后台可直接进行用户画像分析，随时查看网页端及微信端的每日数据，进行详细的访问统计以及趋势分析，同时进行资源利用率、用户行为、用户流失分析等。研发人员依据采集的用户画像，分析用户的阅读兴趣、阅读时段以及流失的原因，从而了解用户需求。根据用户画像呈现的年龄、地域分布信息，针对不同年龄阶段和地域位置的用户进行不同力度的推广。从资源使用率情况来看，用户对茶药大全等简单科普性质的图书感兴趣，《中国茶药大全》《看家中草药》等图书的阅读率最高，说明用户对日常养生类内容很重视。在下一阶段产品内容优化以及公众号内容推送时，会增加这一类型的内容，依据用户需求提供精准化服务。

数据库根据用户的搜索和浏览习惯统计数据，将热词链接放在主页面上，直观快捷。通过用户的个人内容收藏以及浏览记录等，可以形成定制化服务，用户可通过个人中心直接找到自己感兴趣和关注的话题，以此形成个性化、定制化内容推送。数据库作为知识点的阅读形式，通过内容链接以及搜索记录形成私人检索，增强了检索的专指性和直接性。一方面，改善了原本查阅书籍反而不一定能抓取到重点内容的弊端，大幅度提高了用户学习求知的效率；另一方面，根据对用户个人检索内容的收集以及相关推荐，会形成专属于个人的系统化知识体系。

（四）增值服务："免费条目＋增值付费"的盈利模式

"本草风物志"通过"免费条目＋增值付费"的盈利模式向机构用户及个人提供服务。数据库开放部分可免费查询的中草药和茶药条目、药歌以及电子书试读内容，为用户提供了解平台的入口，通过一定的免费条目吸引用户。用户可以在平台根据个人需求免费查询部分条目以及试读电子图书，个人用户还可根据自我需求购买1个月、2个月、1年、2年、3年等不同级别的会员，获取增值服务。

针对机构用户，平台采用"打包销售"的方式为其提供服务。"本草风物志"为国内20多家中医药大学和研究机构提供试用服务，并与部分大学达成正式合作。"先试用再合作"的方式为用户体验提供了机遇，同时增强了用户对产品的了解与信任。

六 "本草风物志"未来发展趋势

（一）扩大内容资源优势

"本草风物志"作为垂直领域的数据库平台，将内容当作发展的基础。

出版企业要为用户提供高质量的产品以及优质的用户体验，通过突出品牌特色以树立产品品牌，提高产品对用户的吸引力，增强产品在同行竞争中的优势。"本草风物志"依托贵州本地特色，整合具有当地特色的民族医药图书，这是其发展的特色。集团还进一步规划《梵净山药用植物》图书的开发，2021年推出"本草风物志·梵净山药用植物专题"。在下一阶段的发展中，"本草风物志"应继续在此特色的基础上完善产品功能、丰富内容，继续开发具有贵州本地特色的民族医药图书。

（二）满足用户需求，增强服务价值

"本草风物志"作为知识服务型数据库，每年都会及时更新内容，增加新的文献，完善、扩大数据库，使用户可以实现全面、快速、便利地查询到所需信息。同时，研发人员在后台及时监测、分析用户行为，顺应用户需求，提供用户感兴趣的内容。当前，用户对《中国茶药大全》《看家中草药》等图书的阅读需求大，说明用户对日常养生的重视度越来越高，因此产品未来的开发应加强对养生类内容的编排。下一阶段，"本草风物志"将从新增图书中提取单方验方、养生药膳、民族用药经验等中草药应用方法，增加数据库的实用性，提高数据库的增值服务价值。

七　结语

"本草风物志·中草药数据库"通过内容深度结构化的方式实现了从小入手，垂直深耕，为用户提供了优质的服务内容。利用大数据对用户行为进行分析，把握用户需求，提升产品价值。贵州出版集团能够抓住地域优势和政策支持，开发具有当地特色的独特性数据库产品，在垂直领域进行深耕，形成产品创新和服务创新。地方出版社应在数字化转型过程中挖掘地域特色和政策优势，形成数字出版的独特性，运用大数据思维对传统内容资源实现重组、整合、开发。同时，根据用户行为调整产品服务功能，为用户提供服务型知识内容，以实现数字化出版的深度转型。

参考文献

[1] 张晓林：《走向知识服务：寻找新世纪图书情报工作的生长点》，《中国图书馆学

报》2000 年第 5 期，第 30 ~ 35 页。

[2] 杨毅：《地方出版社的坚守与超越——以贵州地区出版社为案例的分析》，《出版发行研究》2014 年第 8 期，第 68 ~ 71 页。

[3] 张立：《数字出版学导论》，中国书籍出版社，2015，第 47 页。

[4] 林浩：《基于大数据应用的中草药图书数字出版的策略及思考》，《新闻研究导刊》2019 年第 3 期，第 200 ~ 201 页。

[5] 贺志光、李朝斗、张荣川：《贵州省中草药资源概况》，《贵州医药》1982 年第 3 期，第 50 ~ 51 页。

[6] 《"本草风物志"中草药数据库》，光明网，https：//wenyi. gmw. cn/2021 - 04/07/content_34746573. htm。

[7] 徐东：《传统出版社知识服务转型发展的实践与展望——以上海交通大学出版社"东京审判文献数据库"为例》，《出版广角》2017 年第 14 期，第 20 ~ 22 页。

[8] 张忠凯：《新形势下传统出版业数字转型的理念思考和实操建议》，《出版广角》2016 年第 23 期，第 18 ~ 20 页。

[9] 孙利军、邵甜甜：《知识服务：重塑出版与读者关系》，《出版发行研究》2018 年第 12 期，第 37 ~ 40 页。

[10] 《中国互联网络发展状况统计报告》，中国互联网信息中心网站，http：//www. cnnic. net. cn/hlwfzyj/hlwxzbg/。

[11] 余传明、田鑫、郭亚静、安璐：《基于行为 - 内容融合模型的用户画像研究》，《图书情报工作》2018 年第 13 期，第 54 ~ 63 页。

第三章
"智慧树"教育出版云平台的品牌建设之路

本章介绍华东师范大学出版社研发的"智慧树"教育出版云平台。通过梳理华东师范大学数字出版的发展现状及战略规划，分析"智慧树"教育出版云平台在华东师范大学出版社数字化进程中的地位和价值，继而探究该平台建立的背景及主要的产品结构，总结其成功的经验，为大学出版社利用传统教育资源优势发展数字出版业务提供参考和借鉴。

一 华东师范大学出版社数字出版发展现状

华东师范大学出版社创建于1957年，是新中国成立后最早创建的两家大学出版社之一，由华东师范大学主办、教育部主管。2007年率先完成全国大学出版社体制改革，2009年6月改制为华东师范大学出版社有限公司。华东师范大学出版社始终走在我国出版改革的前列，在出版业历次改革中，既坚持大学出版社的出版方向和以教材、学术著作为主的出版结构，又持续创新体制机制，实现超常规发展。自建社以来，出版图书约4.5万种，《大学语文》等成为长销的名牌图书。华东师范大学出版社注册商标 ECNUP 为中国驰名商标、上海市著名商标，华东师大版《一课一练》注册商标为上海市著名商标。华东师大版《一课一练·数学》输出到哈珀·柯林斯出版社，以 *The Shanghai Maths Project：For the English National Curriculum*（《基于英国国家课程标准的上海数学》）的书名在英国出版。

华东师范大学出版社设有国家新闻出版署授予的"出版融合发展重点实验室"[1]，上海市新闻出版局授予的上海学术·专业出版中心——教育学出版中心、数学出版中心。华东师范大学出版社、华东师范大学电子音像出版社、华东师范大学出版社互联网出版，构成了印刷类图书、电子音像出版、数字网络出版等全品种出版格局。

华东师范大学出版社的数字出版业务主要分为数字教育与数字阅读两部分。数字教育部分包含产品和平台。其中，产品分为学前教育和基础教育类，学前教育类产品有阅读树、美慧树、点读笔等，基础教育类产品包括二维码图书、IPTV、数字教材等。数字平台包括安全平台、多功能题典、大学语文等。数字阅读主要包含重点图书的电子书化与相关 App 建设。目前，华东师范大学出版社打造的 App 主要有敦煌、华师少儿、中国风三款。

在企业平台系统建设方面，华东师范大学出版社围绕企业 ERP 和内容资源管理两大核心，引入当前最先进的企业资源管理理念以及云计算等概念，以实现出版社内外部的重要数据资源有效整合和利用为目标，打造全流程"管理数据流"整合的"智慧树"出版 ERP 系统，以及全流程"内容数据流"整合的 CMS 两大系统。其中，"智慧树"出版 ERP 系统涵盖出版的整个流程，包括编辑编务管理、出版印制管理、原材料管理、库房管理、发行管理、财务管理等众多子系统，另外还集成人力资源管理、固定资产管理、对外网站服务等诸多模块。全流程整合消灭"信息孤岛"，保证数据的流通性和一致性，为出版社提供了有效的决策依据和工作保障。内容资源管理 CMS 系统则分为三个相关的子系统：出版资源管理子系统、题库管理子系统和经典资源加工子系统。围绕内容资源，实现出版资源的结构化、碎片化、数字化，用数字化技术推动内容的保存、展示和传播，帮助出版社依托数字化的内容资源开拓数字出版的新模式，有效地提升了出版社的企业价值。传统产品的碎片化、网络化存储，使数字化应用成为可能，为出版社数字出版改革打下坚实的基础。该系统不仅实现多种资源统一编目、统一存储，根据自有的特色资源及应用价值构建了专属资源库，通过强大的资源管理功能实现对核心资产的传承与管理，同时也为多媒体出版、复合出版等提供了基础数据资源。两大系统的完成，使出版社形成全新的出版业务管理模式，改变了传统单一介质的线性出版流程，形成了跨媒体的辐射状流程，为出版社在数字化浪潮中的崛起提供管理后盾与发展契机。

二 "智慧树"教育出版云平台发展现状

华东师范大学从底层技术架构出发，改变了现有产品的生产模式，将融合发展理念融入整体出版流程之中，耗时两年打造了"智慧树"教育出版云平台。2019 年，平台完成对内部资源的全方位整合和管理，将可供对外发布的数字化产品有效分发到平台外部，实现"一次制作、多次发布"。同时，平台还对用户的使用数据进行收集、分析，逐步构建用户画像，提供精准化服务，进而衍生相应的数字产品，以进一步提升服务质量。通过该平台，传统编辑无需外部技术的支持和介入，就可以"所见即所得"地拼装自己想要的融合出版产品，实现了通过技术平台为传统出版赋能的目标。

2018 年，"智慧树"资源中心和发布中心建设完成并投入使用，在用户中心及大数据中心进行了需求调研。截至 2020 年底，该平台衍生产品的用户累计达到近 200 万人，总访问量为 5000 多万次，覆盖学前教育、基础教育、高等教育、职业教育等领域，教育出版内容的传播力和影响力明显增强。其重点产品如下。

（一）"帮你学"App

教育出版单位要实现从单一产品向融合产品的转型，则必须在优质 App 研发上下功夫。[2] "帮你学"App 作为华东师范大学出版社的核心教辅 App，旨在帮助学生高效学习、帮助家长高效指导、帮助教师高效教学。App 分为四大板块：听力专区、教学资源专区、电子书专区、资讯及学习方法专区，内含出版社所有与教辅相关的多媒体资料，包括免费的图书增值服务以及收费的精品资源等。

（二）"ECNUP 外语"App

"ECNUP 外语"App 作为中国英语教育史上具有持久生命力的一套英语教材——"ECNUP 外语"系列的配套 App，在原版精品教材的基础上增加了访谈、讲座、影视作品的视频材料，以激发学生的学习兴趣，贴近现实中的交际情境，满足学生日益增长的视、听、说综合性需求。App 内容具有英语原声情景再现、单元划分层次明确、知识点循序渐进等特点。

（三）华狮小助手

"华狮小助手"是华东师范大学出版社官方的对外资源中心。与"帮你学"App 专供教辅不同，华狮小助手除配套教辅音视频外，还提供华师大出版社全系列图书的配套资源及付费精品电子书等，附带扫描二维码查看图书配套微视频的在线学习功能。华狮小助手已经成为每一个华师大出版社忠实读者必备的学习工具。

（四）华东师范大学出版社高等教育资源支撑网站

该社各分社和产品均可以基于后台支撑系统便捷地生成微网站，目前已有华师教辅 ECNUP、大夏悦读等多个微网站开通运营。华东师范大学出版社高等教育资源支撑网站基于出版社高等教育与职业教育图书附属的优秀教学资源，打通出版社"资源中心—发布中心—网站"一体化发布通道，为广大教学工作者提供优秀的融合出版配套资源。

三 "智慧树"教育出版云平台实践分析

（一）发展背景

习近平总书记多次发表关于媒体融合发展的重要讲话，国家新闻出版广电总局、财政部于 2015 年 3 月联合印发《关于推动传统出版和新兴出版融合发展的指导意见》，为推动传统出版影响力向网络空间延伸、实现传统出版与新兴出版的融合发展指明了方向、提出了任务、阐明了路径、提供了遵循。华东师大出版社认为，要实现融合出版，首先，要在出版过程中始终把握正确的政治方向和出版导向，将二者落实到出版融合发展的全流程、各环节；其次，要关注传统出版和新兴出版在优势上的不同，充分发挥双方优势，实现一体化发展，在内容、渠道、平台、经营、管理等方面深度融合；最后，推动出版融合发展的根本是在传统出版的基础上实现融合，不可因为一味发展新兴出版而放弃传统出版，也不能简单地用发展新兴出版代替出版融合发展，而是要实现传统出版与新兴出版的并行并重。

2018 年 4 月，教育部印发了《教育信息化 2.0 行动计划》，提出到 2022 年基本实现"三全两高一大"的发展目标。其中，"三全"指教学应用覆盖全体教师、学习应用覆盖全体适龄学生、数字校园建设覆盖全体学校；"两高"指信息化应用水平和师生信息素养普遍提高；"一大"指建成"互联网＋教育"大平台。《计划》还提出引入"平台＋教育"服务模式，整合各级、各类教育资源公共服务平台和支持系统，逐步实现资源平台、管理平台的互通，建成国家数字教育资源公共服务体系，带动教育信息化从 1.0 时代进入

2.0 时代。

因此，华东师大出版社结合自身实际，总结出四条"融合"路径：生产环节要素的融合；消费对象需求的融合；内容呈现方式的融合；与外部产业跨界的融合。这需要依托国家标准，建构在出版社层面的生产平台支撑；通过媒体融合，实现纸质图书与移动互联网的有机结合，并基于大数据技术，形成面向"用户"的业务服务模式。在此路径的引导下，"智慧树"教育出版云平台的建设逐渐提上日程。

1. 技术支持

2016 年，华东师大出版社在国家新闻出版广电总局批准下，建立了国家出版融合发展重点实验室，以"大教育"新媒体为中心，强化顶层设计，强调点面结合，通过项目带动形成规模效益，打造集内容提供、教学支持、辅导评估、平台服务于一体的"互联网＋教育"出版平台。并且，作为全国百佳图书出版单位、国家首批数字出版转型示范单位，该社在数字出版市场有了十多年的积极探索，在数字管理、数字教育、数字阅读和数字营销方面都取得了显著成效。该社以推进信息化基础工作作为数字业务的战略方向，通过建设与不断完善企业资源计划（ERP）与内容管理系统（CMS）两大体系，在流程和内容管理两方面增强了数字意识，提升了数字化管理水平。同时，通过管理数字资源，提升了资源的复用率，为数字产品的开发奠定了技术基础。

2. 教育资源

华东师大出版社是上海市新闻出版局挂牌的上海市教育学出版中心，依托华东师范大学的学术底蕴，始终坚持为教育和学术服务。在教育出版方面，该社拥有极为丰富的内容资源，教育类出版物日趋完善、形式愈加丰富，从教材、学术著作到社会读物，能够满足从学前教育、基础教育、高等教育到职后教育各年龄段读者的学习需求。除此之外，该社也不断拓展学科领域，在人文社科领域长期投入，出版了《中国文字发展史》《中国近代经济地理》等重点图书；同时，敏锐地捕捉新的发展机遇，2018 年 4 月 28 日发布了全球第一本人工智能中文版高中教材——《人工智能基础（高中版）》，并成为爆款教材，3 个月销售超过 5 万册。

这些年，该社在传统优势领域——教育出版方面持续投入，使整体布局更为立体，国际辐射力不断提升，形成了教育出版的生态圈雏形。不仅在国内持续不断地优化结构布局，打造新的优势领域，还使优秀的教育类出版物走上国际舞台。2018 年 4 月 15 日，由华东师范大学主办、该社出版的 *ECNU Review of Education*（《华东师大教育评论》英文刊），在美国纽约举办新刊全球发布会。作为高校主办、正式公开出版的教育学全英文学术期刊，这是国内首创。继华东师大版《一课一练·数学》成功输出到英国，在五大洲主流渠道销售 4 万多册之后，2018 年 5 月，华东师大出版社与英国著名教育出版集团哈珀·柯林斯（Harper Collins）又成功签订了《三招过关》（英文版，共 24 册）的合作计划。这一重要举措受到媒体广泛关注，《人民日报》等权威媒体都进行了报道。

3. 用户需求

"互联网＋教育"不仅推动着教育的发展，而且各类在线教育网站与平台、学习类 App 等互联网教育产品、数字终端的涌现，也体现了当前市场对教育出版需求的增长。而对于在互联网时代成长的学生来说，阅读习惯和学习习惯已经受到数字化潮流的影响，他们乐于接受网络媒体的传播形式，追求更加多元、个性化的教育方式，以及更为主动、积极的学习模式。华东师范大学出版社围绕"大教育"的出版方向，将数字产品聚焦在"互联网＋教育"方向上，打造从学前教育、基础教育、高等教育到职后教育的全系列数字化教育生态圈，力求为不同层次的读者提供精准化、全方位的教育服务。

（二）发布端融合，延伸纸质书的价值与功能

出版融合发展重点实验室进一步强化发布中心的功能，充分利用丰富的教育资源扩展纸质图书的附属融合产品，增加了课程、问卷、直播等功能，打通 PC、微信、App 等各生态平台，打造专属用户群体，再加上一系列线上线下活动，最终建成"一书一平台"的小型生态圈。

目前，平台实现了"发布端融合"的建设目标，其便捷的使用设计、高效的出版流程、及时的信息反馈、不断的功能迭代，使得传统出版社加快了与新兴出版接轨的步伐，延伸纸质图书的价值和功能，赋能传统出版。平台通过对内部资源有效整理、深度挖掘，再由发布端融合，形成"一次制作、多次发布"模式，将同样的内容资源发送至不同平台，实现业务流程工业化、自动化，减少人工重复操作，降低了维护成本，极大地提升了发布效率。而且通过该平台，传统编辑无需借助专业技术人员的帮助就可以方便地进行 App、有声书等新媒体产品的制作，同时可以灵活地搭配营销方案，及时观察后台数据。

随着融合出版探索的不断深入，教育出版逐渐实现从纯粹的教育图书出版向以教育出版为基础、以教育服务为目的、以教育资源整合开发为核心的出版升级。综合了华东师大社丰富的内容资源,"智慧树"教育出版云平台从出版社底层架构出发,通过优化出版流程、延伸教育出版内容的广度和深度、聚焦精准服务,以便捷高效的生产方式为传统出版赋能,实现以用户为中心的服务模式。

(三) 用户端精准,提供全方位教育出版服务

目前,基于"智慧树"教育出版云平台,出版融合发展重点实验室已打造出一系列融合出版产品线,初步构建了"教育出版生态圈"。[3]该平台将社内资源和外部分发渠道打通,在此基础上建成一套包含 App、微网站、WEB网站等渠道在内的产品矩阵,包括帮你学 App、ECNUP 外语 App、华狮小助手等数十个出版融合产品。

通过包含各种新媒体渠道的产品矩阵,重点实验室得以构建一个日趋完善的教育出版生态圈,为读者用户提供全方位的教育出版服务。同时,为了响应国家对教育类移动应用进行审查和备案管理的要求,重点实验室对平台下的教育类 App 用户条款进行了完善,在用户知情的条件下收集有关行为信息。该类信息只用来进行应用优化,以更好地为用户提供精确化的教育服务,从而赢得良好的口碑。

除了 App、微网站、WEB 网站等渠道外,重点实验室还精心制作了在线教育课程,试水知识付费领域。重点实验室联合华东师范大学电子音像出版社打造出一套包括阅读和写作在内的雅思全胜攻略在线课程。该课程由 18讲视频录播课、3 次视频直播课以及课后作业组成。课程内容资源储备在教育出版云平台的"资源中心",由"发布中心"进行多渠道发布,可以通过微店、天猫、华狮小助手 App 上线数字课程。

同时,重点实验室利用"一书一码"新技术延伸传统纸书的服务范围,精确定位读者,为"用户端精准"打基础。用户中心旨在对出版社各条线(微信、天猫等)的用户信息统一管理,形成一个完整的用户数据库,为进一步研发用户画像以及推广个性化服务打好基础。同时,大数据中心探索基于用户的服务模式,对用户的各类行为如学习行为、资源使用以及渠道来源等进行分析,做出准确的用户画像,真正做到"用户端精准",并进一步对出版物的优化以及为单个用户提供个性化服务给予充分的指导意见。例如,"音悦人生"系列丛书,根据音乐教育的特点,为了方便读者的音乐学习和

乐器练习,在每本纸质图书中增加了"一书一码"专用二维码,读者可以扫码获得专业的服务,从而全面满足教与学的需求。

四 经验总结

(一)创新管理模式,促进数字化规范与转型

华东师范大学出版社在"智慧树"教育出版云平台衍生出的"教育出版生态圈"的基础上,创造了一种传统出版和新兴出版有机融合的新型业务模式,整体流程都体现出融合出版理念,实现"一个内容、多种创意,一个创意、多次开发,一次开发、多种产品,一种产品、多个形态,一次销售、多条渠道,一次投入、多次产出,一次产出、多次增值",为出版业带来积极影响。出版社由为纯纸质书后期配套数字产品,向纸电同步生产转变;在编辑加工模式上,由分社出纸质书、数字出版部配套生产数字产品,逐渐转变为全方面融合发展,进行一体化运营。华东师范大学出版社对生产模式和职能部门等进行多方面改变,其重点实验室通过媒体融合,在大数据技术和云计算技术的基础上,探索并构建了基于纸质图书与新媒体融合发展的教育出版云平台。同时,针对学生的个性化和自适应学习,探索并研究教育出版大数据的应用,研发跨平台、跨终端、融入可视化设计的交互式数字媒体平台,推动传统出版和新兴出版在内容、渠道、平台、经营、管理等方面深度融合,为其他教育类出版社的数字化转型与规范提供了道路方向。

(二)品牌战略领衔,建立开放式数字产品运营生态圈[4]

华东师范大学出版社在发展中坚持和巩固教育特色,坚持大学出版社的出版方向,以教材和学术著作出版为主要业务,持续深耕教育出版领域,从教育类出版物的内容、学科领域等方面优化结构布局,打造新的优势领域,[5]为出版融合发展打下了丰富的内容资源基础。此外,华东师范大学出版社以品牌战略为引领,以销售战略和人才战略为支撑,探索数字化、立体化发展道路。该社有明确的市场定位,针对不同年龄段和不同需求的目标用户提供服务,克服技术缺陷,实现传统纸质书从内容到形式的价值延伸。同时,通过不同定位的产品实现市场互补,不断拓展教育出版的新空间和新领域,在引领中国教育出版、建设国内一流和国际知名的出版社的道路上继续

前行。

五 小结

"智慧树"教育出版云平台上线至今受到诸多用户的关注和喜欢，作为华东师范大学出版社数字教育的平台之一，其设计基本迎合了全媒体融合的出版要求。华东师范大学出版社注重品牌建设，社长王焰曾在多个场合提到品牌建设对于出版社的重要性。而"智慧树"教师教育云平台作为数字教育的典型产品，无疑为华东师范大学出版社的品牌建设提供了有益支持。

参考文献

[1] 王焰：《一个教育出版生态圈雏形已现》，《中国新闻出版广电报》2018年7月17日。

[2] 王焰：《顺应时代要求》，《中国新闻出版广电报》2018年12月19日。

[3] 王焰：《着力打造教育出版生态圈》，《中国新闻出版广电报》2019年11月1日。

[4] 种道旸：《把握"两个市场"，做好少儿图书"走出去"》，《中华读书报》2019年8月21日。

[5] 李忠东：《教育出版转型是"二次创业"》，《中国出版传媒商报》2019年12月20日。

第四章
凤凰数字教材：我国教材数字化
探索之路的缩影

数字教材的出现，不仅改变了传统纸质教材的出版模式，也是教育信息化、现代化的重要体现。作为我国一流的地方出版集团，凤凰出版传媒集团在数字教材建设方面取得了一定的成就，其研发的"凤凰数字教材"依托集团的内容资源、人才资源、品牌信誉等优势，持续进行功能升级换代，并于 2019 年入选国家新闻出版署"数字出版精品遴选推荐计划"。本章以"凤凰数字教材"为例，展现地方出版社在开发数字教材过程中的相关经验探索。

一　凤凰数字教材概况

凤凰数字教材是按照国家课程标准，在凤凰版基础教育课程纸质教材的基础上推出的立体化、互动型教材。它将电子教材、数字资源、学科工具、功能服务融为一体，充分满足信息化环境下教与学的新需求，其目标是发展学生核心素养、提高教育效率、促进教育公平。具体分为教师版和学生版两个产品体系。经过十几年发展，凤凰数字教材已经形成了以传统光盘载体为依托，融合 PC 客户端、移动客户端、网络平台等多种形式，其最终目标是搭建起符合互联网时代学习方式的立体化、互动式、智慧型教材体系。更进一步来说，凤凰数字教材将成为凤凰教育资源、教育应用和统一服务平台的关联核心，在江苏教育信息化的进程中起到"基础资源、基础应用、基础连接、基础服务"的作用。

二　凤凰数字教材的开发背景

在国家大力推动教育信息化、现代化的政策背景下，使新技术与课堂内外教学活动，资源平台、应用与服务深度融合，将是未来教育发展的方向。在信息化环境下的教学活动中，数字教材不仅是基础性的核心资源，也是最关键的抓手。在各级教育部门积极推动和数字出版转型的共同影响下，凤凰出版传媒集团依据教育信息化的要求和数字出版领域的相关标准，成功进行了"凤凰数字教材"产品的研发。该产品以原版教材内容和知识点为核心，有效整合了各类精品素材与优质内容，融教材、数字资源、学科工具、应用数据等于一体，实现跨平台调用，支持多终端应用。

（一）政策背景

近年来，各级教育部门频频出台与数字教材相关的政策和指导文件，促进数字教材的快速发展。2018 年教育部发布的《教育信息化 2.0 行动计划》中明确提出，建立健全教育信息化可持续发展机制，以构建网络化、数字化、智能化、个性化、终身化的教育体系，积极推进"互联网 + 教育"，坚持信息技术与教育教学深度融合的核心理念，并实施数字资源服务普及行动。[1]2018 年《教育课程教材改革与质量标准工作专项资金管理办法》中提到，要开展数字教材等新形态教材的研发、试点和推广等。[2]2018 年召开的全国教育大会强调，教育关乎民族振兴和社会进步，要加快教育现代化建设，增强教育服务的创新发展能力。《中国教育现代化 2035》中指出，未来要适应信息化、人工智能等新技术变革，大力提升教师的新技术应用能力与专业素质，实现新技术与教育教学的深度融合。[3]

同时，教育部每年的《教育信息化和网络安全工作要点》，都对以数字教材为核心的数字资源建设提出明确要求，其中推动数字资源服务普及更是《2019 年教育信息化和网络安全工作要点》的核心目标之一。[4]江苏省教育厅近年的年度工作要求也明确提出要推进中小学数字教材建设，其中，《江苏教育信息化 2.0 行动计划》中的教育大资源服务普及行动就包括推进数字教育资源规范化建设、深化网络学习空间建设与应用、推进"互联网 + 教育"大平台建设等三大方面。[5]

(二) 行业背景

在信息化的时代背景下，基于"技术 + ""内容 + ""服务 + "的融合发展已经成为出版业转型升级的时代要求。《2020—2021 中国数字出版产业年度报告》显示，我国 2020 年的数字出版产业整体收入规模超过万亿元，达到 11781.67 亿元，相比上年增加 19.23%。[6]其中，在收入榜领先的移动出版、在线教育、网络游戏，都是数字时代技术与内容结合的产物。教育信息化 2.0、教育人工智能、"互联网 + "教育公平、跨学科学习、教育大数据、游戏化学习、未来学习空间等作为 2018 年教育信息化的关键词[7]，更是充分体现了教育信息化的发展大势。

技术的进步为行业变革提供了巨大的推动力，一些新兴技术，如云计算、大数据、物联网、移动互联、VR/AR、人工智能、区块链等，都影响着教育和出版的发展。5G 时代的到来，使教育领域使用 VR 技术更加普遍，未来教育行业很可能将 VR 资源视作常态资源。[8]并且，在数字出版时代，内容和技术的关系不再像传统那样相互分离，而是相互依存、密不可分，技术在数字资源和数字产品的开发层面以及产品后续的应用服务层面都是必不可少的。正是技术与内容的融合，促使出版业向移动互联网时代的服务业转变，知识服务正是其中最显著的体现。

作为兼具数字出版和互联网教育特性的数字教材，将内容、产品、服务与教育教学应用融为一体，实现了融合出版。近年来，得益于国家政策的利好以及庞大的市场潜力，互联网教育成功进入火爆发展的阶段，创业项目数不胜数，尤其是中小学在线教育领域的创业项目，例如"学科网""爱学堂""学乐教育"等。好未来、科大讯飞等知名企业纷纷加入投资互联网教育的大军当中。[9]

三 凤凰数字教材的发展历程

美国哈佛大学教授雷蒙德·弗农在其《产品周期中的国际投资与国际贸易》一文中首次提出了产品生命周期理论。[10]根据该理论，所有产品的市场生命周期都包括导入期、成长期、成熟期、衰退期等四个阶段。凤凰数字教材作为融电子教材、数字资源、学科工具、功能服务于一体的立体化、互动型教材，其研发经历了富媒体化的第一代、多终端化的第二代，目前正向数据化的第三代迈进。

（一）第一代：富媒体化

相对来说，凤凰出版传媒集团对数字教材的研究与实践起步较早。从2009年起，便以高中学段为先导，成功研发出7门学科、共41个品种的富媒体、互动型数字教材（学生版），并以光盘为载体发行，实现纸质教材的多媒体化。第一代凤凰数字教材只是单纯地加入声音、图片、动画、电影等教学资源，即基于纸质教材PDF，通过图文声像的形式对其进行立体化呈现与拓展，以光盘为载体进行程序封装后发行，实现纸质教材的富媒体化。

（二）第二代：多终端化

随着互联网技术的发展和智能终端的普及，第二代"凤凰数字教材"在原有基础上升级为融学科工具、交互练习等多种服务于一体的互动型教材，以"光盘＋客户端＋平台"的形式出版发行，实现多终端化。具体表现为：通过数字教材服务平台，实现一次制作、多终端分发，适配PC、平板、手机，并兼容Windows、Android、iOS等主流系统，同时支持离线、在线学习功能。自2016年起，凤凰出版传媒集团开始研发学生版涵盖数学、英语、美术、音乐、科学、生物等6门学科，共58个品种的数字教材。随后，自2017年春季起，小学、初中的3门学科共23个品种的数字教材供应河南地区市场，每季覆盖用户约13万人。自2019年起，高中教材品种已全部以多终端形式使用和发行。第二代"凤凰数字教材"的主要特征是多终端化，针对用户需求和市场变化，实现产品形态和供应方式的升级。[11]

（三）第三代：数据化

第三代"凤凰数字教材"已具备完整的用户中心和数据中心，通过记录和分析用户行为数据，了解用户需求，精准服务用户；并且可与凤凰自有产品体系（如网络课程、备授课系统、作业本系统、评测系统）之间实现数据贯通，还可以和国家级数字教材平台、各级各类教育应用平台对接。第三代"凤凰数字教材"的主要特征是数据化，通过对用户行为信息的采集和对数据的进一步加工分析，提供更加智能化的用户操作体验。

从第一代还只是通过光盘形式呈现的纸质教材简单数字化，到第二代的多终端、多形态化，再到第三代的数据驱动，凤凰数字教材的功能也从单项内容展示发展至立体交互和智能体验。目前，研发部门正在大力研发并完善平台功能，紧跟技术和时代发展，不断贴近用户的实际需求，持续进行凤凰数字教材的更新换代。

四　凤凰数字教材的发展现状

（一）持续进行产品研发，积极参与标准建设

随着产品形态的发展变化，关于数字教材的定义也更加丰富，但其教育属性始终是其最本质的属性，并不会因为教材形态和特性的更新迭代而发生改变。作为融合出版的产物，数字教材的研发和推广涉及教育、出版和技术三个领域，其标准化建设等一系列问题自然也与这三个领域的一些已有标准密不可分。

目前，我国教育部教材局已出台了有关数字教材标准和审核管理的相关规定。此外，教育部数字课程教材研究中心已成立，2022 年《国家中小学智慧教育平台建设与应用方案》发布。与此同时，凤凰出版传媒集团一方面持续进行凤凰版数字教材的建设与应用，另一方面积极参与国家标准的制定工作，并在产品设计、技术选型、制作发布、应用模式上做好与国家数字教材标准和平台的对接准备工作。

（二）助力优质资源共享，坚持精品数字出版

凤凰数字教材经过实践探索后取得了较好的社会效益，主要体现在两方面。第一，助力优质教育资源共享。"凤凰数字教材"是对教材富媒体化、立体化的呈现、补充与拓展，是数字化、网络化环境下教材配套服务的有力支撑，提高了凤凰版教材的数字化服务水平。其运用数字化手段实现优质资源共建共享，使得不同经济发展水平地区的学生均可获得优质教育资源。第二，屡获国家级奖项。2017 年，"凤凰数字教材"在第十届新闻出版业互联网发展大会上成为全国优秀互联网创新项目，并且在 2019 年入选国家新闻出版署"数字出版精品遴选推荐计划"。

（三）产品累计发行量大，整体经济效益显著

作为兼具互联网和出版属性的市场产品，凤凰数字教材在获得良好社会

效益的同时，获得了显著的经济效益。自2009年首批推出以来，该产品累计发行过亿份，码洋超过5亿元。与此同时，集团内部的各家教材社、音像社、数媒公司、新华书店、新广联，皆有显著收益。

五　"凤凰数字教材"的创新之处

（一）科学严谨的研发流程

在当今的信息化、数字化背景下，产品想要获得长久生命力，离不开完善的顶层设计和科学的研发流程。教材体现出来的是一种完整的教与学的功能结构关系，板块内容之间存在学科知识的结构关系。从宏观层次看，需要站在课程、学科和教学的角度对数字教材进行教学分析[12]，因此在开发设计数字教材的过程中，编创者以及科学的工作分配毋庸置疑地起到至关重要的作用。"凤凰数字教材"在实际研发中始终遵循其教材属性、出版属性两个根本属性，确保专业导向。其编创团队由纸质教材主编领衔，编写组、教育专家、一线优秀教师组成。各学科的主编或者为国家课程标准组组长或核心成员，或者为省级学科教研员。其编辑团队以学科专业建制，成员具有相关学科教育背景。研发团队多年从事基础教育电子音像产品和网络产品的出版工作，既对学科、课程类教育产品理解较深，又有丰富的数字出版经验，对教育信息化把握较好，保证了产品的内容质量，以及在教育教学常态应用中的适用性。

在以上团队力量支持的基础上，"凤凰数字教材"的研发经历了以下阶段：①项目策划与论证阶段；②原型设计与开发阶段；③组稿与编辑制作阶段；④产品质量检测阶段；⑤产品发布阶段。具体表现为：在项目策划与论证阶段，由核心项目团队发起数字教材论证项目，包括产品项目整体架构、内容规划、功能需求、技术架构、开发方式、应用模式、发行方式、效益预测、风险评估等。具体学科品种的策划、论证，则由学科编辑具体发起。在原型设计与开发阶段，技术编辑团队负责数字教材服务平台的总体研发，组织各专业技术团队进行各模块、各功能的具体研发。学科编辑团队依据选题策划方案选取学段、学科和章节内容，组织协调内外团队进行各学科的原型设计与开发。技术编辑需要配合学科编辑，参与设计开发全过程，对过程中可能出现的问题和影响点进行预设，并及时协调解决。在这一阶段，还需要思考未来数字教材如何与其他体系产品的功能、数据、环境等方面进行对接。在组稿与编辑制作阶段，学科编辑团队按需召开核心编创组、各册编委会等不同规模的组稿会，配合主编、分册主编分配组稿任务、确定工作进度，并按时进行各批次收稿；统筹脚本、动画制作、视频摄制、音频录制等团队，制作、加工各类多媒体内容，并合成上传。在产品质量检测阶段，严格执行三审三校和内外审制度，保证产品的质量。学科编辑负责各品种数字教材内容的正确性、功能的正常性，技术编辑从数字教材的有效性、完整性、规范性等方面进行审校检测，确保数字教材的质量。最后，在排除所有问题后正式发布。

（二）多媒体资源工具丰富

智能终端的持续创新发展也推动着数字教材的发展，并在不同的发展阶段呈现不同的形态。数字教材的形态不断得到丰富，具体表现在：从最初只是基于 PC 端的简单纸质教材数字化，发展到能够嵌入并最终实现图片、动画、音频等完美结合的多媒体数字教材，再到当前借助智能移动终端等信息技术实现更生动且智能的数字教材，其功能特性已经实现从简单的单向内容呈现向具备交互性与智能性的跨越。近年来，智能终端、大数据、云计算、人工智能等概念早已走出课本快速落地，并促使许多行业发生了翻天覆地的变化。得益于新一代科技革命带来的信息技术进步和创新，数字教材也深度结合各项技术，充分利用丰富的多媒体资源工具，依靠大数据、人工智能技术和多种体验终端，呈现智慧性、个性化和互动性特征。

凤凰数字教材的一大创新之处在于，利用丰富的多媒体资源和学科工具，提升学生的自主学习能力。总的来说，即以现行的教材电子文本为基础，融合多媒体、人工智能等数字技术，打造精准、丰富、精彩的音视频、动画等多媒体资源，以及趣味性学习应用软件等。每本教材包括"基础知识点分析""疑难解释""动画演示""提示指引""拓展资料""智能练习测评"等模块内容。此外，根据各学科的学习特点提供相应的学习工具，如物理和化学的"虚拟仿真实验室"、语文和英语的"语音测评"、数学的"几何画板"、音乐的"乐器演奏"、生物的"实验动画"等，使纸质教材的内容更加全面、立体。

（三）个性化学习功能丰富

美国的精神分析学家埃里克森提出的人格发展学说认为，个体发展具有不同时期，而且每个阶段都有其特定的发展任务，也会存在不同个体所特有的表现。从本质上说，社会环境在每个人身上会产生不同的心理反应，而人格的发展就是通过自我调节以及与周围环境相互作用而不断整合的过程。同理，每个学生作为独立的个体，在大脑思维和学习能力等方面也会自然而然地表现出各自的特征。而与此相反的是，在传统教育出版中，往往沿用工业化流水线的思维和做法，并且出版的教材是为了满足班级授课制的统一教学模式，追求的仅仅是与学生课程的同步性。

得益于当前大数据、移动互联网以及云计算等技术的广泛应用，"凤凰数字教材"发展至今已经具有完整的用户中心和数据中心，获取学生学习成果数据、作业数据、学习时间数据等。借助大数据分析技术分析用户行为数据，能够准确评估学生的知识掌握情况，精准推送教材教辅，并为学生提供科学指导。"凤凰数字教材"正是作为一个智能化、多元化、交互性学习平台，为用户提供个性化学习体验。平台中提供了人机对话等多种学习功能，支持多种交互。用户在阅读过程中，可进行各种个性化操作。平台还提供基于个人空间的使用数据记录、分析与推送功能。

六　"凤凰数字教材"的发展规划

（一）持续更新学科内容，适应教材审核变化

当前，凤凰数字教材由教材编写组编创，与纸质教材的结构、内容、逻辑顺序一致，并且以交互式多媒体资源为重点，富含课文动画与音频、知识点讲解与演示、拓展知识、趣味练习、交互操作等。随着知识更新与时代变化，一方面，数据化的数字教材需要更多高品质的精准资源，以满足分层次、个性化的需求。互联网平台和分发技术发展较快，以往的内容资源从技术参数等角度看，已不能很好地适应当前的产品需求。另一方面，高中新版教材已全面启用，小学、初中教材也在修订中，因此，需要对数字教材内容进行全面更新，为国家启动数字教材审核做好准备。

（二）升级数字教材平台，满足新型课堂需求

作为极具潜力的新兴产业类型，数字出版领域的新产品、新形态正不断涌现。教育领域数字出版产品的开发、服务以及运营方式不同于传统出版产

品，用户的消费理念和方式也已发生变化，曾经以光盘为主的大规模发行方式显然难以为继。凤凰出版传媒集团 2018 年建成的"网络支撑平台 + 数字教材内容"的数字教材平台，已实现多终端调用，初步实现与其他教育应用系统、平台的对接。但是，一方面，平台还不足以支撑 700 万用户量级的常态使用；另一方面，与教育信息化 2.0 所要求的能够支撑新型课堂模式，并进行后台数据收集、分析的要求尚有距离。

（三）深度融合技术与教育，助力江苏教育现代化

传统出版和新兴出版融合发展，已经成为我国出版领域的共识。在教育出版领域，更是存在教育与技术深度融合的迫切需要。在凤凰数字教材的未来发展规划中，需要与国家级数字教材研究和管理机构，江苏省教育厅及各级教育行政机构和学校等开展深入合作，进行数字教材的专项研究和应用推广，使信息技术深度融入教育核心环节，提升信息化应用水平，提高师生的信息素养。同时，运用大数据技术提供个性化教育服务，助推江苏教育实现信息化、现代化。

七　结语

"凤凰数字教材"在专业的编创团队和经验丰富的编辑队伍的支持下，紧跟技术发展和教学理念变化，通过数据跟踪用户需求，坚持自身产品的更新迭代，并最终实现产品的市场化。凤凰出版传媒集团在政策支持的大前提下，充分利用自身的内容优势、品牌信誉和版权优势，开发具有内容和市场优势的数字产品。但是，在探索教材数字化的道路上，除却国家政策层面的因素，凤凰数字教材仍然存在产品成本过高和商业模式不明晰等实际问题。地方出版社在通过研发数字教材实现数字化转型的过程中，在确保内容产品质量的同时，同样需要重视产品的经营管理，通过市场检验产品的"双效"，并切实落地推广、创造价值。

参考文献

[1]《图解〈教育信息化 2.0 行动计划〉》，《中国信息技术教育》2018 年第 9 期，第 2~5 页。

［2］《教育课程教材改革与质量标准工作专项资金管理办法》，《重庆与世界》2018 年第 22 期，第 20～22 页。

［3］《中共中央、国务院印发〈中国教育现代化 2035〉》，教育部官网，http：//www. moe. gov. cn/jyb_xwfb/s6052/moe_838/201902/t20190223_370857. html。

［4］《2019 年教育信息化和网络安全工作要点》，《中国信息技术教育》2019 年第 6 期，第 2～3 页。

［5］《省教育厅关于印发江苏教育信息化 2.0 行动计划的通知》，江苏省教育厅文件，http：//xhstdc. com/UploadFiles/jyjs/2019/10/201910150831501098. pdf。

［6］章红雨、孙海悦：《逆势上扬，产业年收入达 11781. 67 亿元》，《中国新闻出版广电报》2021 年 10 月 29 日。

［7］《2018 年教育信息化十大关键词》，《中小学信息技术教育》2019 年第 Z1 期，第 7 页。

［8］王志刚：《教育出版如何应对信息化挑战?》，《中华读书报》2019 年 6 月 5 日。

［9］区碧茹：《"教育＋出版＋技术"融合创新路径探索——以"南方云教育"为例》，《科技与出版》2019 年第 11 期，第 18～21 页。

［10］ VERNON，R. International Investment and International Trade in the Product Cycle. *Quarterly Journal of Economics*，1966，80（2）：190－207.

［11］周檬：《新媒体视域下中小学数字教材发展与困境思考——以"凤凰数字教材"为例》，《新媒体研究》2020 年第 20 期，第 110～112 页。

［12］康合太、沙沙：《数字教材建设的探索与实践——以第二代"人教数字教材"为例》，《中国电化教育》2014 年第 11 期，第 80～84、100 页。

第五章
基于学习轨迹分析的个性化智能教学平台：
实践教育资源信息化

在信息网络化、教育国际化的今天，数字化、智能化学习已经成为世界教育不可逆转的趋势。随着中国教育的大众化发展，个性化教育需求迅速增长，依托信息技术开展教与学成为教育新方式，教材有了包括电子教材在内的全新"课程包"、可定制的个性化教育服务解决方案等形式，而不仅仅是传统意义上的"课本"。[1]教育出版单位是我国出版业的重要组成部分，掌握着大量教育内容资源，从教育产品的需求来看，教师和学生对其内容和形式有了更高的要求。针对这样的需求变化，广东教育出版社走在数字化转型的前沿，先后建立数字教材教辅资料库、学习轨迹分析数据库、中小学书法教育全媒体运营平台、基于学习轨迹分析的个性化智能教学平台等，在业内成为数字化探索的标杆。本章重点对广东教育出版社"基于学习轨迹分析的个性化智能教学平台"项目进行分析，总结教育出版单位数字化转型的发展策略。

一　广东教育出版社数字化发展现状

1985 年，广东教育出版社成立，挂靠广东人民出版社。1991 年 8 月，与广东人民出版社脱离挂靠关系。目前，广东教育出版社是南方出版传媒股份有限公司下属的综合性出版社，始终坚持面向教育、服务教育，具有教材教辅出版资质，是全国一级出版社和全国百佳图书出版单位。多年来，广东教育出版社共有 400 多种图书获得国家级或省部级荣誉，其中 30 种图书获得中国出版政府奖、中国国家图书奖、"五个一工程"奖、中华优秀出版物奖等多种奖项，多种图书入选国家"三个一百"原创图书出版工程，国家级奖项的获得数在广东省出版社中名列前茅。同时，承担国家及省部级重点出版工程 50 多项，获得近 6000 万元出版资助。

　　广东省出版社于 2015 年着手启动"五朵云"重点项目工程，下属的出版社各有所长，分别按照自身优势和业务特点打通线上线下，向数字化转型。鉴于新媒体对传统出版的重大影响，广东教育出版社加大在数字出版领域的投入力度，全面实施"中小学书法教育全媒体运营平台""基于学习轨迹分析的个性化智能教学平台""粤港澳青少年阅读推广基地""粤港澳青少年阅读推广平台""中华优秀传统文化传承与创新融媒共享平台"等项目，建立了出版社微信矩阵，大力推动数字教育产业发展。[2]

　　广东教育出版社建立了以"广东教育出版社""南方 E 课堂"为主，乐橙空间、墨豆社区、南方教师教育在线、童年研究所、粤教资讯等为辅的粤教微信矩阵，通过账号之间的互联互推，对垂直细分领域的受众实现全覆盖。其中，"广东教育出版社"是官方订阅号，拥有 25 万粉丝，并连续两年入选"大众喜爱的 50 个阅读微信公众号"；服务号"南方新课堂"2019 年拥有 55 万名粉丝，通过软文推广创造营收 100 余万元。[2]

　　广东教育出版社结合数字出版技术，由传统的内容提供商转变为上游出版社资源、中游数字出版技术提供者、下游数字化平台供给者三方结合的数字内容供应商，逐渐从传统纸质出版向数字出版整合转型，原来严格划分的行业和竞争边界正趋于模糊，业务、产品也在相互渗透，纸质出版与数字出版都在直接或间接地涉及所有产业环节。[3]从产业链角度而言，广东教育出版社的数字化转型具有较高的整合性和封闭性。

二　基于学习轨迹分析的个性化智能教学平台概况

　　广东教育出版社十分重视数字出版与在线教育的融合发展，立足于个性化学习轨迹分析，基于"数字教材教辅资源库 + 学习轨迹分析数据库 + 云协同课程资源库"，推出了"基于学习轨迹分析的个性化智能教学平台"。教师和学生利用"智慧课堂 + 在线导学"两大系统，可获得均衡的教育资源和个性化教学服务。出版社全体编辑在 2016 年开始参与项目建设，并以这个项目为抓手探索如何实现媒体融合与教育出版转型升级，同时搭建了"荔枝教育"资源云平台，打造了"南方 E 课堂"融合型系列教辅产品。编辑的媒体融合思想在项目实施的过程中得到深化，这是该社实现转型升级的坚实基础。[2] 2017 年该社"基于学习轨迹分析的个性化智能教学平台"项目入选 2016 年广东新闻出版数字化转型升级示范项目。

三 基于学习轨迹分析的个性化智能教学平台的研发背景及优势

（一）政策优势

国家重视教育数字出版、教育信息化发展。2010 年新闻出版总署下发的《关于加快我国数字出版产业发展的若干意见》明确提出，要以数字化带动新闻出版业现代化，从而为传统出版单位数字化转型制定了时间表。[4] 2012 年，教育部为推进落实《国家中长期教育改革和发展规划纲要（2010—2020 年）》中关于教育信息化的总体部署，组织编制了《教育信息化十年发展规划（2011—2020 年）》，提出要缩小基础教育数字鸿沟，促进优质数字教育资源共享的发展任务，并指出实施优质数字教育资源建设与共享是推进教育信息化的基础工程和关键环节。2014 年 8 月 18 日，习近平总书记在中央全面深化改革领导小组第四次会议上强调，要强化互联网思维，推动传统媒体和新兴媒体融合发展。[5] 随着国家对媒体融合的重视、教育信息化 2.0 时代的到来，广东教育出版社数字化转型升级享受了政策红利，"基于学习轨迹分析的个性化智能教学平台"项目入选广东新闻出版数字化转型升级示范项目，政府给予经费支持，减轻了出版社转型压力。

（二）市场优势

传统出版社较新兴数字出版机构拥有体量更大的读者群基础，其良好的出版口碑为其保留了一大批忠诚用户。互联网技术重新定义了人们获取知识的方式，传统出版社与新兴技术的深度融合，使传统出版社在满足老用户需求的同时吸引新用户的加入。在师生教育需求上，辅以声音、图像、视频等形式的数字产品，能显著提高教学效率，增强学生的理解力。随着数字化时代的到来，为满足个性化人才培养要求，教育产品也应该从传统的广泛化、标准化出版物向个性化教育服务转变，以满足人才需求的转变。[6] 教材教辅是广东教育出版社的主业和经济支柱，出版社自成立以来就在教材教辅编写方面拥有良好的口碑，产品覆盖全国市场，相较于其他教育出版单位占有市场优势，有利于个性化智能教学平台的推广。同时，该社也拥有很大的用户意见收集基数，反向推动平台的合理化建设。

（三）技术优势

大数据和数据库技术的发展为个性化智能教学平台提供了建设基础。"基于学习轨迹分析的个性化智能教学平台"以"数字教材教辅资源库 + 学习轨迹分析数据库 + 云协同课程资源库"等为基础，Agent 技术、智能感知技术、课程排序技术、学习分析技术、自适应学习技术等为平台运营加持。[7] Agent 技术通过自动获得的领域模型（如 Web 知识、与用户兴趣相关的信息资源、领域组织结构等）、用户模型（如用户知识背景、兴趣爱好、行为、学习风格等）来搜集、索引和过滤信息资源，为用户提供符合其兴趣和需求的信息。[8] 在学习情境识别和学习者信息感知方面，智能感知技术能够帮助用户使用教育资源。不同学习者的个性特征不同，课程排序技术会以个性特征为依据对学习主题和课程进行排序，帮助学习者找到达到学习目标的最佳个性化学习路径。[7] 学习者在网络学习和交互过程中会产生海量行为数据，学习分析技术对这些数据进行收集和分析，掌握学习者的特征，评估其学习进展，预测其未来表现，发现潜在问题，从而优化学习服务和教学决策。广东教育出版社个性化智能教学平台依靠强大的数据库，在多项技术加持下，将数字出版与在线教育充分融合，师生在此平台可获得均衡的教育资源和个性化教学服务。

（四）资源优势

1. 优秀的作者和编辑

广东教育出版社深耕教育行业多年，拥有丰富的作家团队和教材编写团队，能够根据数字化转型需要提供优质的教材教辅内容。在对编辑团队管理上，广东教育出版社从 2018 年开始设立"主管"级，用来激励有潜力的年轻编辑努力工作，掌握更多专业内资源，逐步成长为学科运营官、内容官。此外，广东教育出版社还打破科室界限，设立了"板块总监"，让一些有能力的部门主任兼任，带领新人团队并聚合资源，开辟诸如家教、研学等有潜力的业务板块。[9]

2. 海量的教育内容资源

作为教育出版专业社，广东教育出版社的核心优势在于拥有经验丰富的教材编辑队伍和高水平的国标教材。广东教育出版社充分发挥核心优势，积极与高校和研究机构开展合作，共同打造基础教育教材研究基地，2018 年与厦门大学共建国家语言资源监测与研究教育教材中心。[9] 出版社在长期的图书出版活动中积累了丰富的教学资源，如教材、教案、教学 PPT 和各类习题及答案，还有各类视频、图片等多种教学素材。与其他民营出版公司在做数字教育出版时需要费心制作多媒体内容相比，教育出版社天然拥有资源宝库。[10]

四　基于学习轨迹分析的个性化智能教学平台的发展现状

（一）平台现状

基于学习轨迹分析的个性化智能教学平台由众多子平台组成，其中以"中小学书法全媒体运营平台"建设为主。"中小学书法全媒体运营平台"是由广东教育出版社开发的，以传播和传承源远流长的书法文化为宗旨，以自主研发的书法教材课程为核心的一体化书法教育整体解决方案。该平台以汉字为根、以书法为源、以科技赋能教育，通过线上线下融合，为书法学习者提供"现场教学—书写体验—网络互动—延展阅读—进阶培训—自学提升"等一系列情境体验产品和个性化服务，是集课程教材、教学系统、智慧教室、培训、基地、活动等于一体的复合型出版融媒创新工程。

"中小学书法全媒体运营平台"针对目前国内中小学师资紧缺的问题，构建了"悦教书法教学系统"及"插件式悦教书法智慧教室"两大系统。"中小学书法全媒体运营平台"属于国内少有的拥有完整书法教育产业链的平台，具有较强的实用性和先进性。目前，包括曹宝麟、邱振中、刘守安、田蕴章、吴慧平等在内的著名书法教育家，为课程体系的建构提供了强有力的学术支撑。平台还邀请"津门欧体第一人"田蕴章教授等进行毛笔书写示范。

"中小学书法全媒体运营平台"不仅包括优质的软件资源，还结合书法教育的特点，顺应数字化教学大趋势，开发出"插件式悦教书法智慧教室"，包括悦教书法教学系统、课程教材、教具学具、硬件装备、环境创设，具有插件式、无忧安装、环保型、低碳安全等特点，使中华传统的书法文化能够遍地花开。

2019 年 1 月 11~12 日，由中国出版协会与中国新闻出版研究院联合主办的第十二届新闻出版业互联网发展大会在北京举行。广东教育出版社自主研发的"中小学书法全媒体运营平台"凭借其突破性成果及品牌影响力获得"优秀数字教育平台奖"。[11]

（二）用户现状

"中小学书法全媒体运营平台"主要针对 B 端（学校）开放。目前，该平台已在全国铺开使用，广东、河南、青海、江西等地已建立了示范校，珠海香山学校、广州沙面小学、河源光明学校等十数所学校建立了数字化书法教学先锋特色示范基地。"悦教书法教学系统"凭借其优质权威的教学资源、实用的教学方法和模式、立竿见影的教学效果，已经上了江西省电教装备采购目录，目前已经有数万师生受惠。并且，平台与澳大利亚、摩洛哥、印尼、越南等国家以及我国港澳地区建立了文化输出联系，对方对该平台表现出极大的兴趣，并进一步洽谈合作事宜。[11] "中小学生书法全媒体运营平台"通过数字化手段，实现中华优秀传统文化的国际传播。

五　基于学习轨迹分析的个性化智能教学平台特色分析

以互联网为代表的信息技术不断迭代，消融了媒体之间的界限，产生了更大范围的时空覆盖、更多数量的主体涵盖、更加多样的生产主体和更加多元的传播渠道。[12]传统出版业在新技术的支持下探索出更多的传播方式，以更加多元的方式服务读者。纸媒的单向传播特性，使其无法准确获知读者喜欢的内容是什么、读者关注哪些产品的广告、哪些分类信息对读者有吸引力。互联网及移动互联网解决了这个问题，用户在网络上的点击行为、交互行为、驻留时间等形成了大量行为数据。基于对这些数据的采集和分析，可以判断用户的喜爱和偏好，可以实现有针对性的用户个性化需求分析，形成丰满的消费者画像，从而为消费者提供精准的信息服务。[13]广东教育出版社在发展过程中积累了大量用户资源，数字化转型是追求自身可持续发展的必然举措。利用大数据对用户信息进行整合、分析，可以更好地了解客户需求，实现精准营销，从而服务社会。

（一）教育课程化、数字化

教育信息化 2.0 要实现三个转变：由教育专用资源的开发应用向大资源的开发应用转变；由提升应用能力向提升信息素养转变；从融合发展向创新发展转变。[14]"中小学书法全媒体运营平台"将信息资源予以整合，实现对专有书法教育资源的开发，打造出"悦教书法教学系统"及"插件式悦教书法智慧教室"两大系统。教育信息化 2.0 在教学方面要求新型技术与课堂内外的教和学活动深度融合，资源、平台、应用和服务的整合与联通，将极大地降低教与学活动的创新难度，助力多元创新人才的培养。[15]"中小学书法全媒体运营平台"将教学课程与数字化完美结合，老师课上教授，学生使用教学设备实时参与、线上提交作业，实现师生互联。

"中小学书法全媒体运营平台"主要面向中小学课堂，涵盖毛笔书法、硬笔书法、语文写字、430 活动课程、兼备教材与培训、教学系统与智慧教室，是具有课程化特色的一站式学习解决方案。平台主要面向 B 端（学校），提供以 PC 端为主的教学方式，配套纸质版教材。利用"悦教书法教学系统"可实现一键上课，包括名师书写视频示范、字源字形演变动画、双角度技法讲解分析、传统文化知识拓展、便捷的课后管理，有效解决了专业师资不足及书法开课难、备课难的问题。平台为学校书法教育弥补了缺憾，形成书法教学课程化和资源数字化一体式发展。

珠海市教育研究中心主任余宪泽说："教育信息化 2.0 时代，教育装备已经不是简单的工具，而应该是课程的载体与支架。"他认为广东教育出版社研发的"中小学书法全媒体运营平台"，"以国家教材为基础、以优质课程为特色，是利用现代教育技术为学校书法教育提供全方位服务的一种积极探索，相信会受到师生的广泛欢迎"。[16]

（二）海量书法数字资源

广东教育出版社作为全国 11 家出版国标书法教材的出版社之一，发挥强大的平台优势，聚合中小学全年级、全学段书法数字教材资源。"中小学书法全媒体运营平台"提供电子书有偿多平台购买，提供书法微课堂、名师范字书写视频、字形演变动画、汉字笔顺动画、范字图片、名碑名帖下载等服务内容。其中，目前线上有近 3000 个微课视频、名家 7000 多个范字书写视频、3500 多个字形演变动画、近 4000 个汉字笔顺动画、2 万余张范字图片等资源。知识付费时代更加需要优质资源，建设强大的线上数据库有利于满足读者的教育学习需求，出版社也由单纯的纸质书提供者转变为多媒体资源提供者。教育出版机构需要把握住内容供给方的内容生产优势，塑造"内容＋"的产业生态。一方面，内容供给是产业链值创造的核心部分，教育出版机构要维持住内容供给方面的核心优势；另一方面，要形成"大内容"产业格局，秉持"内容＋"的发展理念，将自身的内容资源重新整合，以适应多种媒介载体、多元融合的场景以及个性化内容需求。[17]

广东教育出版社通过构建"中小学书法全媒体运营平台"，实现海量书法教育优质资源共享，以及教材的多类型终端呈现。通过使用者之间积极的人机、人人互动，完成基础信息收集，实现大数据分析，为下一步教学工作提出改进意见，便于及时调整方向，促进教学质量提升。广东教育出版社将传统的纸质教材、教辅内容以多元化的形式呈现，打造出立体的数字教学资源，包括富媒体电子书、多媒体课程的设计、数字化图库、名师教学视频等。数字化平台实现动态信息实时更新，数据收集辅助决策，从而达到教学效果稳步提升的目标。该社利用数字出版媒介的技术特征，整合出版社多年积累的出版资源优势，应用领先的互联网技术和新媒体平台，实现图书的数字化发行，通过立体内容资源全方位满足读者。

（三）学习服务个性化

随着在线教育的迅速发展，各类在线学习管理系统不断更新换代，学习者的行为以不同类型的数据信息形式存储在在线学习平台的管理系统中。[18] "中小学书法全媒体运营平台"打造的"悦教书法教学系统"设置了教师中心板块，该板块下设置班级管理、班级空间和进阶课堂栏目。班级管理栏目为师生提供上传作品、直播示范、现场点评的功能。

平台可以记录学生的学习轨迹，通过平台数据统计，发现学习者的需求，在分析学习数据的基础上，帮助教师、学生、教育机构、管理者等解读数据，根据数据结果采取干预措施，从而达到提高学习和教学效果的目的，具有科学提升教学效能的指向性。平台提供均衡的教育资源和个性化教学服务，基于科学的现代技术做到"因材施教"，使教育不再千篇一律，而是"千人千面"，实现数字出版与在线教育的融合发展。

不仅如此，个性化学习服务也同样对老师有益。老师可以在平台上观看名师讲座、欣赏书法、学习讲解技法，从而精进自身的能力。配合使用的"插件式悦教书法智慧教室"，提供数字化、智能化等与众不同的教学体验。该教室以"悦教书法教学系统"为核心，智能临摹桌具备高清光学系统、OPS 可拆卸系统和超高清展台。系统安装加环境创设可以实现对普通教室的迅速改造，为师生提供一个静心书写、与墨为伴、以书会友的个性化空间。

（四）实力专家教学加持

2018 年 11 月 7 日，第一届悦教书法教育论坛在广州市沙面小学御景校区隆重举行，来自全国各地的 100 多位教研专家、优秀校长及一线名师齐聚一堂，参加了本次盛会。悦教书法教育论坛是由广东省语言文字工作协会、南方书法教育研究中心主办的一个公益论坛，旨在助力中华优秀传统文化的传承，重点推动书法课程教学的落实，搭建书法教育的学术交流平台，促进全国各地区书法教育的共同进步与发展。

教育信息化 2.0 时代，资源内容的虚拟强度、交互深度、丰富程度将有巨大提高，将面向所有人群和所有学段，在获取方式上将实现动态和实时的自适应推送或推荐，资源供给既均衡、公平、充分，又能满足个性化需求。[15]悦教书法教育论坛的举办，为"中小学书法全媒体运营平台"的健康和可持续发展提供不竭的动力。各位专家、教师提供最直接的产品使用建议，使平台的运行不再局限于出版社内部的开发，而是能"广开言路"，听到更多外界的声音，从而使信息技术真正服务于教育、服务于用户。

"中小学书法全媒体运营平台"特邀书法大家为"悦教书法教学系统"助力。系统的课程体系架构由著名书法教育家、理论家曹宝麟，广州美院书法研究所所长吴慧平等权威专家联合打造，系统解决书法教学课程不成体系的问题。南开大学书法教授、"津门欧体第一人"田蕴章，中国书协会员、颜体名师王永刚，规范汉字书写专家、中国硬笔书协高级讲师、拥有百万粉丝的"网红名师"王慧智等多位"明师"领衔示范，双视角讲解，提升课堂示范质量。课件设计采用一课一资源包的形式，有经验的教师更可利用资源包 DIY 属于自己的书法课堂，解决常规书法系统一成不变的问题。系统更有汉字引入、文化启蒙、诗书画乐相结合等优点，用中华传统文化滋养学生的心灵。

六　未来发展趋势

（一）智能场景化服务

近年来，伴随"场景五力"（大数据、移动设备、社交媒体、传感器和定位系统）的发展，社会进入移动场景时代。在这一时代，媒介环境具有碎片化、即时性、入口多元化的特点，消费者具有碎片化、即时性和移动化的消费特征。[17]"悦教书法教学系统"为实现书法教育普及，打造特色书法教育模式，提供"现场教学—书写体验—网络互动—延展阅读—进阶培训—自学提升"等线上线下一体化情景体验。在产品内容上，将创造更丰富的产品形态，满足用户多维度、多场景化的需求；在内容载体上，对用户进行更深的数据挖掘与分析，针对用户使用情景创新内容载体。另外，该社已经建立了粤教微信矩阵，在此基础上可以构建更为细致的用户群体，以兴趣和需求为依据进行用户细分，建立相应的社群，同一社群场景下的用户具有相同的需求，这有助于提高用户的购买欲望和效率，实现有效供给。[2]

（二）强化品牌效应

作为文化企业，教育出版社除了要获得显在的经济效益，还需要获得良好的社会效益，这就需要使品牌效应最大化。[19]广东教育出版社作为老牌、有实力、有口碑的教育出版单位，曾获"全国优秀出版社""全国百佳图书出版单位"等荣誉称号。良好的口碑需要实力巩固。针对数字化发展的转型需求，广东教育出版社需要打造一支数字技术优秀的编辑团队。未来，编辑团队应具备四大核心能力，即把握教育资源发展趋势的能力、提供先进教育资源实现形式的能力、进行教育资源市场运作的能力和提供优质服务的能力。[17]核心能力的提升有助于推动优质品牌的建立，从而吸引优秀的内容资源，影响主流消费人群，从而获得更高的经济效益和社会效益。

（三）紧靠技术优势

信息技术、网络技术、数字技术的进步催生了出版业数字转型的变革，给传统出版业带来深刻的冲击，这既是挑战，也是机遇。依靠新技术，教育信息化和资源数字化进一步发展，个性化学习正成为数字教育出版的热门发展方向。

但个性化学习仍然存在不少问题。一是个性化学习的隐私问题。个性化学习需要结合学习者的学习目标、背景知识、认知能力和兴趣爱好等许多因素来制定学习策略和教学方法，但了解学习者的过程可能会侵犯学习者的隐私，如何保护学习者的隐私并有效使用学习数据，还需要进一步研究。二是个性化学习的规模问题，尽管学习分析、智能感知、情感计算和自适应学习等智能教学技术为个性化学习的实现提供了良好契机，但这些科学方法和智能技术发展尚不成熟，在高等教育中的应用成果不多，难以满足大规模的个性化学习需求。[20]因此，要继续紧靠新技术发展，解决存在的个性化学习的隐私问题和规模问题等。

七 结语

教育出版社有着数字教育出版的天然优势。广东教育出版社深耕教育行业多年，在数字化转型升级上敢为人先，推出了"基于学习轨迹分析的个性化智能教学平台"，构建了以"中小学书法全媒体运营平台"为核心的书法教育系统，推出了"课程教材＋教学系统＋书法教室＋教师培训＋课题引领＋基地建设＋活动平台＋增值服务"八位一体的书法教育立体解决方案。围绕"基于学习轨迹分析的个性化智能教学平台"，广东教育出版社开展了大量创新实践，如"荔枝教育"资源云平台、"南方E课堂"融合型系列教辅产品等。广东教育出版社坚持"大教育"出版理念，向教育内容服务商转型，在数字化发展中结合自身特色进行了有益的探索，为其他教育出版单位提供了一个鲜活的成功范例。

参考文献

［1］ 范燕莹：《从为书找更多读者到为读者提供全方位服务 教育出版社变"出书匠"为服务商》，中国新闻出版广电网，http：//data. chinaxwcb. com/epaper2012/epaper/d5361/d5b/201208/25071. html。

［2］《坚持大教育出版理念，转型教育内容服务商》，中国出版传媒网，http：//www. cbbr. com. cn/article/132000. html。

［3］ 王芳：《传统出版业数字化转型的商业模式探析》，《出版发行研究》2012 年第 6 期，第 60~61 页。

［4］ 中华人民共和国中央人民政府网站，http：//www. gov. cn/gongbao/content/2011/

content_1778072. htm。

［5］《习近平：共同为改革想招，一起为改革发力》，新华网，http：//www. xinhuanet. com/politics/2014 – 08/18/c_1112126269. htm。

［6］胡杰、陈伟：《论我国传统教育类出版社数字化转型》，《中国传媒科技》2012 年第 16 期，第 140～142 页。

［7］付宇博、曾致中：《个性化在线学习系统的发展现状及前景分析》，《中国教育信息化》2018 年第 4 期，第 9～14 页。

［8］钱瑛：《基于智能 Agent 的网络搜索和推荐信息系统》，《科技管理研究》2010 年第 8 期，第 147～149 页。

［9］陶己、卞晓琰：《专业发展，蓄力创新，推动教育出版高质量发展——对教育出版社社会效益的评估与实践探索》，《科技与出版》2019 年第 7 期，第 18～22 页。

［10］王艳芳：《教育出版社数字出版路径探索》，《中国编辑》2018 年第 6 期，第 47～52 页。

［11］《喜讯｜粤教社"中小学书法全媒体运营平台"又双叒叕获奖了!》，广东教育出版社微信公众号，https：//mp. weixin. qq. com/s/_lyAdMeGoRIveU7YmBmEgw。

［12］胡正荣、李荃：《智慧全媒体时代主流媒体传播效果的提升路径与评估体系》，《新闻与写作》2019 年第 11 期，第 5～11 页。

［13］曹素妩：《建设"全媒体用户资源运营平台"　激活百万潜在资源》，《中国传媒科技》2015 年第 5 期，第 25～26 页。

［14］《教育大数据应用技术国家工程实验室启动》，中国信息产业网，http：//www. cnii. com. cn/informatization/2017 – 11/10/content_2010694. htm。

［15］任友群、冯仰存、郑旭东：《融合创新，智能引领，迎接教育信息化新时代》，《中国电化教育》2018 年第 1 期，第 7～14、34 页。

［16］《"悦教书法解决方案"南国书香节吸睛》，搜狐网，https：//www. sohu. com/a/246849023_ 245629。

［17］刘永坚、可天浩、唐伶俐：《移动场景下教育内容服务的数字化转型——以"社群书"模式为例》，《传媒》2019 年第 21 期，第 72～75 页。

［18］张昕禹、梁越、高茜：《基于文献可视化分析的我国在线学习行为研究现状与趋势》，《开放学习研究》2019 年第 5 期，第 16～23、28 页。

［19］代杨：《基于教育资源的教育出版社运营战略》，《出版广角》2011 年第 10 期，第 45～48 页。

［20］谭焱丹：《新世纪国内个性化学习研究综述》，《才智》2016 年第 28 期，第 276～277 页。

第六章
中国知识产权大数据与智慧服务系统：
提供大数据应用服务

　　需求多元催生数字出版新形态。面对数字化转型的态势，知识产权出版社积极探索数字融合的出版新路径。其中，非常有代表性的数字化成果是中国知识产权大数据与智慧服务系统（Insprio）。作为国内第一个知识产权领域的大数据应用服务系统，它通过收集、处理各种知识产权大数据资源，为全球科创与信息行业提供优质、高效的知识产权信息服务。Inspiro 功能多元，整合了各类知识产权数据，为用户提供大数据资源应用服务。它不仅实现了对数据的收集、处理、关联等多种功能，提供快捷检索、表格检索、批量检索、语义可视化检索等多种检索方式，还配备了功能强大的辅助查询工具，可实现扩展检索。

一　知识产权出版社数字化转型概况

（一）知识产权出版社概况

　　知识产权出版社（原专利文献出版社）成立于 1980 年 8 月，由国家知识产权局主办和主管，是中国专利文献法定出版单位，是国家级图书、期刊、电子、网络出版单位。在新闻出版总署首次经营性出版单位等级评估中，知识产权出版社被评为国家一级出版社，荣获"全国百佳图书出版单位"荣誉称号。在 2011 年新闻出版总署发布的中央各部门各单位图书出版社总体经济规模综合评价排名中位列第 10；2012 年 9 月荣获"全国文化体制改革工作先进单位"荣誉称号。[1]

该社主营全产业链知识产权服务及图书出版业务，知识产权大数据资源建设和人工智能技术具有核心优势。伴随《中国专利公报》的加工出版，知识产权出版社组建了国内最早、规模最大（超过 300 人）的知识产权数据加工团队，能够开展 OCR、初加工、翻译、深度标引和化学结构处理等多种数据加工工作。经过多年积累，知识产权出版社已经形成了国内收录最完整，涵盖专利、商标、版权、地理标志、标准、法律文书、期刊元数据、植物新品种、集成电路、海关备案和企业商情等内容的知识产权大数据资源库。截至 2022 年 2 月，数据总量超过 350T，专利与非专利资源多达 391 种，其中专利数据资源有 219 种，数据数量超过 8.7 亿条，覆盖 100 余个国家。为了能够更好地推动知识产权大数据应用，知识产权出版社在语义搜索、机器翻译等人工智能技术领域开展了自主研发创新，实现国内领先的中英、中日、中韩、中德等多种语言双向自动翻译，以及基于专利文献的文本相似性检索。

（二）数字化战略与举措概述

随着互联网和科技发展，数字出版产业展现出飞速发展的趋势和良好的前景，新闻出版业的格局和模式正受到"互联网 + 大数据"模式的重构。不仅如此，数字出版产业也在总体规模扩大、业态多元的大背景下呈现出新特点。全国数字出版动态评估执行组课题负责人冯玉明在 2018 年发布的《全国数字出版转型示范动态评估报告》中指出，国内出版的数字化转型升级已经从思想理念层面的转变进入产业格局发展的关键环节，各单位构建了新媒体、新平台，提供在线教育、知识服务、城市生活服务、数字阅读服务等，业务布局逐渐多元化。[2]

在此基础上，知识服务应运而生。在出版领域，知识服务是高级阶段的信息服务过程，是出版单位在海量的知识资源中提炼出用户所需的知识，精准、高效地满足目标用户需求，通过信息、知识产品和解决方案的提供来帮助用户解决问题。[3]

知识产权出版社在数字化发展过程中十分注重数字技术的应用与创新，在进行数字出版实践的同时也不断改善企业组织结构，不断适应数字时代的需求。在 2017 年第七届中国数字出版博览会上，知识产权出版社勇夺"创新企业"第一名，同时其研发的混合策略机器翻译技术勇夺"创新技术"奖[4]，其数字化成就可见一斑。

知识产权出版社借助 OCR（Optical Character Recognition，光学字符识别）等技术手段促进纸质内容的载体电子化，将过去传统的纸质内容进一步加工成适合网页出版的 XML 格式文档与适合电子书的 PDF 格式文档，使文档内容的检索与存储更加便捷。知识产权出版社于 2001 年建立了第一条 OCR 数据加工生产线，2008 年又在 OCR 生产线的基础上成功研发了面向数字出版的加工平台，实现原始资料的扫描录入与整理保存，形成了更加完整的生产流程，提高了工作效率，保证了工作成果。

知识产权出版社在 2002 年建立了 CNIPR 专利信息服务平台。它是基于内容管理平台构建而成的，实现多种数据库的联合使用，可以对海量数据迅速检索，也可以对用户的访问进行 IP 控制，提高了资源的使用效率，增强了规范性。通过 CNIPR 专利信息服务平台，用户可以快捷地查询、下载与专利相关的说明使用书、设计图形和法律状态等信息。同时，平台对数据信息每周更新，保证了数据的准确性和及时性。

此外，知识产权出版社的数字化转型还包括发展按需出版。按需出版是按照社会对图书的个性化需求，采用先进技术手段，个性化出版图书的一种方式。知识产权出版社在 2004 年启动了图书按需出版工程，与上百家图书馆、大学、研究机构合作出版短版、断版图书，使优秀图书得以永续出版，为我国出版事业做出重大贡献。作为数字化手段之一，知识产权出版社的按需出版具有可降低库存、节约生产和销售成本、改变出版业营销模式等优势，是先销后产的出版模式，这也满足了读者和作者的个性化需求。

知识产权出版社凭借对数字出版发展的注重、力量的投入以及一系列创新举措，在商业发展、企业转型中占据先机，率先走上数字出版道路。在人才方面，知识产权出版社加大对技术人才的吸纳，研发人员数量占业务人员总数的 50% 左右。目前，出版社已经培养和引进了大量信息技术人才和复合型人才。设施方面，知识产权出版社着力购置质量上乘的印刷设备与计算机服务器。这些人力与技术资源的储备，为知识产权出版社数字出版的发展奠定了良好的基础。出版社成立了北京中献拓方科技发展有限公司与北京中献智泉信息技术有限公司，也有利于更好地开展数字出版业务和对外传播服务，成为该社数字出版发展的有力保障。

二　Inspiro 中国知识产权大数据与智慧服务系统基本情况与应用现状

Inspiro 中国知识产权大数据与智慧服务系统（zldsj. com）是由知识产权

出版社重点开发建设的国内第一个知识产权大数据应用服务系统，以知识产权出版社多年来收集的各类知识产权大数据资源为基础，不断收入和整合更多新增的知识产权信息和资源，并利用语义分析和智能技术，为科技创新和研发人员提供优质、高效的知识产权信息和服务。

Inspiro 系统自 2016 年下半年正式上线以来，以稳定的知识产权大数据资源、优秀的数据加工能力、强大的功能和优质的售后服务，逐步得到业内用户的支持和认可，用户数量逐年增多，其中包括中石化、国核、建行、法信出版社、中煤、广利核、中船重工、蓝星等大型国有企业，小米、京东、爱国者、大唐电信、中国移动、汉王科技等新型科技创新型企业，以及复旦、北航、哈工大、大连理工、中科院、机电研究所等高等学校和科研院所。2016 年该系统获得"优秀互联网＋创新项目奖"，2018 年获得中国新闻出版业大数据平台"创新成果"奖，在取得良好经济效益的同时，有效促进了知识产权信息的传播和利用，具有重要的推广价值。

（一）数据资源丰富，信息完整权威

目前，Inspiro 系统已经整合了国内外专利、商标、版权、标准、裁判文书、期刊、地理标志、植物新品种、集成电路布图设计等九大类知识产权数据资源，用数字化方式呈现传统知识产权信息数据，打破"信息孤岛"，提供"一站式"数据关联搜索、聚合分析、信息预警、项目管理和产业导航等多种服务。用户使用 Inspiro，能够从大量全球知识产权数据信息中快速、精确地获取全面、完整的来自官方的信息，及时把握科技最前沿的信息数据，从而提高研发的创新水平，并有效预防知识产权风险。

（二）核心技术先进，提供智能化数据服务

Inspiro 系统的核心技术包括大数据关联规则、大数据分布式存储技术、自然语言文本挖掘技术、智能检索技术、机器翻译技术等。

Inspiro 充分借鉴了国内外著名信息检索系统的先进功能，并且针对国内用户的使用习惯进行改良性设计，具有数据全面可靠、功能专业、检索效率高、用户页面友好等特点。

（三）系统合作分工，信息共享高效

Inspiro 系统整合了多种数据资源，对多种知识产权资源进行关联检索和应

用，为用户提供专利、商标、版权等数据资源的分析服务，并以图表的形式提供分析结果的可视化展现。系统支持大容量数据资源下载，独有的自建库功能可以建立、删除、合并、拆分项目，为集团用户提供信息共享和合作分工服务。此外，知识产权出版社自主开发了机器翻译系统，依托此系统能够翻译 Inspiro 系统的数据，用户也可进行原语言检索浏览。

Inspiro 系统以科技创新企业和研发人员为主要目标用户，用户可以通过网页地址和账号快速访问系统。该系统还考虑到不同用户的工作背景和使用条件，对用户类型进行了详细的划分，既有集团用户和 VIP 个人用户，又创新性推出按天付费的计时用户和基于局域网的 IP 段用户。

三　知识产权服务系统的研发背景及优势

（一）国家政策支持

2008 年，国务院印发《国家知识产权战略纲要》，其中提出："构建国家基础知识产权信息公共服务平台。建设高质量的专利、商标、版权、集成电路布图设计、植物新品种、地理标志等知识产权基础信息库，加快开发适合我国检索方式与习惯的通用检索系统。健全植物新品种保护测试机构和保藏机构。建立国防知识产权信息平台。指导和鼓励各地区、各有关行业建设符合自身需要的知识产权信息库。促进知识产权系统集成、资源整合和信息共享。"[5]

2015 年，《国务院关于新形势下加快知识产权强国建设的若干意见》（国发〔2015〕71 号）中指出："加强知识产权信息开放利用。推进专利数据信息资源开放共享，增强大数据运用能力。建立财政资助项目形成的知识产权信息披露制度。加快落实上市企业知识产权信息披露制度。规范知识产权信息采集程序和内容。完善知识产权许可的信息备案和公告制度。加快建设互联互通的知识产权信息公共服务平台，实现专利、商标、版权、集成电路布图设计、植物新品种、地理标志等基础信息免费或低成本开放。依法及时公开专利审查过程信息。增加知识产权信息服务网点，完善知识产权信息公共服务网络。"[6]

（二）目标需求市场广阔

随着我国在科技创新、对外贸易等方面越来越多地参与到国际竞争当中，知识产权越来越成为创新主体关注的热点，深层次的知识产权数据应用需求日益迫切。然而一直以来，我国知识产权相关数据资源的应用服务能力却相对落后于用户的需求发展。目前，我国专利、商标等知识产权数据资源的公共基础应用服务体系基本建立，而其他知识产权数据资源还不能很好地为用户提供应用服务，基于多种知识产权数据资源的整合利用更是一片空白。建设行业平台，可以为创新主体提供内容更加全面、更加深入的知识产权领域的数据信息资源服务。

从未来发展趋势来看，基于大数据应用模式的创新，知识产权数据资源平台可以使用户更加便捷地发现和挖掘知识产权中的潜在价值，从而更好地推动企业创新，要形成知识产权数据中心，实现多类型知识产权数据信息的汇集和整合，进一步结合企业的特色需求，形成从信息挖掘（检索、分析）到信息应用（转化、交易）的体系，成为促进区域经济发展的重要支撑之一。

（三）知识产权出版社组织与人才培养完善

2018年，知识产权出版社及下属全资子公司拥有国家知识产权领军人才等各类知识产权高端人才以及中高级职称人才、专利代理师等超过300人，员工近千人。公司建立了完善的法人治理结构和企业管理组织架构，知识产权服务板块设立了数据资源管理中心、网络管理中心、知识产权投资中心、机器翻译研究院、研发中心（重点实验室）和8个知识产权服务事业部等，成立全资和参股公司29家。依托大数据资源，研发了20余款信息产品，开展知识产权咨询和运营服务，形成了完备的知识产权服务平台和服务体系。在知识产权服务领域，知识产权出版社以知识产权大数据资源建设为核心，以智能搜索、机器翻译技术为引擎，积极探索技术创新、模式创新和服务创新，业务体系逐步健全完善。

公司加强干部和人才队伍建设，积极开展青年骨干人才选拔工作，设立青年发展基金，制定了完善的创新和业绩奖励制度。知识产权出版社通过了ISO 9000质量管理体系认证，出台了各类管理制度100余项。在信息化管理、安全管理、保密管理和对外服务方面遵照国家标准规范，并形成了多项行业和企业规范，建立了较为健全的标准规范体系。

四 知识产权服务系统的发展前景与社会效益

（一）发展前景：数据利用创新提高决策效率

目前，全球包括知识产权图书、专利、商标、版权、集成电路布图设计、植物新品种、地理标志等在内的知识产权数据资源总量十分巨大。知识产权数据资源提供了全球最多的信息情报，以内容充实详细、技术新颖和信息披露及时为主要特点。有效利用知识产权数据资源，充分挖掘其中所包含的科技情报、经济情报和法律情报，可以帮助企业、科研机构、政府部门和个人显著提升创新能力与核心竞争力，为企业在技术研发、产品生产与经营、知识产权战略制定、技术引进与投融资等方面提供十分重要的决策支撑。对知识产权数据的利用是对前人知识的继承、利用和再创新活动。在知识经济时代，对知识产权数据的有效利用，对于提升我国整体自主创新能力，建设创新型国家具有十分重要的意义。

近年来，随着知识产权意识深入人心，社会公众对知识产权数据的需求日益迫切，许多企业已经将知识产权数据的检索分析作为知识产权工作的重要组成部分。

（二）社会效益

1. 总体效益

Inspiro 中国知识产权大数据与智慧服务系统的创建，是知识产权行业开展服务业务的需要，也是适应出版数字化转型升级的需要。这一产品不仅能为出版业的工作模式创新提供信息基础，也能为出版业培养可以科学利用知识的复合型人才。该项目的有效运行，将会产生显著的社会效益。

（1）提高企业知识产权信息资源利用水平

目前，中国很多企业的知识产权意识依然淡薄，无法有效保护信息数据，使技术创新无法受到专利保护。大型企业可以成立专门的知识产权部门，为本单位提供知识产权内容资源服务。而为数众多的中小企业，往往没有实力建立专门的知识产权部门。这就需要由专业机构来为广大中小企业提供知识产权内容资源服务。该项目通过为企业提供各种层次、领域的知识产权内容资源信息和服务，提高企业对知识产权内容资源保护、利用的意识，提高企业对知识产权内容资源的利用能力。

（2）培养知识产权内容资源应用和服务人才

该系统通过提供专业化数据资源和产品服务，促进企业应用知识产权内容资源，从而带动对知识产权信息专业人才的培养。这些人才将成为知识产权内容资源应用和服务的骨干力量，其中一些今后将成为重要的师资力量，培养更多的专业人才。

（3）促进知识产权信息服务业发展

该系统将为社会化的知识产权服务机构提供丰富的数据源，使它们可以在此基础上进行深入的开发利用，提供增值性知识产权内容资源和服务，大大提高企业对知识产权内容资源应用的意识和水平，激发企业对高附加值知识产权内容资源和服务的需求，必将促进我国知识产权信息服务业快速发展。

（4）提高知识产权管理水平

该系统具有知识产权管理功能。用户利用该系统，可以提高知识产权管理水平。例如，产业主管部门可以通过分析专利申请和授权情况掌握产业发展水平；知识产权主管部门可以动态了解某个产业的知识产权信息应用程度和需求分布情况；行业协会可以动态把握本行业的企业知识产权信息应用状况，有针对性地进行宣传推广；企业可以分析知识产权资源布局，有针对性地开展研发设计。

2. 行业示范效应

行业平台的建设紧紧围绕经济发展和科技创新。对知识产权内容资源的深度利用，可以为产业发展提供核心数据，为企业制定战略方针提供依据，为我国相关企业提高核心竞争力提供数据源头。企业利用知识产权数据，可以及时了解产业创新发展动态，为企业对产业发展方向的判断提供依据；可以有效跟踪技术发展趋势，获取国内外最新技术动态，从而准确设定技术研究开发方向，避免重复性研究，从而节约企业转型时技术研发的人力、财力、物力投入；还可以避开一些技术陷阱，降低投资风险，为企业研发、投资决策或技术开发活动保驾护航。

知识产权服务业作为我国高技术服务业的重要组成部分和未来的重点发展方向，近年来已经取得了长足发展，未来可以为服务业进一步发展提供资源获取手段方面的帮助，从而带动高端咨询服务的发展，并且可以突破国外昂贵的知识产权信息资源数据对我国用户的垄断和封锁。

行业平台基于未来大数据的应用和发展趋势，可以使科技与文化的创新相结合，这是发展文化生产力的重要体现，将为我国出版事业开辟新的方向，促进出版业的发展和进步。

五 结语

Inspiro 中国知识产权大数据与智慧服务系统的搭建与发展，为知识产权出版社积累了大量高端技术人才与丰富的组织管理经验，为其他数字化业务的开展提供了成功保障与参考。多年来的数字化转型实践，使知识产权出版社探索出科学合理的运行模式，不仅为自身带来丰厚的经济效益与社会效益，也为整个行业的数字化转型升级奠定了坚实的基础，提供比较可靠的经验参考。

参考文献

[1] 姚琳：《创新发展中的知识产权出版社》，《中国发明与专利》2013 年第 10 期，第 32～33 页。

[2]《"互联网+"时代的数字出版：转型升级带来新机遇》，新闻阅读，http：//app. myzaker. com/news/article. php？pk＝5b59a30077ac640bdc443392。

[3] 张新新：《出版机构知识服务转型的思考与构想》，《中国出版》2015 年第 24 期，第 23～26 页。

[4]《知识产权出版社荣获"数字出版"创新企业和创新技术双料大奖》，搜狐网，https：//www. sohu. com/a/157135461_465968。

[5] 马海群：《支撑知识产权电子政务的信息管理与知识服务相关问题研究》，《世界科技研究与发展》2008 年第 4 期，第 497～499 页。

[6]《国务院：加快新形势下知识产权强国建设》，人民网，http：//politics. people. com. cn/n1/2015/1222/c1001－27962494. html。

[7] 马绯璠：《论大数据时代教育类出版社的知识服务转型》，《出版广角》2019 年第 23 期，第 31～33 页。

[8] 沈军威、杨海平：《国内出版领域知识服务研究现状分析》，《中国出版》2019 年第 20 期，第 36～40 页。

[9] 周坤、百华睿：《传统出版的知识服务转型之路》，《中国传媒科技》2019 年第 9 期，第 11～13 页。

第七章
AR 科普图书：立体化图书，沉浸式阅读

在出版单位的数字化转型过程中，技术是第一生产力。增强现实技术以其生动性、立体性、交互性等优点，成为图书出版单位的应用重点。从 2015 年起，中科大先研院新媒体研究院与电子工业出版社展开合作，协作开发 AR 科普图书，并先后出版了具有代表性的 AR 绘本，在该领域取得了一定成就。

一 中科大先研院 AR 科普图书概况

（一）AR 科普图书的研发背景及现状

"增强现实"（Augmented Reality，简称 AR）这一概念最早由 Ronald Azuma 在 1997 年提出，是一种利用计算机将虚拟环境叠加于真实环境之上的新型信息技术。而 AR 图书就是在传统图书出版中应用增强现实技术，使读者可以通过移动显示设备观看三维立体的"增强现实环境"。[1]

随着 AR 技术逐渐走入大众视野，国内的浙江少年儿童出版社、接力出版社、中信出版社、科学出版社等出版机构也相继参与 AR 图书的开发，部分 AR 图书在市场上掀起了一股小热潮。AR 技术门槛较高，需要投入大量资金，就目前的 AR 出版市场而言，出版社大都不具备独立开发的能力，因此与技术公司合作研发 AR 出版物成为主流。

中国科学技术大学先进技术研究院（简称"中科大先研院"）是由安徽省、中国科学院、合肥市和中国科学技术大学按照"省院合作、市校共建"的原则建设的区域产业技术创新研究院。[2]2014 年，中国科学技术大学与皖

新传媒联合建立了平台——中科大先研院新媒体研究院，主要研究新媒体技术在科学传播与科学教育中的应用。中科大先研院新媒体研究院 2015 年成为文化部科技与文化产业孵化器，2016 年成为文化部的沉浸式媒体技术重点实验室，研究的各类项目也引起社会的广泛关注。

从 2015 年起，中科大先研院新媒体研究院与电子工业出版社展开合作，协作开发 AR 科普图书。截至目前，已陆续合作出版了《消失的世界》《未来机械世界》两部 AR 科普绘本，并受到市场的一致好评。其中，《消失的世界》一书获得高科技创意大赛一等奖和第二届中国 VR/AR 创作大赛"最佳 AR 数字出版奖"。

（二）《消失的世界》《未来机械世界》

《消失的世界》与《未来机械世界》是中科大先研院新媒体研究院和电子工业出版社先后合作出版的两部基于增强现实沉浸式媒体技术的儿童科普系列读物。这两部科普图书利用增强现实技术，使原本抽象的科学知识具象化，帮助小读者更好地认识和理解科学。

《消失的世界》原著为电子工业出版社 2013 年出版的《消失的大陆》，由法国著名儿童科普作家亨利·德斯梅（Henry Desmet）创作。亨利·德斯梅曾在自然历史博物馆工作，还在报纸和电视台开设过动物科普专栏，并出版了大量童书，在儿童科普界享有很高的声誉。在《消失的世界》一书中，他使用风趣幽默的语言为孩子们阐述了人和动物之间的关系，并依照生物诞生的时间顺序，介绍了 32 种已经消失的生物。2011 年，该书法文版荣获"法国科普奖"。[3]

《消失的世界》是《消失的大陆》的 AR 版，于 2016 年初出版。读者在阅读 AR 图书时，只需使用配套的 App 扫描书中的精美插图，屏幕上就会出现原始动物的立体模型、动画和语音讲解。读者既可以了解已灭绝生物的外形特征，也可以熟悉它们的栖息环境，甚至还能通过拍照功能与 3D 立体生物合影留念。

《未来机械世界》一书的作者兰斯·鲍尔钦（Lance Balchin）是一位超凡的博物学家和艺术设计家，他在书中围绕生物学进化论、物种共生以及食物链等展开科学想象，描绘了未来人工智能生物与人类共存的奇幻世界，凸显了人工智能飞速发展背后的理性思考与人文关怀。

《未来机械世界》的 AR 绘本于 2018 年 3 月由电子工业出版社出版上市。

该书分为《昆虫篇》和《海洋篇》两部分，共包括 8 个二维机械生物和 6 个三维机械生物，每种机械生物都有详细的介绍和精美的配图，使得科普读物更加具象化。丛书搭载的终端应用，集成了三维高精度模型与动画场景等数字多媒体资源，读者通过移动终端扫描书中的机械生物，便可实现对现实场景的实时识别定位跟踪与虚拟媒体素材的即时调用交互。

该书的读者定位为 5～12 周岁、对科学知识和科幻内容感兴趣的少年儿童。这一年龄段的读者正处在探索和认识世界的关键时期，想象力和创造力丰富，且富于探索世界的热情。在《未来机械世界》中，生物 AR 模型可被任意拖动、变换大小，从而满足孩子动手的需求。除了 3D 立体模型与语音讲解外，《未来机械世界》还特别配套了互动游戏，寓教于乐。[4]

二　AR 科普图书的研发过程

（一）选题：寻找适合开发的图书

2015 年，中科大先研院新媒体研究院四处寻找合适的图书内容进行 AR 项目的研发，无意中发现了《消失的大陆》一书，立刻被书中精致生动的古生物形象所吸引，于是找到出版方电子工业出版社商谈合作一事。恰巧，此时电子工业出版社也在考虑制作新媒体出版物，双方一拍即合，决定合作出版 AR 科普绘本《消失的世界》。

《消失的世界》是引进版图书，对其进行二次开发（AR）须获得外方的授权。于是，在中科大先研究新媒体研究院开始 AR 集成创作的同时，电子工业出版社的编辑也与外方进行洽谈。前后经过三次沟通，直到出版社将中科大团队创作的古生物立体形象动态图、动画片头片尾和详细的出版计划等资料一并发给外方，外方看过资料后，才谨慎地确认并回复。[5]

经过 2 个月的开发创作，《消失的世界》终于在 2016 年初问世。《消失的世界》的成功出版，不仅激励了创作团队的成员们，也为后续的合作开发积攒了经验。之后，该团队又与电子工业出版社合作出版了《未来机械世界》一书。

（二）流程：产学研一体化生产创作

一部 AR 科普绘本产品的诞生需要经过设计、开发、测试、发布、运营、维护和升级等环节。整个流程十分复杂，仅产品制作就需要负责策划、设计、编程、拍摄、后期制作和测试的多个团队合作才能完成。产品进入市场后，还需要推广、分析用户数据并更新产品。各个主体以"协作共同体"的形式参与生产过程，实现了产学研一体化的有效运作。

按照不同的总体任务目标，项目团队分为绘本组、技术组、平台组、创意与营销组，大家根据各自的优势对出版、技术创新、内容策划等进行相应的创作。其中，中科大终身学习实验室团队负责内容的策划与营销，新媒体研究院负责新媒体数字互动内容的深度研发，最后由电子工业出版社进行印刷出版。《消失的世界》一书还另外聘请了南京古生物地质博物馆馆长对消失的动物做3D形态和3D动作的把关。

在协作过程中，首先由绘本组将内容编辑成稿并提交，再跟创意与营销组讨论如何简单高效地完成合作；创意与营销组提出绘本的AR制作方案和众筹方案，并及时与技术组、平台组联系对接；技术组改进设计方案，完成绘本的动画模型制作、动画动作渲染和App制作等工作；AR制作方案和众筹方案推出之后，创意与营销组要借助自有渠道宣传众筹项目，而绘本组和平台组则要及时跟进项目并做好售后工作，各组之间以近乎免费的方式共享资源和服务。

率先试水的《消失的世界》，在具体开发过程中采取了分阶段开发的方式。即先选七八种动物，以争取图书先上市。在图书发行后再陆续丰富内容，最终呈现一个完整的故事情节。[5]

（三）产品设计：受众需求引领产品导向

随着消费者需求的日益多元化，为了更好地了解受众需求，进行相关产品的创作生产，中科大创作团队在开始策划前对用户进行了调研和需求分析。由于绘本的直接读者是儿童，因此在内容设计与衍生产品开发时充分考虑了儿童的阅读兴趣与阅读习惯，并且针对不同用户群体设计了不同的配套产品。

1. 营造沉浸式阅读体验

传统纸书往往只能在文字和图画上进行一些创新，而AR技术的出现弥补了这一缺陷，延伸了图书可以传达的信息的边界。AR科普图书重视内容表达、艺术制作、三维动画、声效节奏和互动体验等方面，将视觉、听觉和触觉等感官有机结合起来，实现多感官协同，营造沉浸式阅读体验。[4]

以《未来机械世界》一书为例。该书在视觉设计上，为每个机械生物都设计了动作姿态，如将攻击、防御等动作与特效应用到 AR 建模中。原作者笔下二维、静态的机械生物，经过增强现实技术构建 3D 模型库，在新的空间维度上拥有动态而鲜活的新形象。读者在阅读图书时，借助手机 App 来扫描平面形象，不仅可以切换任意视角观察富于动感的机械生物，还可以点击攻击或防御按钮，使 AR 形象展现出不同的体态与特效，读者通过移动设备的后置摄像头可与机械生物的 AR 模型进行互动。

在听觉设计上，读者只要扫描图书封面的机甲生物，便会跳出一段视频，以抑扬顿挫的语调讲述《未来机械世界》的叙事背景：在未来，曾经由人类创造的机械生物与人类共存于地球上，并对人类构成威胁，一场由人类谋划的针对机械生物的大规模战争一触即发。围绕故事的主人公小女孩维护地球和平的努力展开了一系列故事。此外，在视频中还通过对战画面引出机械生物中的一些物种，使读者对故事情节产生强烈兴趣，并进一步探索后续内容。

在触觉设计上，《未来机械世界》采用天然的大豆油墨印制，安全无污染，且印刷效果远远好于传统油墨，更适合儿童阅读使用。

总之，《未来机械世界》通过科普内容叠加 AR 技术，实现了虚拟环境和真实环境的有机结合。读者可以看、可以听、可以玩、可以拍照，产生沉浸式阅读体验。

2. 开发配套衍生产品

无论《消失的世界》还是《未来机械世界》，都在 AR 图书以外配套设计了衍生产品，并且不同产品对应读者不同的需求，消费者可以根据自己的意愿进行选择。以《消失的世界》为例，它的配套产品包括动物贴纸、书签知识卡牌、知识问答卡、益智骨牌、阅读支架和小黄鸭净手皂。其中，动物贴纸、书签知识卡牌、知识问答卡和益智骨牌强化了与绘本之间的关联，叙事载体得以增加，阅读形式得到丰富。而阅读支架和小黄鸭净手皂则帮助提升读者的阅读体验：阅读支架可以减缓疲劳，小黄鸭净手皂人性化地解决了儿童阅读过程中的卫生问题。这些衍生产品在满足消费者多样性需求的同时，也提升了 AR 绘本的品牌核心竞争力。[5]

（四）营销推广：整合营销传播

1. 采用众筹模式进行前期推广

众筹出版是通过网络平台筹措资金，以支持特定出版物出版的一种全新商业模式。众筹出版是对传统出版营销方式的一种颠覆，读者在图书出版发行前付出不同数额的资金获得相应的产品或服务，而出版方也得以缓解资金压力、降低出版风险。

相比传统图书，AR 图书的生产成本较高，并且作为一种新兴事物，市场认可度也不高。于是，中科大项目团队尝试采用众筹的方式对 AR 科普绘本进行前期推广。

《消失的世界》是应用众筹模式的第一次尝试。该书的目标读者为 3~6 岁的儿童，在此基础上，项目团队选择中低端家庭作为目标投资人，并根据该群体的经济水平和消费心理，将价格划分为 7 个梯度，分别是 1 元、69 元、79 元、109 元、169 元、199 元和 3099 元。不同梯度的价格对应不同的"AR 绘本 + 衍生产品"组合，投资者根据出资额度获得相应的回报品（见表 7 - 1）。

表 7 - 1　AR 科普图书《消失的世界》的价格梯度与回报品设置

价格梯度	回报品
1 元	随机抽取 20 名幸运支持者获得《消失的世界》1 本
69 元	《消失的世界》1 本 + 配套动物贴纸 1 套 + 书签知识卡牌 1 套 + 知识问答卡 10 张
79 元	同上一价格梯度
109 元	《消失的世界》1 本 + 配套动物贴纸 1 套 + 书签知识卡牌 1 套 + 知识问答卡 10 张 + 益智骨牌 1 套 + 小黄鸭净手皂
169 元	《消失的世界》1 本 + 配套动物贴纸 1 套 + 书签知识卡牌 1 套 + 知识问答卡 10 张 + 益智骨牌 1 套 + 特供阅读支架 1 个 + 小黄鸭净手皂
199 元	私人定制寄语版《消失的世界》2 本 + 配套动物贴纸 1 套 + 书签知识卡牌 1 套 + 知识问答卡 17 张 + 益智骨牌 1 套 + 特供阅读支架 1 个 + 小黄鸭净手皂
3099 元	私人定制寄语版《消失的世界》100 本 + 配套书签知识卡牌 100 套（每套 10 张）

此次众筹在专门的出版众筹平台"浮世云书"公众号上进行。从 2015 年 11 月 3 日开始策划筹备，到 2016 年 1 月 21 结束回报品兑现，共历时 80 天。其中，项目策划 22 天，在线众筹 21 天，项目回报 37 天。该项目最终有 885 人参与，售书 986 本，其中 1 元和 69 元这两个梯度参与的人数最多，分别为 360 人和 366 人；共筹集资金 61299 元，远远超过 50000 元的目标筹资

额，筹资完成率高达 122.60%。[3]

有了《消失的世界》的前期经验，在开展《未来机械世界》一书的众筹时，项目团队对众筹方案进行了优化。此次众筹转而在淘宝众筹平台上进行，设置了 89 元、99 元、129 元、149 元、169 元和 899 元等 6 个价格梯度，并配套开发了 AR 贴纸、AR 古生物桌游卡牌、机械世界日记本等回报品供读者选择（见表 7 - 2）。相比《消失的世界》一书的众筹方案，《未来机械世界》为产品定价时考虑到读者需求和接受能力的不同，以需求导向代替成本导向。在价格梯度的设置上更为精细，相邻两个梯度间的差距也缩小了，给消费者以更大的选择空间。该项目参与人数为 224 人，售出图书 575 套；共筹集资金 81266 元，超出目标筹资额 1266 元，完成率达 101.58%。[4]

表 7 - 2　AR 科普图书《未来机械世界》的价格梯度与回报品设置

价格梯度	回报品
89 元	《未来机械世界》1 套
99 元	《未来机械世界》1 套 + AR 贴纸 10 张
129 元	《未来机械世界》1 套 + AR 贴纸 10 张 + AR 古生物桌游卡牌 3 套
149 元	《未来机械世界》1 套 + AR 贴纸 10 张 + AR 古生物桌游卡牌 3 套 + 机械世界日记本
169 元	《未来机械世界》1 套 + AR 贴纸 10 张 + AR 古生物桌游卡牌 3 套 + 机械世界日记本 + 定制留言
899 元	《未来机械世界》1 套 + AR 贴纸 10 张 + AR 古生物桌游卡牌 3 套 + 机械世界日记本 + 定制留言

2. 新媒体社群营销

中科大先研院新媒体研究院建立了"科学荟"微信公众号，营销团队通过该平台发布图书的宣传信息。生动有趣的推文内容得到大量读者的点赞和二次转发，图书热度大大提升，并吸引更多读者关注。同时，公众号每天开展图书赠送活动，让幸运读者免费体验 AR 图书，并邀请他们在公众号后台反馈阅读体验。开发部门则根据读者反馈及时对 App 进行改进、优化，为读者提供更好的服务。

此外，团队还注重社群推广。不仅与知名育儿博主合作以吸引目标客户群，还通过实体书店的微信读书群进行图书营销，有效提高了图书的热度。

3. 构建自有的 AR 出版平台

与大部分传统图书相同，《消失的世界》《未来机械世界》这些 AR 科普图书已实现线下实体书店、大型电商网站以及自营网络店铺的全面铺货。此外，中科大先研院新媒体研究院开发了"科学荟"云出版服务平台（包括网站及 App），采用淘宝网的产业链模式，把内容提供方、技术提供方、渠道服务方、运营服务方以及终端服务方聚集起来，构建"数字出版的淘宝"平台。出版商在这一平台上可自主授权渠道，自主选择商业模式，安全发行，透明结算。"科学荟"云出版服务平台目前收集了大量 3D 模型素材，读者无需购买实体图书就可以体验 AR 特效，未来还可以提供 AR 图书定制服务。[4]

4. 线下体验

作为全国顶尖的青少年科学辅导基地，中科大先研院新媒体研究院陆续开展了"科学漫步""周末少年发明家""科技活动周"等科普活动，邀请小朋友们体验科技的魅力。AR 科普图书互动体验作为其中的一项重要内容，受到广大儿童读者的喜爱。在 2018 年的春令营活动中，中科大先研院新媒体研究院更是将报名方式与《未来机械世界》的众筹活动结合起来，同学们只需参与众筹即可报名参加为期两天的研学活动。

除了举办校园科普活动，中科大先研院新媒体研究院的工作人员还积极走进校园、走进课堂。截至目前，已相继走进合肥市朝霞小学和南京市鼓楼区第二实验小学等，为同学们带去两本 AR 科普绘本，并开设了 AR 体验课程。在课堂上，孩子们对 AR 图书表现出强烈的兴趣，都十分踊跃地参与体验活动。

三 结语

虽然现如今的 AR 图书仍存在许多问题，例如，仿真效果还有很大的提升空间，应用成本较高，通用平台缺乏等，但是不得不承认，AR 技术运用于图书出版领域是顺应时代发展要求的。这一方面能满足出版机构的经济利益，另一方面也满足了读者新的阅读需求。在此背景下，中科大先研院新媒体研究院与电子工业出版社展开合作，协同生产 AR 科普图书，不仅弥补了传统出版机构缺乏技术的弱点，还实现了产学研的深度合作。

在开发 AR 科普图书的过程中，中科大团队坚持一切以读者需要为首的价值主张。在策划前期对用户进行调研和需求分析，在其后的生产过程中也紧跟读者需求，图书上市后，继续根据读者的反馈及时调整图书内容、优化软件。另外，中科大先研院新媒体研究院还创新使用了众筹这种新型盈利方式，一定程度上降低了出版风险，减轻了成本压力。

其他出版社在与技术公司或者科研机构合作出版 AR 图书时，应注意优化生产流程，以实现生产过程的高效运转，在进行内容设计时，也应充分考虑读者的需求。同时，还应积极拓展营销方式，使更多的读者体验到 AR 图书带来的乐趣。

参考文献

［1］雷鸣、袁瑞芳：《我国增强现实类儿童科普读物的出版策略》，《出版广角》2017年第6期，第49～51页。

［2］中国科学技术大学先进技术研究院官网，https：//iat. ustc. edu. cn/iat/dwjj. html。

［3］鲍金洁、周荣庭：《众筹出版的运作模式和实践策略研究——以〈消失的世界〉AR 科普绘本为例》，《科技与出版》2016 年第8 期，第57～62 页。

［4］周荣庭、胡贤凤：《AR 科普图书的整合营销传播策略探析——以〈未来机械世界〉为例》，《科普研究》2019 年第2 期，第11～17、104 页。

［5］苏琪：《〈消失的世界〉如何插上 AR 翅膀》，《中国新闻出版广电报》2016 年5 月23 日。

第二部分　企业篇

第八章
化学工业出版社：建设知识资源，
聚焦专业知识服务

在数字化转型升级方面，化学工业出版社取得了一定成果，完成了数字信息的采集与保存，还建立了一定的应用标准。同时，在化学、化工等专业知识体系的建设中也取得进展，这有利于专业知识资源库的打造。目前，在专业知识领域，化学工业出版社已经在出版全流程上收到了良好成效。

一　化学工业出版社简介

化学工业出版社（简称"化工社"）成立于1953年1月，是历史悠久的国家一级出版社。经过70年的发展，化学工业出版社已成为专业特色突出、品牌优势明显、图书市场覆盖面较大、有较高知名度和信誉度的中央级科技出版社。在发展过程中，化工社坚持优质、高效、快速的发展战略，在加快发展步伐的过程中，突出质量，确保效益，并使出版品种、结构、规模、质量和效益保持协调发展。

建社以来，化工社不断改革创新，持续发展进取，创造了良好的社会效益和经济效益。2010年12月30日，化工社结束了长达50多年的事业单位运行历史，正式以企业身份迈开了科学发展的新步伐。

化工社坚持"服务读者、面向市场、立足化工、传播科技"的出版宗旨，秉持"严谨、创新、诚信、合作"的核心价值观，以及"出精品、树品牌、创高效"的经营理念，始终把坚持正确的出版方向、坚持社会效益第一作为工作的出发点和立足点。

近年来，化工社陆续与境外 800 多家出版机构和 70 多家出版代理机构建立起密切的联系，积极与国际出版界开展合作交流活动，"走出去"工作取得显著成效。

化工社始终向着"读者的需求，我们的追求"这一方向努力，紧抓机遇、创新务实，努力将出版社建设成导向正确、品牌优秀、特色鲜明、效益优良、极富活力的现代出版企业。

化工社下辖 10 余个专业出版分社、杂志社和文化公司、印务公司等，还包括网络部、阅想书店、销售中心等职能部门。目前，化工社的出版业务涉及化工、环境、机械、电气、医药、农业、建筑、汽车等专业图书，教材和期刊，以及少儿、生活、社科等大众读物出版，产品涵盖纸质出版物和数字出版物。

化工社的数字出版中心原为信息中心，现已成为独立的数字出版业务机构，出版化工、机电类专业图书，目前已经建立了全社数据安全备份和图书资源存储管理系统，制作电子书 10000 余种。

化工社一方面根据整个行业的发展特点及要求，建立了比较完善的企业标准和转型升级的相关制度，涉及项目管理、元数据采集加工、资源建设、平台开发等多个环节。另一方面，还积极参与行业转型升级标准的制定，先后参与了 17 项标准审定工作。为了使数字出版工作向着模式化、集群化转变，达到融合发展的目标，化学工业出版社坚持简化、统一化、通用化、系列化、组合化、模块化的标准化工作原则，充分发挥机器的作用，将劳动力从不必要的重复工作中解放出来，放飞思想，提高效率。标准化工作是化工社的基础性、必要性工作，贯穿数字出版工作的生产全周期。化工社致力于建设标准化、规模化、市场化的数字出版生产经营模式，对数字出版业务的全流程都进行标准化改造，以达到数字出版转型升级的目标。[1]

在人才培养方面，化工社一直坚持"三个不变"和"三个变"的绩效管理方式，保障人才的可持续性。[2] 目前拥有一支专业配套、作风严谨、经验丰富、充满生机和活力的高素质编辑队伍，以及业务娴熟、办事高效、富有生气的印务、发行队伍。化学工业出版社组织了多次系统的人才培训，如打好基础的岗前培训、有助于加快编辑成长的系统培训、以提高素质为目的的全员培训以及国外培训、高校强化培训等，目前已经形成了合理的梯次出版人才结构。[3]

在数字出版转型发展的背景之下，化工社注重加强编辑队伍的数字出版意识。目前，化工社正是以人为中心，推动数字出版稳步前进。

二　业务概要

（一）传统出版业务

化工社坚持优质、高效、快速的发展战略，在加快发展步伐的过程中，突出质量、确保效益，并使出版品种、结构、规模、质量和效益保持协调发展。近年来，化工社虽然在向综合社发展，但专业出版依然是出版社的重要方向。[4]化工社以市场为导向，以科技和教育发展趋势为依据，以自身优势为基础，采取"立足大化工、面向大科技"的出书方向，对图书选题进行优化调整。目前，在化工、农业、机械等专业图书领域占有较高的市场份额。

化工社主要出版化学和化学工业的基础理论、工程技术专著，包括石油化工、化肥农药、酸碱、橡胶工业的生产工艺、化工矿山、化学工程、化工机械、化工材料与腐蚀、化工过程自动控制、施工技术、化工经济与管理、安全技术与环境保护等方面的专业图书。

教育出版一直是化工社的重要业务方向。目前，化工社教材已基本覆盖全国普通高等教育、职业教育的主要专业方向，综合优势渐显，已成为国家规划教材的重要出版基地。近年来，出版了包括教育部面向21世纪课程教材，"十一五""十二五"普通高等教育本科国家级规划教材，教育部高职高专规划教材，中等职业教育国家规划教材以及国家级获奖教材、省部级获奖教材千余种。目前已出版教材4000余种，年发行量达600余万册，成为国内优秀的教学资源综合服务提供商。

为了不断满足人民文化方面的需求，扩大自身的专业出版优势，化工社2007年开始涉足大众读物出版。经过十几年发展，在少儿、生活、科普类图书出版方面形成了自身特色，出版物品质和市场影响力明显提升，生活类图书销量居全国零售市场第2位。

期刊方面，有《化工学报》、《化工进展》、《中国化学工程学报（英文版）》、《生物产业技术》以及《储能科学与技术》等5种期刊，注重学术质量和影响力，稳中求进，做专做精，核心期刊影响因子逐年提升。

互联网时代的发展，使得出版社拥有了更多扩充销售渠道的方式，从而为获得更好的经济效益提供可能。线上营收在化工社的总体经营收入中占据

越来越大的份额。化工社社长助理王向民说："线上时代，出版社要会算账，
才能在这种玩法中获利。大数据背景下要考察自身能力，学会积攒模型，对
产品和整个市场进行评估。"[5]比如开展大促活动时，化工社实行内部核算
制，销售部门将电商给的折扣力度传达给图书编辑，并提出自己的意见，编
辑在核算过成本后决定是否参加促销活动。王向民指出，从大环境考虑，
"双11"和"618年中大促"都是图书销售的高峰期，没有出版社可以冷静
地说不参与。从小环境来讲，出版社和图书编辑也有销售任务要完成，会有
选择性地参与促销。出版社是否能承担活动成本，哪些产品适合参与、哪些
不宜参加，活动前已购买图书的读者心理上能否接受差价，都是出版社参与
促销前要考虑的因素。[6]这说明化工社在参与线上售书活动时并非盲目跟风，
而是结合出版物的具体情况。

（二）数字出版业务

1. 概况

数字出版是化工社"十二五"和"十三五"时期的重要发展战略。为充
分发挥科技出版社的优势，实现重点产品的立体化出版，化工社依托高新技
术手段和数字化技术，建立了科学完善的内容资源管理体系，并设立了专门
的数字出版中心，进行化学、化工知识体系建设，为今后对专业知识资源的
进一步开发运用打下基础。在数字平台搭建方面，形成八大数字平台，构建
了范围广、品类全的数字出版业务体系。

2. 发行

在发行方面，化工社也顺应全媒体时代的潮流，积极发挥线上媒体的作
用，构建了多个网站及网店（见表8-1），以推动出版业务的全面发展。

表8-1 化工社的网站和网店情况

序号	类型	名称	序号	类型	名称
1	网店	化学工业出版社旗舰店	5	网站	《化工学报》对外门户网
2	网站	化学工业出版社教学资源网	6	网店	天猫商城化学工业出版社旗舰店
3	网站	《化工进展》对外门户网	7	网店	化学工业出版社旗舰店
4	网站	《中国化学工程学报（英文版）》对外门户网	8	网站	化学工业出版社门户网

数据来源：企查查。

三　发展成就

（一）传统出版业务

化工社重视自身核心竞争力的提升，推出的精品图书受到社会各界的广泛认可。有统计以来，共有约 800 种书刊荣获省部级以上优秀图书、杰出学术期刊奖（近百种出版物荣获国家级优秀图书和杰出学术期刊奖，"十三五"期间共获得国家级、省部级各类奖项 700 余项）。出版物质量均达到国家新闻出版署的质量标准，出版规模、质量水平和资产总额均稳步提升。[7]

其所出版的《中国材料工程大典》（26 卷），获得首届中国出版政府奖（图书奖）；《核材料科学与工程》（12 册），获得第二届中华优秀出版物奖（图书奖）；《石油和化学工业 60 年》入选中宣部、新闻出版总署"辉煌历程——庆祝新中国成立 60 周年重点书系"；"化学进展丛书"、《流态化手册》等 5 种图书入选新闻出版总署"三个一百"原创图书出版工程；《中国蝴蝶观赏手册》获得第七届全国书籍设计艺术展览最佳书籍设计金奖；《永远的汶川：大地震前后的珍贵记忆》获得第二届中华优秀出版物奖图书奖"抗震救灾特别奖"等。

化工社以市场为导向，以科技和教育发展趋势为依据，以自身优势为基础，在化工科技图书编审委员会以及全国化学化工和相关行业专家学者的支持下，不断强化核心竞争力，努力开拓专业出版，着力推出精品图书。化工社的专业图书在专业板块的实体店零售市场占有率一直保持领先地位，近百种出版物荣获国家级优秀图书奖或杰出学术期刊奖，3000 多种出版物获得省部级以上奖励，有 30 个重点出版项目获得国家出版基金支持，120 多种专业图书获科学技术学术著作出版基金资助。从"十二五"至今，《流态化手册》《化工学报》等 5 种书刊获得中国出版政府奖和提名奖；《高等药物化学》等 3 种出版物获得中华优秀出版物奖；《高等药物化学》等 5 种出版物入选新闻出版广电总局"三个一百"原创图书出版工程；《躲不开的食品添加剂——院士、教授告诉你食品添加剂背后的故事》和《材料图传——关于材料发展史的对话》被评为 2015 年全国优秀科普作品；《世界恐龙大百科》《芝麻大问号》《生活中的化学》等 7 种读物入选"向全国青少年推荐百种优秀出版物"。

化工社的销售公司积极建立和维持与全国各地书店之间的合作关系，不断完善自身的销售网络，提高化工社在图书零售、图书馆配售、教材销售等市场上的竞争力，多次获得全国"诚信经营，优质服务"出版发行单位称号，并被合作客户评选为"最佳合作伙伴""五星级供应商"等。化工社的市场开拓与产品营销工作，在化工社产品日益丰富的过程中也逐渐深入和立体化。

（二）数字出版业务

化工社有多个化学化工专业数字出版项目和创新出版工程入选新闻出版改革发展项目库，获得国家财政支持。化工社 2014 年获评中央文化出版企业数字化转型示范单位。"制造业信息化数字出版工程"入选新闻出版改革发展项目库，获得文化产业发展专项资金的资助。"悦读名品数字馆"入选"十二五"国家重点图书出版规划，并成功获国家出版基金资助。在 2017 年项目结项时，"悦读名品数字馆——指尖上的探索"出色完成了资助要求的各项指标，取得了不错的成绩。

四　主要的数字出版产品

化工社的数字出版产品主要包括知识资源、元数据、数字平台等几大类。

（一）知识资源

化工社的知识资源类数字产品包括 PDF 电子书、XML EPUB 格式电子书、化工语义关系、化工专业词汇、在线课程等。丰富的产品为教学研究和文献整理提供了重要资源，同时也为化工行业、科技制造业提供更好的服务。2017 年 7 月，化工社与凤凰出版传媒集团实现了图书馆数据标准的单证对接，并取得了初步成效。

（二）元数据

化工社开发了大数据重点实验室，于 2018 年 4 月正式上线了采编一体馆社融合服务平台——中国高等教育文献保障系统（CALIS）。平台具备中文编目、全行业、全书目、编目前置、智能采选和纸电一体等六大核心功能。

（三）数字平台

化工社旗下还有八大数字平台，分别为"化工教材"App、化学工业出版社电子图书馆平台、易课堂、易测、化工教育、化工安全教育公共服务平台、CIDP制造业数字资源平台、"工程师宝典"App。[8]各平台在这几年的抗击疫情当中发挥了很大的作用。

1. "化工教材"App

"化工教材"App是服务于高校教师的教材样书阅读、申领和零售系统，"立足大化工，面向大科技"，整合了大量专业教材资源，为用户提供科学、严谨、规范的数字资源服务。

2. 化学工业出版社电子图书馆

化工社电子图书馆主要有以下特点：

①符合主流产品使用习惯。平台专注数字阅读及应用，正文提供全文检索功能，文字内容可以拷贝。

②高清资源更方便使用。平台入库的所有电子书都是对原始排版文件数字化加工而成，绝非扫描，阅读更清晰、引用更方便。

③可与校图书馆自有平台对接。该平台可免费提供元数据，实现与校图书馆自有平台的对接，方便师生一站式访问使用。

④可以个性化配库。采编人员既可以在平台上自主配库选购，也可以由化工社工作人员根据采编老师的需求提供点对点服务。

⑤提供全流程服务。化工社可为图书馆免费提供前期配库、中期安装部署、后期使用反馈和升级的全流程服务。[9]

3. 易课堂

"易课堂"在线教育平台面向全国提供云服务，支持教师建设慕课、专属在线课程（SPOC），可开展在线教学。"易课堂"可以帮助师生实现在线备课、远程授课、在线学习、在线评测、实时反馈、学情统计等，提供教、学、练、测、评全流程在线服务，客观记录教师在线教学数据及学生学习情况，方便教师工作量统计，以及学生学分转化与认证。"易课堂"既可作为学校一体化教学平台，也支持教师个人申请开通自主建课和在线教学，免费使用。

4. 易测

"易测"在线评测平台面向全国提供云服务，以"大题量综合题库＋智

能化组卷 + 在线答题评分"的方式为教学和评测提供智能支持,同时支持教师自主建题、手动组卷。通过平台,教师可在线发布作业、发布例题,进行线上考试;学生可实现在线作答、自主练习、提问互动、观看试题解析等。平台内置部分课程的优质题库。"易测"既可作为学校一体化教学平台,也支持教师个人申请免费使用。

5. 化工教育

化工教育网站提供化工版教材、配套教学课件查询及下载服务,为开展在线教学备课、建课及学习提供支持。

6. 化工安全教育公共服务平台

平台的课程由教育部高校实验室安全检查标准制定者亲自讲授。从人身防护到事故应急处理,从概念认知到具体实操,教师手把手教学,带领学生全面掌握实验室安全知识。

7. "工程师宝典"App

"工程师宝典"App 是书架类试读 App,以制造业精品手册、工具书为蓝本,开创科技图书数字化新典范。作为国内优质的科技类图书 App,"工程师宝典"App 涵盖与制造业相关的 30 余个专业分类,并且不断更新完善。核心产品"电子微书",内容取自原纸质图书的某个或某几个章节,由作者、编辑或相关行业专家进行审阅,确认无误后上架。数据准确,查阅方便,具有极强的实用性,方便广大制造业工程师轻松获取应用知识。

化工社在开发数字出版产品的过程中,一直秉承资本为本、数据保障的理念。不论时代如何发展,"内容为王"始终是新闻出版业的第一要义,因此化工社始终把内容生产作为一切工作的核心,努力践行精益求精、精雕细刻的工匠精神,把内容做深、做细、做透。科学、准确、权威、及时的内容资源是整个运营平台的核心竞争力。同时,融合发展、数字出版也吸引了包括大学图书馆在内的众多客户,在一定程度上满足了化工社进一步发展的需要。

8. CIDP 制造业数字资源平台

CIDP 制造业数字资源平台继承和保持了科技领域专业出版的严谨、权威、可信赖的高品质,将工程师工作、学习的案头专业工具书带进数字化、网络化和移动化时代。平台采用先进的数字版权保护技术、信息检索与知识关联技术,以我国机械工程、航空航天、电气工程、汽车与机床等制造业在长期设计制造过程中形成的海量信息资源为对象,基于制造业的中国国家标准和行业标准，参照国际标准和制造业发达国家的国家标准，利用数据检索与关联技术对资源进行整合，以适合的形式来表现相关的内容，为制造类企业和用户提供不同粒度、多种层次、优质丰富的数字资源。

五　数字出版发展路线总结

（一）数字出版战略的提出

推动出版与科技融合，拓展数字出版业务，已经成为出版业的共识。[10]化工社紧抓数字出版的发展机遇，提出了一个目标、三大格局、四项工程和四大战略的发展蓝图。"一个目标"是指到建社 70 周年（2023 年）之际，力求把化工社建设成国内一流、国际知名的专业出版集团。"三大格局"是指以科技（专业）出版为主，教育（培训）出版与大众出版共同发展的出版格局；以传统出版为主，传统出版与数字出版融合发展的出版格局；从当前以国内市场为主逐渐转变为国内国际两个市场共同发展的出版格局。"四项工程"是指数字出版工程、体制机制创新工程、精品图书工程和人才强社工程。"四大战略"是指准确坚定的市场定位，特色优质的产品定位，贴近社会、科技、生活、读者的价值定位，以及不断丰富、不断发展、不断增强的企业核心竞争力。[11]

（二）数字出版战略的正式实施

2011 年，化工社召开了第一次数字出版实施工作研讨会。在这次会议上，各方人员针对数字出版现状、商业模式、版权问题，以及化工社数字出版工作的战略规划、实施方法进行了积极的、有建设性的研讨。出版企业做数字出版具有渠道商、技术商所不具备的资源优势，即大量的内容资源、作者资源、编辑资源和专业的品牌影响力。然而，数字出版工作不是盲目跟风，而是要结合化工社的发展战略、市场定位、内容资源特性，将自身的特色转化成优势，变被动为主动，寻求适合的技术支撑，选择适合的产品形态，建立适合的销售渠道，探索适合的商业模式，加快传统出版与数字出版的有机融合，逐步打造数字出版的产品链和产业链。这次会议对化工社今后数字出版工作的战略部署和组织实施起到强有力的推动作用，也成为化工社正式开展数字出版工作的一个重要标志。

（三）新技术的兴起推动数字出版纵深发展

经过数字出版艰难的起步期和迷茫期，数字化转型已是出版行业的重头戏，大数据、云计算、人工智能等新兴技术成为出版业必不可少的基因。[12] 化工社抓住这一机遇，开发"化工知阅"平台，提供化工知识出版服务，打通出版流程。在选择数字产品开发商方面更为审慎，并做好打长久战的准备。"精、专、特、全"成为化工社数字出版转型的"四字经"。

自 2018 年起，化工社着力打造全媒体融合产品矩阵，进行内容多元开发，提供多层次、多场景的个性化全媒体内容服务。

化学工业出版社始终向着"读者的需求，我们的追求"这一方向努力，始终保持着"雄关漫道真如铁，而今迈步从头越"的奋斗精神。"十四五"期间，化学工业出版社将延续以往的振奋精神，创新务实，抓住机遇，建设导向正确、品牌优秀、特色鲜明、效益优良、极富活力的现代出版企业。

六　结语

在数字出版转型过程中，化工社充分抓住了读者对专业知识的需求，立足于自身的出版品牌特色，打造专业化知识服务，实现出版全流程的数字化、信息化、知识化。

全媒体资源管理系统主要是把出版单位海量的资源科学管理起来，为知识服务产品或平台的发布提供资源支撑。化工社的全媒体资源管理系统，在功能设计上结合自身特色，针对电子书、XML 文档、视频、音频、动画、案例等资源形态进行管理，并提供应用需求设计，对每种资源都制定了个性化元数据标准、资源质量标准和管理标准。在资源本身的质量得到保障，资源的元数据质量被描述后，这些资源才能更好地成为知识资源。这个过程体现了出版单位在知识组织、知识管理工作中的优势。

版权资产管理系统对知识资源的版权起到保障作用。化工社版权资产管理系统的主要功能包括两方面。一是解决了出版社侵犯他人合法权益的问题，使出版社实现精确的版权数据管理。其中，出版资源版权到期提醒功能和版权应用范围功能，对于有数万种知识资源的出版单位来讲，具有非常重要的实用意义，既提高了工作效率，又避免了出版单位的无意识侵权行为。二是有助于解决出版单位被侵权的问题，通过版权信息监控等方式可以更准确、高效地维权、确权，有效地保护出版单位的版权知识资源。

把海量的资源转化为知识资源是关键一步。化工社通过建立化工类语义资源加工系统，构建了化工行业的知识体系，并通过该系统使化工社海量的出版资源与知识体系互相印证，再通过人工干预的方式使计算机不断学习和进化，形成科学的知识资源，为知识服务的深入开展奠定了基础。

在现阶段，化工社的知识资源是通过"化工知阅"平台进行发布和应用的，主要服务对象为化工类科研院所、专业院系和图书馆等机构客户。化工社对知识服务的理解，在目前"泛知识服务"的基础上，还有"智能化知识服务"。目前，化工社的知识服务平台建设更多是一种探索和尝试，是努力为下一步打造智能化知识服务产品和平台做好前期的资源、技术和经验积累。

参考文献

［1］温强：《标准及标准化在数字出版工作中的重要性》，《科技与出版》2016 年第 7 期，第 72 ~ 75 页。

［2］蓝有林：《出版社如何构建人力资源平台》，《中国出版传媒商报》2014 年 10 月 24 日。

［3］赵颖力等：《〈化工学报〉编辑部的人才建设》，中国科学技术期刊编辑学会：《第三届中国科技期刊青年编辑学术研讨会论文集》，2003，第 90 ~ 92 页。

［4］邹昱琴、倪成、王少波：《对话｜12 位书业大咖为 2017 书业破题》，《中国出版传媒商报》微信公众号，https：//mp. weixin. qq. com/s/ZJg9NsNNnwyhaKPvgcql3A。

［5］《电商大促频仍出版社如何不被牵着走》，中国出版传媒网，http：//www. cbbr. com. cn/article/112493. html。

［6］《6·18 电商狂欢后，出版社如何不被牵着走》，《中国出版传媒商报》微信公众号，https：//mp. weixin. qq. com/s/9QnaBwp2LHmoYSXWMQ5z9Q。

［7］化学工业出版社官网，https：//news. cip. com. cn/Home/About。

［8］《化学工业出版社八大数字平台助力高校"停课不停学"》，新华网，http：//my - h5news. app. xinhuanet. com/h5/article. html？articleId = 80d17958 - 98ce - 43cf - bb6d - 8acf7cbe3b93。

［9］许昌学院图书馆：《化学工业出版社电子图书馆平台试用通知》，许昌学院官网，https：//lib. xcu. edu. cn/nr. jsp？urltype = news. NewsContentUrl&wbtreeid = 2515&wb newsid = 7618。

［10］张安超、杜朋朋：《出版社数字出版转型阶段的成本困境》，《科技与出版》2014年第 2 期，第 59 ~ 61 页。

［11］王晓芳：《出版企业质量成本研究——以化学工业出版社为例》，中国人民大学硕士学位论文，2011。

［12］《第三届中国创意工业创新奖 | 出版、发行、报刊、新媒体四大分报告》，《中国出版传媒商报》微信公众号，https：//mp. weixin. qq. com/s/B3bFgdIj3gG9mELNxn40Iw。

第九章
梦想人科技：专注增强现实，融合教育出版

数字化时代出版业的融合转型，除了指出版单位，也包括一批科技企业。梦想人科技专注于 AR 技术与教育出版的融合，创业至今已开拓了 B2B 业务与数字出版业务等，出版了许多优质的数字化产品。还与国内外知名出版社开展合作，共同发布了 20000 余种 AR 图书，已然成为教育数字出版领域的领军企业。

一 梦想人科技简介

梦想人科技（MiXed Reality，MXR），是一家专注于将增强现实技术与教育相融合的高科技企业，同时也是增强现实专业解决方案的提供商，由创始人周志颖于 2004 年在新加坡国立大学攻读博士学位期间创立。2010 年，苏州梦想人软件科技有限公司正式在苏州成立，后陆续下设新加坡、北京等分公司，拥有高素质、国际化产品研发和技术支持团队。

发展前期，梦想人科技以 B2B 业务为主，注重提供专业化 AR 决策方案，帮助其品牌与 AR 技术顺利融合。在国内发展后，梦想人科技专注于教育领域，将 AR 技术广泛运用于教育数字出版领域，希望通过"科技改变教育未来"。至今，梦想人科技已开拓了 B2B、数字出版、B2G 等业务，建立了自有品牌，拥有 4D 书城、4D 梦想课堂、梦想编辑器、AR／VR 数字出版内容资源库等知名产品，还与国内外超过 180 家知名出版社开展合作，并共同发布了 20000 余种 AR 图书，发行总量累计 10 亿余册，已然成为教育数字出版领域的领军企业。[1]

梦想人科技内部包含研发部、产品部、数字出版业务拓展部等部门[2]，

部门之间分工细致、明确。

梦想人科技培养的人才包括软件开发工程师、项目经理、美术设计师、Android 开发工程师、内容编辑、算法工程师、市场策划、3D 模型师、文案策划、平面设计师、数字出版商务经理等，覆盖研发部、产品部、总裁办、综合管理部、风控部、市场部、营销部、数字出版业务拓展部等各个部门。梦想人科技为企业员工制定了各项考勤制度和晋升制度，还提供各种员工福利。

由于国内 AR 市场还不够成熟，大众对增强现实技术的认知也不够，梦想人科技虽然走在国内数字教育出版领域的前列，但其发展与国外的 Vuforia 和 Metaio 相比，还是比较缓慢的。

二　发展历程

2004 年，MXR 公司在新加坡成立，为新加坡教育及展览展示行业提供众多 AR 解决方案。2007 年，公司研发出全球首款增强现实民用教育产品"唯智魔方"。2009 年，在新加坡展览中心将 Hello Kitty 带到现实。2010 年，苏州梦想人软件科技有限公司成立，8 月亮相上海世博会新加坡馆，9 月与央视网正式合作。2011 年，公司举办增强现实助惠普云技术服务器混合现实发布会。2012 年 9 月，推出国内第一款基于 PC 的 AR 商业软件——梦想编辑器，同时推出技术服务平台"梦想库"，AR 项目制作进入流水线时代；10 月，为合肥科技馆打造迄今为止规模最大的集中展示 AR 应用的科普馆；12 月，获得"双软"企业认证、国家高新技术企业认证。2013 年，梦想出版社发布了针对教育出版行业的一款基于增强现实技术的图书分享平台，6 月为内蒙古博物院流动数字博物馆展车设计增强现实文物展项，11 月为新加坡城市规划展览馆设计实体沙盘互动增强现实应用。2014 年 1 月，梦想人科技推出全国首款增强现实台历；3 月，与阿狸合作推出增强现实游戏"dream AI"；4 月，推出全球首款增强现实点读产品"梦想点读书"，后改名"4D 书城"，并与联想合作推出智能电视增强现实应用；6 月，推出增强现实拍照分享软件"梦想拍拍"；8 月，与科技出版社联合发布增强现实职业教育产品"爱医课"；9 月，为中国少年儿童新闻出版总社定制"AR 教室 - 与红袋鼠共舞""4D 绘本 - 红袋鼠"；11 月，与华东师范大学出版社合作的《4D 绘本》在上海国际童书展首发；12 月，《4D 绘本》（首发版）入选华东师大出版社

"2014 年十大好书"。2015 年 1 月，中国少年儿童新闻出版总社《我们爱科学》杂志入驻"4D 书城"平台，3 月梦想人科技与浙江永艺家具有限公司合作的中国家具 4D 体验馆成立，5 月公司举办第二届出版行业数字化转型高峰论坛，10 月举办第三届出版行业数字化转型高峰论坛。2016 年 4 月，"4D 梦想课堂"进入国家教育资源公共服务平台，7 月梦想人科技与山东教育出版社合作推出 AR 教辅"暑假生活指导"，8 月与人民教育电子音像出版社合作足球教材，10 月"4D 梦想课堂"进入中央电教馆。2017 年 1 月新加坡分公司成立，9 月梦想人科技引进前培生集团副总裁，11 月作为智慧教育示范企业向江苏省委书记汇报发展成果。2018 年 5 月，移动端"4D 梦想课堂"上线，6 月建立融智库"人工智能分库"，9 月与北京印刷学院、中国少年儿童报刊工作者协会共同举办"全国优秀 AR 数字少儿报刊出版物制作大赛"。

三　业务构成

AR 出版产业价值链由内容增值链和技术增值链共同构成[3]：内容增值链指"内容制作→内容包装与 IP 运营→内容营销"的生产链条；技术增值链指"数据传输→发行服务→用户接口"的技术实现链条。

梦想人科技深耕 AR 技术十余年，将 AR 技术广泛运用于教育融合出版领域，其营收主要来自技术增值链。目前，梦想人科技共有著作权 76 项，其中软件著作权 27 项，作品著作权 49 项。专利 35 项，其中发明公布 26 项，发明授权 7 项，实用新型 2 项。[4]

成立初期，梦想人科技主要为企业提供增强现实行业解决方案，加强品牌与技术的融合。到国内发展后，梦想人科技专注于 AR 技术与教育和出版的融合，逐渐拓展了 B2B 业务、B2G 业务和自有品牌等，形成较为成熟的业务体系。

（一）B2B 业务

成立初期，梦想人科技主要为国内外 200 多家企业提供增强现实行业解决方案，促进品牌与技术的融合。如为新加坡科学馆、新加坡知新馆、上海世博会新加坡馆、中国科技馆、奥林匹克公园、合肥科技馆等场馆设立 AR 教育展示区；为奥迪、丰田、思科、英特尔、惠普、联想、德芙、迪士尼、凯蒂猫、周大福等知名品牌做创意互动营销。

（二）数字出版业务

回国之后，梦想人科技结合企业竞争优势和发展大环境，调整经营业务，专注于数字出版领域，将 AR 技术广泛运用到数字出版领域和在线教育领域，主要包括为出版企业提供 AR 技术支持和为平台提供优质的教育资源两个方面。

一是与国内外众多出版集团合作，为其内容资源提供 AR 技术支持，促进出版产业与 AR 技术深度融合。[5]2019 年 12 月，梦想人科技与江苏凤凰美术出版社合作，以中国传统故事为基础，发挥原创内容与 AR 技术的优势，共同打造出优质的 AR 增强版《画说中国经典民间故事》系列绘本，助力优秀传统文化的传播与传承。[6]目前，梦想人科技已经与北师大出版集团、华东师大出版社、长江少儿出版社、湖南少年儿童出版社、科学出版社、人民教育电子音像出版社、安徽出版集团、新加坡大众书局、牛津大学出版社、广西师大出版社等超过 140 家知名出版集团和企业开展了战略合作。

二是与诸多文化企业和教育企业合作，为其在线教育业务提供优质的教育资源。2019 年 8 月，梦想人科技与青岛童学文化传播有限公司达成内容合作，双方以"童学 365"平台的相关课程为合作基础，在内容分发与课程推广方面展开深入合作，共同开发优质的交互式儿童教育资源，并拓展教育内容分享渠道。[7]目前，梦想人科技已经与学而思、视知 TV、小伴龙、图豆教育、涂思美育、哆学、科学有故事、蜻蜓 FM、智慧树、小象科学、夸克星球科学实验室，以及长风教育文化课培训学校等文化企业展开合作，积极开发基于 AR 的交互式教育资源，助力教育发展，并不断丰富和更新旗下 4D 书城 App 的知识内容。

（三）B2G 业务

梦想人科技不仅与企业、集团等展开密切的业务合作，也为政府、学校提供业务服务。旗下的 4D 梦想课堂和针对教育大纲的 4D 课件，自投入使用便受到广泛关注和好评。2016 年 4 月 8 日，梦想人科技旗下的 4D 梦想课堂正式进入国家教育资源公共服务平台，响应国家政策号召，大力推进教育信息化，成为涵盖小学科学以及初中地理、生物、物理、化学等多门学科的探究式教学虚拟平台，为学校和 500 万名教师提供 250 多种符合国家课程标准的 AR 微课件，以及 1400 多种高仿真三维立体标本模型和 140000 多种高品质全景内容资源。

（四）AR + 业务

1. AR + 融合出版

梦想人科技基于 AR 技术的图像识别与追踪算法，多元化丰富纸质出版物的出版形式。AR 技术不仅在教辅、畅销书中被应用，还通过国内外合作助推融合出版发展。

目前，梦想人科技的"AR +"融合出版已形成了六大业务特点：

①集成实践经验：集成百余家行业领先出版社的实践经验，帮助解决教育及数字出版过程中的种种挑战；

②富媒体立体呈现：基于 AR 技术，依托海量三维模型资源，有效将纸质图书和聚合媒体快速融合；

③精准的产品内容策划：在原有优质内容的基础上，盘活传统图书的数字资源，提升纸媒出版物的竞争力；

④独创二维码识别：多终端快速推送，创新一书一码、一码二扫识别功能，有效抵御盗版和二手书的版权侵害；

⑤基于大数据支撑：利用大数据收集用户行为数据，多维度分析用户行为，了解用户需求，精准服务用户，提升服务水平；

⑥应用产品多元化：在多种类型的出版产品中广泛应用。

2. AR + 教育教学

"AR + 教育教学"是梦想人科技在教育教学领域的业务布局，通过研发教学设备平台，带来 4D 教学的全新体验。主要产品包括"4D 梦想课堂"（AR 教具平台）、"梦想课程"（AR 课程）、"4D 书城"（AR 教辅）、智慧教育云平台（AR 职教）、AR + 系列产品等，这些都是梦想人科技将 AR 技术应用于教育行业的重要成果。梦想人科技通过策划 AR 在教育领域的应用场景与体验，推动教育与出版领域的融合发展，努力实现教育信息化。

3. AR 数字出版系统

梦想人科技开发了基于 ISLI 标准的 AR 数字出版系统。此系统能够为出版社提供 AR/VR 出版物的策划制作、资源收集、内容审核、数据分析、运营管理和应急处理等功能，适用于出版社运用增强现实（AR）技术，实现"AR + 出版物"的整体行业解决方案。此系统全面实现了 ISLI 标准的系统化部署，树立了 ISLI/AR 出版的标准化应用规范，包括基于 ISLI 标准的 AR/VR 内容制作系统、AR/VR 内容审核和应急处理管理系统、AR/VR 移动端内

3D模型
（效果逼真，可交互）

全景
（可360°全方位观察，
如同身临其境）

图片
（专业素材，
快速查找）

视频
（名师课堂，方便快捷）

音频
（专业内容呈现）

可修改模型
（不满意现成的
就自己做）

图 9 - 1　AR/VR 融合出版内容资源库资源类型

容发布平台、AR/VR 融合出版运营管理平台（大数据系统）、AR/VR 融合出版内容资源库（见图 9 - 1、表 9 - 1）等。通过在出版的全流程应用 AR 技术，丰富内容的呈现方式，推动传统出版与数字内容的有机结合。

表 9 - 1　AR/VR 融合出版内容资源库资源一览

一级分类	二级分类
01 角色类	A. 人教足球　B. 写实类　C. 卡通类　D. 人体器官类
02 动物类	A. 陆地动物类　B. 水生动物类　C. 飞行动物类　D. 昆虫类　E. 远古生物类
03 植物类	A. 植物类
04 场景类	A. 居住建筑类　B. 公共建筑类　C. 其他场景类
05 交通工具类	A. 陆地交通类　B. 水生交通类　C. 空中飞行类
06 医学人体类	A. 循环系统类　B. 关节组织类　C. 淋巴系统类　D. 肌肉组织类　E. 神经系统类　F. 器官类　G. 骨骼类　H. 皮肤类
07 军事类	A. 军舰类　B. 飞行类　C. 战车类　D. 武器类
08 宇宙星球类	A. 自然宇宙类　B. 人类探索类
09 机械工具类	A. 机械工具类　B. 艺术品类
10 学科课件类	A. 生物类　B. 物理类　C. 化学类　D. 科学类　E. 地理类
11 视频类	A. 动物类　B. 科学实验类　C. 汽车类　D. 视知百科 + 脑洞电影院　E. 人生资本论　F. 女子力科学社　G. 本格男士　H. 喵客帝国　I. 次元光线
12VR 全景类	A. 美丽中国

四　发展成就

表 9 - 2　2010~2020 年梦想人科技发展成就

年份	获得成就
2010	9 月，获得新加坡资讯通信科技联合会（SiTF）数字媒体一等奖
2012	8 月，获得 2012 年 DEMO CHINA 移动互联网专场全国总冠军 10 月，在"创新中国 2012 移动互联网专场"即"2012 骁龙杯移动互联网创业大赛"中获得第一名，在最后巅峰对决中获得创新之星组第三名
2013	6 月，成为"北京市科普教育基地" 9 月，在奥迪创新实验室创新大赛中获全国总冠军
2014	9 月，成为"江苏省科普产品研发基地" 12 月，获得中国感知技术与超极本应用"创新之星"称号
2015	7 月，获评中国数字出版年度"创新企业"
2016	12 月，获评"苏州市优秀新兴业态文化创意企业" 12 月，获得"2016 年度中国互联网教育技术创新奖" 12 月，与苏州工业园区新国大研究院、金陵科技学院共建的"虚拟混合现实技术互动多媒体实验室"，作为专业领域实验室入选首批出版业科技与标准重点实验室名单 12 月，与广东省出版集团数字出版有限公司、华南师范大学、北京北大方正电子有限公司共建的"AR＋教育数字出版联合实验室"，作为跨领域综合性实验室入选首批出版业科技与标准重点实验室名单
2017	4 月，入选"苏州市文化产业重点项目" 7 月，获得"2017 数字出版年度创新技术奖" 11 月，参与国家新闻出版署《出版物 AR 技术应用规范》行业标准的制定 12 月，获评"江苏省重点文化科技企业"称号
2018	4 月，梦想人科技融媒体平台项目入选新闻出版改革发展项目库 6 月，在第二届中国新闻出版智库高峰论坛获得"最具投资潜力企业奖" 10 月，入选"首批 ISLI 国家标准产业应用技术支持单位名单" 12 月，荣登"改革开放 40 年民营书业百佳品牌榜"
2019	1 月，独立研发的"基于增强现实的聚合媒体方法"项目，正式获得国家专利授权 7 月，成为中国增强现实核心技术产业联盟首批理事单位成员 8 月，成为 2019 年度融智库理事长单位，所申报的"中国出版业融合发展研究报告"中标融智库 2019 年度重点课题 11 月，首届人民网内容科技创新创业大赛长三角赛区决赛在苏州市相城区成功举办，梦想人科技荣获一等奖

年份	获得成就
2020	1月，首届人民网内容科技创新创业大赛全国总决赛在厦门市湖里区成功举办，梦想人科技在总决赛中荣获第2名 3月，由国家新闻出版署牵头、梦想人作为起草单位之一全程参与其中的《新闻出版 知识服务 知识资源建设与服务工作指南》和《新闻出版 知识服务 知识关联通用规则》两项国家标准正式发布

五　主要的数字出版产品

（一）4D书城

"4D书城"是国内首个兼具增强现实技术和虚拟现实（VR）技术的儿童教育娱乐内容平台，由梦想人科技推出。4D书城的产品主要分为丛书、教材、教辅、课外读物、期刊和幼儿启蒙读物等。其中，丛书产品包括《儿童探索百科》《国学经典》《恐龙大世界》《洛克王国》《嘟嘟熊典藏本》等多套适合少儿阅读的读物；教材部分涵盖小学一到八年级的语文、英文、科学、体育等教材；教辅包括小学到高中语文、英语、数学、化学等学科的教辅，还包含大学《托福口语》《数学》等产品；课外读物产品包括包含彩蛋、故事绘本、科普图书、少儿故事、少儿英语、生活百科等类别；期刊产品包括《我们爱科学》《小哥白尼》《课堂内外》《科学大众》《环球探索》《军体世界》等几百本杂志；幼儿启蒙产品包括"美慧树"系列图书，适合作为幼儿园小班到大班所需的教材内容。

（二）4D梦想课堂

"4D梦想课堂"是梦想人科技打造的体验式教学课堂产品，基于AR和VR技术，为家庭教育、少儿科普、职业教育等提供新的教学体验形式，演示更生动立体的知识场景，使学生置身于数据化学习空间中，提高学生的动手能力，引导学生的创新思想，使其更快捷地获取信息与知识。

此外，"4D课件"是4D梦想课堂中最重要的组成部分，是面向中小学教师的4D课件库应用。应用中包括科学、生物、地理等多门课程的4D课件，帮助老师立体化演示很多复杂的教学概念和原理。这样，老师讲解更容易，学生学习更轻松。

（三）梦想编辑器

"梦想编辑器"是一款 AR 应用的制作软件，可以快捷利用模板制作图书，并发布到 PC 和移动端。不同项目需求不同，梦想编辑器设计了九类制作模板，使 AR 产品的制作更加省时省力（见图 9 - 2）。

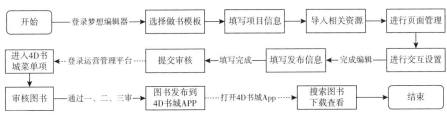

图 9 - 2 梦想编辑器制作 AR 图书步骤

（四）4D 系列产品

4D 系列产品是梦想人科技开发的自有品牌产品，不仅包括疯狂 4D 系列丛书、4D 童话绘本、4D 教辅图书、4D 儿童科普图书等图书产品，还包括 4D 认知卡、4D 魔镜、4D 神笔等 "AR +" 衍生产品。

（五）AR 梦想课堂（4D 书城大学版）

"AR 梦想课堂"是梦想人科技推出的高等教育纸质教材增值服务，通过增强现实技术与虚拟现实技术充分融合纸质教材和数字化资源，提供与纸质图书内容相契合的各种多媒体资源，包括图片、视频、PPT、音频、各类文档、AR 内容、全景内容等，扩展学生的知识视野，提高学习效果，为用户提供全新的学习体验。

六 梦想人科技数字出版发展阶段

梦想人科技公司的发展历程主要分为三个阶段。第一阶段为初期摸索阶段（2004 ~ 2009 年），在国外发展 B2B 业务，为国内外企业提供增强现实行业解决方案；第二阶段为找准定位阶段（2010 ~ 2012 年），在国内率先试水 AR 市场，逐渐找准企业发展定位；第三阶段为深耕发展阶段（2013 年至今），瞄准国内数字教育出版这一细分市场，研发出 AR/VR 数字出版五大系统，成为国内数字教育出版领域的领军企业。

（一）2004～2009 年：初期摸索阶段

2004 年，周志颖在新加坡创立了梦想人科技，并在新加坡发展业务。2004～2009 年，为梦想人科技公司的摸索阶段，其间梦想人科技以 B2B 业务为主，为国内外 200 多家公司提供增强现实行业解决方案。尽管梦想人科技自有的 SDK 软件开发库已经逐渐完善，也与多家世界五百强企业展开了密切的合作，但与美国高通公司的 Vuforia 和德国的 Metaio 等知名企业相比，知名度不高、技术不够先进、服务功能存在局限。并且，美国与德国的高新技术企业发展较快，占领市场较早，梦想人科技在国外发展，面临着极为残酷的市场竞争环境。

（二）2010～2012 年：找准定位阶段

2010 年，瞄准国内 AR 市场空白的时机，周志颖在苏州成立了苏州梦想人软件科技有限公司。此时，梦想人科技仍是以为企业提供技术服务和方案服务为主，并推出了国内第一款基于 PC 的 AR 商业软件"梦想编辑器"及技术服务平台"梦想库"，促进 AR 项目制作进入流水线时代。在这个时期，国内的 AR 市场还是一片空白，发展空间大但又杂乱无序。梦想人科技就在空白又庞大的国内 AR 市场中摸索，并逐渐找准企业的发展定位。

（三）2013 年至今：深耕发展阶段

2013 年，梦想人科技发布了一款基于增强现实技术的针对教育出版行业的图书分享平台——"梦想出版社"。自此，梦想人科技开始在国内拓展数字出版业务，并逐渐将公司的发展重心往数字教育出版领域倾斜，在与出版企业的合作中发挥自身的技术优势。发展至今，梦想人科技已经研发出 AR/VR 数字出版五大系统，拥有 4D 书城、4D 梦想课堂、梦想编辑器、AR/VR 融合出版内容资源库等知名产品，成为国内数字教育出版领域的领军企业。

七 梦想人科技的成功经验

梦想人科技成功将 AR 技术与出版深度融合，并引领国内数字教育出版的风向标。其发展路径给予了国内外出版企业以下启示。

（一）发挥核心竞争力

梦想人科技在新加坡发展时，尽管自有的 SDK 软件开发库已经逐渐完善，但是与技术先进、占领市场早、发展快的美国高通公司的 Vuforia 和德国的 Metaio 等相比，知名度不高，服务功能存在缺陷，在竞争市场中缺乏自己的核心竞争力，处于竞争劣势。到国内发展之后，梦想人科技抓住了传统出版企业数字化、智能化转型的契机，发挥自身的技术优势，研发出 AR/VR 数字出版五大系统，并与出版企业展开密切合作，为其提供技术服务和数字内容资源服务，增强了自身的不可替代性。

（二）挖掘细分市场

梦想人科技到国内发展之后，面对国内空白的 AR 市场，也经历了一段摸索时期，最终定位于数字教育出版这一细分市场，并深入发展。国内空白的 AR 市场给梦想人科技提供了巨大的发展空间，但也使其度过了一段茫然时期。找准定位之后，梦想人科技才在细分市场中充分发挥出企业优势，巩固了自身不可动摇的地位。可以说，企业在进入竞争市场之前对市场进行细分，结合自身与竞争企业的情况，选择最能发挥自身优势并有利可图的目标细分市场，是重中之重。

八 结语

梦想人科技回国创业发展，经历了艰难的摸索期，终于在国内空白的 AR 市场找准定位，主攻数字教育出版领域，以期用科技改变教育未来。十年磨一剑，梦想人科技研发出 AR/VR 数字出版五大系统，与国内外知名出版企业开展密切合作，提供技术支持和 AR 内容资源，已然成为国内数字出版市场的领军企业。

参考文献

[1] 周志颖、姚明桃、塔娜：《构建现实与虚拟的桥梁——基于 AR 技术的数字出版解决方案》，《出版与印刷》2018 年第 3 期，第 1~7 页。
[2] 王培霖、梁奥龄、罗柯、高巍、周志颖：《增强现实（AR）：现状、挑战及产学研

一体化展望》,《中国电化教育》2017 年第 3 期,第 16 ~ 23 页。

［3］周志颖、姚明桃、塔娜：《构建现实与虚拟的桥梁——基于 AR 技术的数字出版解
　　　决方案》,《出版与印刷》2018 年第 3 期,第 1 ~ 7 页。

［4］爱企查,https：//aiqicha. baidu. com/company _ detail _ 48422910378206？ tab = cer-
　　　tRecord。

［5］塔娜、陈丹、周志颖：《增强现实技术在出版业应用的思考》,《出版广角》2017
　　　年第 24 期,第 10 ~ 13 页。

［6］《梦想人科技与江苏凤凰美术出版社合作,用 AR 技术"画说"中国经典民间故
　　　事》,搜狐网,https：//www. sohu. com/a/358791129_99906041。

［7］《梦想人科技联手童学 365,打造多样化儿童教育解决方案》,苏州梦想人软件科
　　　技有限公司官方网站,http：//www. mxrcorp. com/news/post/102613/。

第十章
清华大学出版社：复合出版产品，
建设数字项目

在数字时代，清华大学出版社积极探索融合发展模式，重点发展复合出版产品，力图实现从传统产品提供商到内容资源、知识服务提供商的转变。近年来，清华大学出版社的数字出版建设工作以音像电子与数字出版分社为纽带，以书问和兆泰源公司为先导，动员全社编辑在产品的开发、出版、营销等方面向数字化转型，推出多样化数字产品和项目，树立起清华大学出版社的出版特色，探索融合出版之路。

一 清华大学出版社概况

（一）出版社简介

清华大学出版社（简称"清华社"）成立于1980年，是教育部主管、清华大学主办的综合性出版社。作为国家一级出版社，清华大学出版社（有限公司）是具有引领性的教育与专业出版机构。销售实力在出版市场中名列前茅。

清华大学出版社是中宣部、新闻出版总署和国家教委表彰的全国优秀出版社和全国先进高校出版社。2007年，荣获首届中国出版政府奖（先进出版单位）；2009年，被评为"全国百佳图书出版单位"；2011年，获新闻出版总署"十一五"国家重点图书出版规划出版工作"先进单位"称号。

（二）发展历程

1. 发展初期

清华大学出版社成立之初主要为大学本身服务，出版范围比较局限，集中在教材等领域。1990年，出版社在编人员不到80人，销售码洋不到1000万元。20世纪80年代末到90年代初，清华社开始优化选题策划，由计算机基础教育教材起步，走高质量图书教材出版之路，出版的《数据结构》《IBM－PC汇编语言程序设计》《PASCAL程序设计》《Fortran语言》《C程序设计》等畅销不衰。[1]

2. 打造品牌

90年代中期，微型计算机的广泛普及与应用，带动计算机图书市场的火爆。清华社及时调整力量，采取编著、翻译、影印等多种形式，加大计算机图书的出版规模，发挥优势，占领图书市场。1995年，在编人员发展到100多人，销售码洋超过1亿元。也是从1995年开始，清华社在计算机图书零售市场份额上一直居首位。[2]到1998年，在编人员达到130人，销售码洋超过2亿元。1999年，销售码洋超过2.5亿元。清华版图书1995～1996年获国家级奖项5种、部委级奖项56种，还获得图书装帧设计奖9种。清华版电子出版物在此期间获得优秀电子出版物奖19种。1994年，清华大学出版社被中宣部和新闻出版署评为"全国优秀出版社"，1995年被国家教委评为"先进高校出版社"。[1]这一时期清华社的辉煌成就得益于质量和特色：一靠质量创品牌，二靠特色闯市场，依靠品牌优势打开市场。

2001年，面对出版行业销售下滑的形势，清华社开始加强对优质出版资源的挖掘，注重人文社科、管理类学科选题的策划，努力打造新的品牌优势，注重学科性，逐渐成为一个多元化、国际化的大学出版社。

3. 转企改制

2003～2009年，按照国家要求，大学出版社开始进行企业化运作，自主经营、自负盈亏、自我发展、自我监督。2003年，清华大学出版社作为首批大学出版社转企改制试点单位进行了所有制改革。2003年6月11日，清华大学第15次校会议讨论通过，由清华大学出资主办清华大学出版社[3]，经济性质为全民所有制企业。随后，2004年4月，清华大学出版社顺利完成企业法人登记注册，实现国有资产授权经营。2008年12月，教育部、新闻出版总署联合下发了《关于进一步推进高校出版社改革与发展的意见》，对于涉及大学出版社转企改制的原则性、根本性问题予以明确。清华大学出版社于2009年4月正式由全民所有制企业转变为有限责任公司。

4. 融合发展

自2014年起，国家越发重视数字出版转型。清华大学出版社由此建立起数字化转型工作目标，旨在从单一产品形式向多元化出版产品形态转型，从图书出版商向内容资源、知识服务提供商转型。

二　出版格局和人才培养

清华社现设有计算机与信息、理工、经管与人文社科、外语、职业教育、音像电子与数字出版、基础教育、医学八个分社，形成了立体化出版格局。其中，高品质的计算机图书是清华社的特色产品。清华社积极调整优化图书出版结构，不断提高在文学、艺术、法律、建筑和医学等类图书的市场竞争力，促进清华社图书在全国市场的传播并提高影响力。

清华大学出版社坚持培育复合型人才，注重人才队伍建设与内部运营机制改革。[4]

2016年，清华社成立融合出版工作委员会和融合出版实验室，积极开展数字化转型工作，并对专业化数字出版技术进行监测、评估和吸收。

清华社积极推动数字化出版项目的具体实践。如在"智学苑"线上教学平台中，图书编辑积极转型为网络课程负责人。又如在清华社经典教材张三慧版《大学物理学》网络课程的研发过程中，责任编辑把出版社此前相关的电子资源有机整合到线上的数字教材和在线作业中，充分发挥网络优势。在营销过程中，责任编辑也通过网络为读者进行讲解和演示，形成有效互动。在这样的过程中，不仅实现内容资源的电子化、数字化，还提高了编辑的复合出版能力。

在数字化项目进行中，传统编辑是推动出版社数字化转型升级的主力，清华社也一直致力于对传统编辑的数字能力培养。如"大学基础课程试题库"项目由传统编辑担任项目负责人，与技术人员合作开发。通过内部交流与合作，不但增进了传统编辑对网络商业模式及技术架构的了解，也充分利用传统编辑的内容资源和读者资源优势，逐步实现出版社整合能力的提升。

此外，清华社还通过将传统编辑分派到互联网公司工作的方式，提升编辑的互联网思维与企业运营能力。如清华社在2014年选派3名员工进入下属的互联网企业"书问"公司工作，在提升编辑创新能力的同时，也发挥传统出版业务的运营优势。

三 业务概要

（一）传统出版业务

1. 学术出版

学术出版是清华大学出版社的主要业务，主要为高校和科研机构提供教材与著作，这是清华社的重要努力方向。

同时，清华社积极进行学术出版的数字化发展，实现数字化与内容的联合发展。如POD按需出版、开放存取平台、"清华学术在线"数字化平台、"中国大学学术图书在线"的建设，以及数字化工具书产品的开发等，都是促进内容收集和品牌建设的重要手段。

学术出版方向主要包括计算机图书、理工类图书、科普图书、外语图书、经管与人文社科类图书以及其他重大出版项目。

2. 期刊出版

清华社坚持出版专业化的、具有清华特色的学术期刊，注重社会效益。依托清华大学的学科优势，发挥期刊出版的品牌优势，不断提升期刊的学术影响力。如今，清华社的学术期刊集群颇具国际化特点，并且兼顾人文与社科，为建设世界一流大学出版单位助力。

3. 少儿出版

清华大学出版社在低幼启蒙、游戏益智、儿童文学、科普百科、卡通动漫等领域，为孩子提供符合主流价值观和品质阅读要求的范本。清华社始终坚持专业人做专业事的职业精神，出版高品质、高格调、具有领先教育优势的少儿读物，为在起跑线上彷徨的父母点起一盏指引方向的明灯。

4. 海外出版

清华社是国内第一批开展国际合作的出版社之一，通过与国际知名出版公司合作，扩展海外营销渠道和市场。

依靠品牌优势和多年积累，清华社充分利用国际和国内两个市场、两种资源，积极践行"走出去"，努力增加版权输出的数量与版权合作的力度。在这一过程中，也持续拓展出版媒体介质形态，推动对数字技术的引进吸收，从而促进数字化转型升级。

（二）数字出版业务

如图 10 - 1 所示，音像电子与数字出版分社主要承担音像电子和数字产品的策划和制作工作，探索数字出版业务和融合出版转型道路。[5]

图 10 - 1　清华大学出版社数字出版业务

1. 大众知识服务

大众知识服务产品的生产、传播，是清华社数字出版的主要业务之一。清华社积极探索知识服务的发展方向，以优质资源为依托，以精品工程为龙头，开发了包括电子书、有声书、音视频课程、VR 出版物等在内的多种产品形态，致力于为大众提供优质的知识服务产品。

清华大学出版社以纸书为中心，积极将版权内容转化为数字产品形态，如电子书、有声书、音频服务以及其他衍生服务。各部门通力合作，数字阅读运营中心主要负责大众知识服务产品的开发、推广和销售等工作。

目前，清华大学出版社已经就电子书服务和知识付费服务建立了多个自营渠道，包括电子书销售渠道——文泉书局和天猫旗舰店；知识付费渠道——文泉课堂和"小鹅通"店铺等。

此外，还与多个平台进行授权合作，包括电子书平台：得到、网易阅读、百度文库、国家图书馆、熊猫看书、百度知道、百度阅读、当当、亚马逊、掌阅、咪咕阅读、QQ 阅读、京东阅读和多看阅读，音频平台：考拉阅读、咔哒故事、蜻蜓 FM、喜马拉雅、懒人听书和北京人民广播电台等。

2. 在线教育和教学辅助服务

清华社坚持打造精品品牌，在自身专业领域出版了一大批精品教材，并持续提供增值服务。例如，对经典教材进行二次开发，并推出衍生产品；为教师开发了多种在线教育服务和相关产品，提供教学服务、教材试读和销售、数字化教材增值服务等。

几年来，清华社为院校和机构研发了百余门在线精品课程，提供教学辅助配套服务。如 2017 年，出版社对大学物理习题库产品进行升级，为学生考试和学习测评提供了新平台，并获得广泛应用。

3. 数字技术系统和平台

清华社的数字出版业务还拓展至对数字技术系统和平台的研发。一方面，建设重点平台、开展对外服务，为政府机构、学校用户提供定制化教学系统和互联网信息服务；另一方面，进行数字出版的业务流程再造，升级出版流程管理系统[6]，实现出版流程数字化运转，提高出版工作的内部效率。

四　发展成就

（一）图书出版

清华大学出版社在教育出版、学术出版、大众出版领域打造"品牌群"，形成三足鼎立之势。以 8 个分社和 2 个中心（期刊中心、学术出版中心）为主力，加强"期刊群""图书品牌群"建设，力争在多个出版领域处于领先地位。

清华社作为国内领先的综合性教育与专业出版机构，曾荣获"国家一级出版社""全国优秀出版社""全国先进高校出版社""全国百佳图书出版单位""中国版权最具影响力企业"等荣誉和称号。2007 年、2017 年分别荣获首届和第四届中国出版政府奖（先进出版单位）。

（二）版权贸易

版权贸易方面，清华社的版权输出语种逐渐多样化，包括英、日、法、意等近 10 个语种，贸易合作伙伴也迅速增加至百余家。如"十二五"期间输出版权共计 515 项，较"十一五"期间增加了 356 项，科技类图书和期刊的版权输出更是广受业界好评。[7]

（三）数字出版

数字出版业务方面，2017 年 1～8 月电子书销售分成和数字版权授权收入共计 230 万元，超过了 2016 年收入总和。同时，清华社稳步开展电子音像制作与出版业务，通过制作音像产品来满足图书配套需求，包括外语、少儿、文化、培训四大类。目前，音像电子与数字出版分社着力推进国家级、市级数字出版项目。

（四）清华大学出版集团主要子公司的数字出版拓展业务

书问（北京）信息技术有限公司由清华社于 2014 年底吸收外部资本而建立。公司启动"书问"项目，打造数字阅读和媒体平台。2015 年，清华社投资控股北京兆泰源信息技术有限公司，对内提供软件技术开发服务，对外提供数字化解决方案。

1. "书问"数字出版产品服务体系

书问（北京）信息技术有限公司在 2014 年 10 月成立，由清华大学出版社有限公司发起并控股，独立运营。"书问"数字产品服务体系主要以"书问搜索"为重点，辅之以"书问阅读"平台等。公司还开发了"智学苑"课程学习平台。下面仅介绍三种。

（1）书问搜索

"书问搜索"是一款准确、高效的搜索引擎。与传统搜索引擎搜索结果数量庞大但搜非所需不同，书问搜索为用户提供基于内容的全文搜索，能够准确定位图书，且所有信息都经过正式授权，具有合法性。

（2）书问阅读

"书文阅读"为"书问"系列产品"书问搜索""书问商城"的指定专业阅读平台。

（3）智学苑

"智学苑"是融入新技术的高等教育智能教学辅助平台[8]，依托清华大学出版社多年积累的优质资源，为教与学提供全方位、自适应的过程支持。基于结构合理的知识点体系构建，实现教材、多媒体课件、习题资源的即时准确跳转，组织碎片化教学资源（见图 10 – 2）。

在富媒体教学课件中，用户可进行画重点、做笔记、添加书签等操作。用户不仅可以查看课程资源，还可以查看课程中教师添加的内容。碎片化的课件资源嵌入教材的对应位置，方便用户按体系学习。教师用户同样可以上传自己的课件来丰富课程资源。为了巩固学习内容，每本教材还配备了相应的习题，教师用户可以直接使用习题布置作业、测试和进行考试。

智学苑还深入学科，根据不同学科特色开发不同功能，支持网页格式的公式录入和图片识别，以及基于各种编译环境的在线编译和自动评判。

教师用户可以根据智学苑的资源建立 MOOC 或 SPOC 课程，通过系统数据全面了解学生的学习动态、对知识点的掌握情况，从而因材施教。系统可自动评判客观题的对错，使老师从繁重的劳动中解脱出来。主观题可在讨论环节中进行，实现更灵活的交流。

智学苑给学生用户提供了个性化的学习内容，学生可以自主完成教师布置的习题、测试、考试，还可以自我查看完成情况，进行针对性练习，实现练与测的一体化。学生在练习过程中可以收藏习题，也可以在习题、教材间跳转，实时查看并巩固知识点学习。

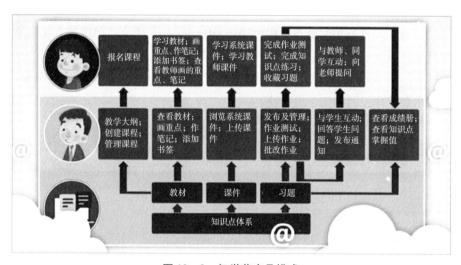

图 10 - 2　智学苑产品模式

2. "兆泰源"数字出版产品服务体系

北京兆泰源信息技术有限公司是清华大学出版集团的控股子公司，成立于 2012 年 12 月，2015 年被清华大学出版社收购。公司主要负责融合出版、在线教育等领域的平台开发、内容创作、教育相关培训认证等产品和服务，涉及高等院校、高职高专和基础教育（K12）等多学段、不同学科领域。

兆泰源公司秉持"科技服务教育，数据演化智能"的创新理念，基于 VR 交互和大数据技术优势，专注于教育信息化、培训和科研服务，致力于成为顶级数字资源提供商、教育培训服务商，创建人工智能时代数据应用的新模式，旨在打造数字出版业界标杆，推动"产教融合，知行合一"的教育业态新发展。[9]兆泰源公司广泛采用大数据分析、移动互联和移动支付等前沿技术，打破传统出版的壁垒，实现基于内容的O2O出版新模式，并借助虚拟现实（VR）和增强现实（AR）等技术，实现教学内容和教学形式的颠覆式创新。[10]

兆泰源公司目前的核心产品和服务包括：自主研发的基于知识点体系的知识库和教材库系统；基于纸书O2O的"文泉云盘"移动阅读平台；公司联合清华大学多个院系联手打造的智慧测评系统（包括海量专业题库），独立承建和升级教育平台，面向百万级师生用户，提供虚拟现实场景的综合素养教育。兆泰源旗下目前开发有清云数据、清云在线、清云成长、清云课堂、清云实训五大产品。[11]

VR虚拟交互教学方面，公司运用VR技术实现土木、电气、建筑、医疗等专业领域的仿真教学，为用户提供虚拟技能训练和模拟设备预警排查等职业教育服务。同时，利用先进的技术实现360度全景体验，为用户提供沉浸式学习环境。

精品课程开发方面，将知识点碎片化拆分，形成系统化知识学习体系，提高用户学习的精准性和全面性，同时结合国家标准，制作出全方位的多媒体数字化精品课程。目前，兆泰源在在线教育的多个领域开发了相应的精品课程，如在K12领域开发了"中小学创客教育·智能设计系列课程""中小学民族民间舞蹈"，为本科教育开发了《Linux课堂实录》、《ASP. NET（C#）实践教程》（第2版）等教材。

教学资源定制方面，兆泰源积极响应教育部金课开发建设的号召，重视教学资源的内容质量，突出内容和形式的高阶、创新和挑战度，强调教学资源的交互性，确立了以2D/3D原理动画、VR实操案例和精品微课为制作标准的，适用于相关专业的金课教学资源。

五　数字出版布局

（一）大众出版平台

1. 电子书出版与数字阅读平台——文泉书局

文泉书局是清华大学出版社与新加坡电子书系统有限公司合作搭建的专业知识性内容阅读平台，诞生于2010年6月。文泉书局始终秉持"为我国高校出版社和广大读者提供网络出版和电子书的阅读及销售服务"的经营理念。[12]

文泉书局还与清华大学建立合作，为合作院系提供相关专业的电子书并定制专属的电子书架，充分打造数字化阅读体验。

2. AR/VR 出版产品

清华社出版了《美丽的化学反应》《美丽的化学结构》、AR 产品《和多纳小趣一起学拼音》《格斗高手与健身达人》、VR 产品《你的安全防护手册》等多媒体产品，不断探索融合出版的新模式。基于同一主题的多元化内容开发，不仅满足了不同读者群体的阅读和学习习惯，迎合了市场需求，扩大了作者的知名度，提升了作品的影响力，而且增强了出版社的核心竞争力和盈利能力。

（二）在线教育及教育辅助平台

1. 在线教育平台——文泉课堂

"文泉课堂"是由清华大学出版社推出的在线学习平台，致力于为用户提供高品质的学习资源和专业服务，可用于学生自主学习，也适用于教师开展私播课或双师课堂教学——在线组班教学或辅助线下授课，指导学生在线学习课件、练习和讨论。内容涵盖财经实训、计算机、职场兴趣、四六级、考研、雅思和托福等方面，为用户提供在线课程、习题、教材、课件等多种教育资源形式，使学生学习更高效。

文泉课堂具有以下特点：

①产品方便易用，可实现自适应 PC 端、移动设备和多终端实时同步学习。

②产品资源丰富，包括标准课件、动态课件和定制学习资源。标准课件形式多样，包括视频、音频、图文等；动态课件包括问答、讨论、作业、练习、试卷；定制学习资源指对接外部的学习资源，包括电子教材、实训任务等。

③智能测评，实现在线练习和考试一体化；智能组卷，用户可自主选择多种题型、多个题库；支持复杂公式编辑器，LaTeX 语法；可在线批量导入和导出习题；客观题自动判断对错。

④师生个性化交流。教师可以随时掌握学生的课程学习进度，动态分析作业和考评数据。[13]

2. 数字资源管理与发布平台——文泉教学、文泉题库

"文泉教学"服务网为教师提供便捷实用的各种教学资源和在线服务，包括样书申请、课件下载、院系书架等。针对会员用户，还提供教材展示、试读和在线课件下载服务，教师可以根据自身情况申报教材选题。[14]

"文泉题库"是清华大学出版社开发的教辅数字出版产品，汇聚国内知名专家教授，产品定位为"专业学科领域的在线组卷习题库"，旨在为教师提供优质的教辅数字服务。[15]产品基于在线组卷教学服务系统，围绕学生学习的全过程提供"测、评、练"一条龙服务，包括智能开放的组卷和测评服务，教师可在线自主生成个性化试卷，为高效率、高质量开展教研活动提供有力支撑。文泉题库根据学科的整体教学体系进行知识点碎片化拆分，由专家搭建完整的知识点体系，产品中的所有试题与知识点体系相关联，精准匹配，特色鲜明。教师在使用过程中还可以进行知识点管理，在系统中完成知识点的导入和导出。题库由系统管理、用户管理、知识点管理、我的习题、试卷管理五大模块组成。

3. 职业教育——文泉职教

"文泉职教"是职业教育理论和实践一体化的仿真教学平台。[16]针对职业教育市场广阔、职业实训系统落后于市场需求的北京地区，清华社大力开展职业数字教育。清华社对立体化教材进行创新，将院校、技术企业、行业协会和出版单位的优质资源整合起来，运用虚拟仿真等技术，按照一体化项目设计思路，开发出文泉职教平台。平台有丰富的立体化教材、富媒体教学资源和个性化学习资源，还提供虚拟仿真实训、在线过程评测等功能，从而切实提升用户的工作技能。所有在线课程均配有相关教材，使理论课程结合实训课程，线上仿真实训结合线下实操。

（三）数据库、数字技术平台

1. 专业数据库——文泉学堂

"文泉学堂"知识库包括电子书资源 26650 个品种，多媒体附件和课件8643 个，专业在线课程 50 门。全部数字资源实现在线访问和阅读，用户无需下载客户端软件。

2. 图书二维码资源管理系统——文泉云盘

"文泉云盘"是清华大学出版社联合子公司兆泰源推出的图书资源管理系统[17]，原名为"益阅读"移动图书库系统。该系统对应清华社网络平台中大量丰富的多媒体内容。文泉云盘以纸质图书结合二维码的形式提供新媒体资源上传和阅读服务。文泉云盘服务于出版机构的编辑人员，用户可自行上传视频、音频、图文等多媒体内容资源，为读者提供生动、有趣的新媒体阅读体验。

六　数字出版发展路线

1. 萌芽期

清华社较早就开始了融合出版工作。2008 年，清华社与北京方正阿帕比技术有限公司签署了数字出版合作协议。[18] 双方主要围绕"出版社数字出版系统"开展合作，共同搭建数字出版业务平台并开展相关业务活动。

2010 年，清华大学出版社与新加坡电子书系统有限公司合作推出了数字阅读平台"文泉书局"。

2. 发展期

"十二五"时期，为顺应数字时代出版工作的变革和发展，清华大学出版社积极进行数字化转型，加快建设数字出版项目，集中力量进行优质图书资源的富媒体版本开发，借助自有技术团队和子公司的技术力量研发了多个数字出版产品，并提供优质的数字出版服务。

2013 年，出版社以文化产业发展专项资金支持的"智学苑"项目为核心，开发线上教学平台，并推出相应的课程资源。

2014 年，出版社开始重点建设"书问"项目。

2015 年，借助"会计仿真实训"项目的文化产业资金，清华社开发建设了"智学堂"产品；以北京市科委科技项目"定制化出版"为基础，对"文泉书局"阅读平台进行 POD 业务升级；对《新时代交互英语》系列教材进行升级，开发"智语苑"在线英语教学平台；以光盘版《大学物理习题库》为基础，改造升级在线考试系统，开发了"益阅读"互联网云盘产品，替代传统的光盘介质；等等。[19]

3. 融合发展与转型升级期

这一时期，清华社积极探索融合发展模式，力图改变出版产品的单一形态，推出多种形态的复合出版产品，并转型成内容资源、技术和服务提供商。在大众知识服务领域，尝试根据内容策划全版权产品形态，并通过自有及多形态的渠道分发产品；在教育教学领域，将教材升级为"书＋互联网"

的模式，制定了为整体教育教学服务的教材转型方案，为高校师生提供教育教学的整体解决方案；在专业内容服务领域，一方面做好数字化期刊发布平台，另一方面努力打造基于知识树构建的专业内容服务平台，为专业人员提供线上服务。在多年的融合出版发展过程中，清华社积累了专业的数字教学产品研发团队、强大的推广销售体系、立体的教学服务平台，确保为学生提供丰富的学习资源和工具，为老师提供专业便捷的数字教学服务，为学校提供科学先进的教学管理方案。

2017 年，"智学苑"项目结项，出版社以"智学苑"产品为核心，启动云资源中心和在线习题库平台建设，对"智学苑"平台的 100 余门课程资源进行多元化利用。以重点项目带动平台建设，开发出"天津市中小学生个性化学习服务系统"和"书问"特色项目。

通过多年努力，清华大学出版社建立了完善的经营体系与集团化架构，实现图书、音像、电子、期刊和网络等多种媒体立体化出版格局。"十二五"以来，传统出版与数字出版融合发展新格局逐渐形成，出版社拥有完整的融合出版供应链和丰富的互联网出版物运营经验，取得了良好的社会效益与经济效益。

在"十三五"规划中，出版社对自身的发展提出全新要求，即遵循"全领域战略、整体转型战略、公司化战略、持续创新战略"四大发展战略，布局"数字教育、数字阅读、数字学术、数字服务与营销、数字技术与管理"五大领域，完善健全"数字资源管理与发布平台、数字教育服务平台、数字阅读服务平台、数字产品销售与服务平台、在线编撰与出版服务平台、数字印刷服务平台、ERP 管理平台、云平台"等八大平台[20]，开发运营智学苑、文泉书局、新时代交互英语、文泉职教、书问、智慧出版教学平台、美丽化学"等若干应用，找到适合清华社发展的数字出版发展模式，完成传统出版业务的转型升级和融合发展。

七　清华大学出版社发展数字出版的成功经验

（一）顺应融合发展趋势，积极改革，创新发展

清华社是最早进行数字化转型，并在数字出版与传统出版融合发展领域做出一定成就的出版单位。它的成功得益于组织管理、思维创新、技术引进

等方方面面的改革，不拘泥于原有的出版成就和生产体系，完善经营管理机制，探索出版单位内部的组织结构再造。在生产流程方面，采用新技术和现代生产方式改造和升级传统出版流程，使之适应全媒体平台复合出版的需要。在自身资源生产方面，充分利用和挖掘清华大学优质的教育资源，依托清华大学充足的人才储备、智力资源、知识资源、教学资源和学术资源等，使出版社从单一的教材提供者逐步转变为面向高校师生的学习内容提供者和服务提供者。

（二）"文泉"系列产品确立品牌优势

清华大学出版社的数字出版形成了"文泉"系列全媒体出版产品群，品牌战略意识强烈。同时，清华社注重依托传统出版阶段积累下来的优质出版资源，充分展现"清华精神"，使产品具有清华特色。在创新内容生产和服务方面，立足自身优势，致力于生产满足用户多样化、个性化需求，以及适合多终端传播的出版产品，将传统出版的专业采编优势、内容资源优势延伸到新兴出版领域。

（三）多元主体合作，融合发展

清华出版社搭建了融合发展的内外合作体系。早在2008年，就与国外技术公司建立合作，进行数字化转型，推出文泉书局和其他教学管理系统。2008年，清华社与北京方正阿帕比技术有限公司签署了合作协议。双方的合作以出版社的数字出版系统为基石，携手推进数字出版业务的开展。此后，清华社积极与技术提供商、互联网运营商建立合作，融合发展，通过对外投资、收购技术公司，为数字出版系列产品奠定了强大的技术开发基础。通过与互联网运营商协作，清华社将数字服务推广至更广阔的平台，如"书问搜索"产品目前与多家互联网企业和多家出版商合作，扬长避短，相互借力，共同发展。

（四）注重复合型专业人才队伍建设

融合发展时代，传统出版机构需要在资本运作、商业模式、体制机制等方面加大创新力度。社长宗俊峰认为，高素质、复合型出版专业人才队伍是创新的原动力。[21]清华社践行发展复合型人才的理念，通过人才引进、人才转型的人力资源管理方式，大力推动融合出版人才队伍建设，促使深度理解

"出版"本质的人才与高度认同互联网思维和数字化战略的人才深度融合，组建了一支"复合型"团队。

八 结语

清华社在数字化转型过程中，通过对产品线的整合以及平台合力的发挥，将数字出版品牌的建设作为重要的发展战略，并取得了一定成就。未来，清华社应继续坚持品牌战略，将品牌的经营、长久发展作为目标，进一步提高产品的市场化，扩大品牌的影响力，着力构建新型出版与知识服务模式，为用户提供真正优质的数字服务。

清华社未来应梳理好当下的数字出版业务线，做到有的放矢、有主有次，重点发展强势数字出版产品和王牌数字出版项目，整合零散产品，建立功能聚合型数字出版平台。同时，继续发挥平台优势，大大提高产品的影响力和号召力。

参考文献

［1］程鸿：《以质量与特色求发展——清华大学出版社成长之路》，《大学出版》1999 年第 4 期，第 4 ~ 6 页。

［2］周荟、苏磊：《在创新中传承积累 发展清华社品牌——清华大学出版社建社 25 周年访问李家强社长》，《科技与出版》2005 年第 3 期，第 3 ~ 5 页。

［3］倪庆华：《新制度经济学视角下我国出版业转企改制研究》，武汉大学硕士学位论文，2012。

［4］《转变是创新原动力》，清华大学出版社官网，http：//news. tsinghua. edu. cn/publish/thunews/9649/2011/20110225232207468157126/20110225232207468157126_html。

［5］清华大学出版社·音像电子与数字出版分社网站，https：//www. wqxuetang. com/aboutus. html。

［6］正民阜：《信息时代出版业要狠抓技术改造——清华大学出版社迈出出版现代化建设新步伐》，《大学出版》1997 年第 1 期，第 6 ~ 8 页。

［7］柏荷、宗俊峰：《践行清华精神 担当文化企业的社会责任——再访清华大学出版社社长》，《出版广角》2017 年第 6 期，第 30 ~ 34 页。

［8］智学苑网站，http：//www. izhixue. cn/。

［9］兆泰源网站，http：//www. ztydata. com/company – culture。

［10］兆泰源网站，http：//www. ztydata. com/virtual。

［11］兆泰源网站，http：//www. ztydata. com/figure。

［12］柯慧：《大学出版社的数字出版运营平台研究》，武汉理工大学硕士学位论文，2012。

［13］文泉课堂，https：//www. wqketang. com/page/7。

［14］文泉教学，https：//www. wqjiaoxue. com/#/。

［15］文泉题库，http：//www. wqtiku. com/。

［16］文泉职教，https：//zhijiao. wqketang. com/。

［17］文泉云盘，http：//www. wqyunpan. com/login. html。

［18］朱音：《清华大学出版社与方正阿帕比签署数字出版合作协议》，《中国出版》2008 年第 6 期，第 91 页。

［19］庄红权、温蕴辉：《以内容为体，以技术创新和体制创新为翼——清华大学出版社出版融合初探》，《出版广角》2018 年第 1 期，第 38～40 页。

［20］《大学出版社数字出版不完全调查之一》，《中国出版传媒商报》微信公众号，https：//mp. weixin. qq. com/s/eX7JE5uhcZki7Rust－Dluw。

［21］宗俊峰：《新媒体时代来了 我国大学出版社如何突出优势求发展?》，百道网，http：//www. bookdao. com/article/389807/。

第十一章
社会科学文献出版社：坚持智慧出版，
打造数字出版人才队伍

在数字化转型过程中，社会科学文献出版社全方位整合学术资源，打造知名出版服务平台，其融合发展水平处于行业领先地位。作为社会科学领域的专业学术出版机构，社科文献以建社 30 余年的发展历程所形成的特色优势为基础，探索智库资源产品与服务新模式，将出版社打造成中国最具影响力的人文社科学术资源整合、推广及专业知识服务平台。在"互联网＋"和大数据时代背景下，社科文献立足传统出版，发挥内容优势，充分运用新技术推动传统出版与数字出版的有机结合，取得了很大成就，并且在数字出版人才队伍建设方面经验颇丰。

一　社会科学文献出版社简介

社会科学文献出版社（简称"社科文献"）成立于 1985 年，是直属于中国社会科学院的人文社会科学专业学术出版机构。1998 年，社科文献提出建设"国内一流、国际知名"学术出版机构的战略目标，确立了人文社会科学学术出版的高端定位，开启了第二次创业之路。[1]建社以来，社科文献秉持"创社科经典，出传世文献"的出版理念，坚守"权威、前沿、原创"的产品定位，立足于中国人文社会科学界，面向海外学者与高端学术研究机构，致力于全球学术资源整合、学术产品研发和学术成果传播，走出了一条专业化、数字化、国际化、市场化齐头并进的发展道路。[2]

社科文献年出版图书 2000 余种，其中皮书 490 种，集刊 300 余种，并集中运营以中国社科院为主体的学术期刊 80 余种。多项成果入选国家级项目，多次荣获中国出版政府奖、中宣部"五个一工程"奖,"三个一百"原创图书出版工程等荣誉,入选中央和国家机关"强素质·作表率"读书活动的图书品种数位居全国各大出版社之首。[2]

社科文献全方位整合学术资源,融合发展水平处于行业领先地位。以皮书数据库为关键产品,打造出国内规模最大、最专业的智库分析报告出版与传播平台;以列国志数据库、国际组织数据库为基础,搭建了国内最大、最权威的国别区域与全球治理数据平台;以学术集刊与期刊为优势资源,建设学术论文出版平台;以学术文献为核心主体,构建大型学术文献资源整合优秀平台;以数据库内容为前提,以科研用户需求为导向,开发出学术科研新平台。通过平台建设,社科文献聚合了全国近 800 家智库研究机构、4.5 万名科研人员,为广大哲学社会科学工作者提供多元化的学术知识服务,打造学术共同体。

二 组织架构、体制机制和人才培养

(一) 组织架构[3]

社科文献的领导机构分为党委、纪委和经营管理委员会(改革与发展领导小组)。其中,党委、纪委下设工会、团总支和妇工委;经营管理委员会下设学术资源建设委员会、编辑工作委员会、考核与薪酬委员会、资产管理委员会、国际出版工作委员会、信息化工作委员会、设计工作委员会和市场营销工作委员会。

从部门划分来看,分内容部门、研究部门、市场营销部门和公服管理部门四个部分。

从合作公司来看,目前与社科文献合作的有北京绿坞文化有限公司、济南智泉文化发展有限责任公司、中安盟(北京)科技发展有限公司和斯维特出版社等。

(二) 体制机制

1. 体制机制的转变与创新

(1) 从事业单位到建立现代企业制度

社科文献最早是中国社会科学院直属的事业单位。1998 年"二次创业"

后开始转变观念，直面市场挑战。此后按照现代企业制度的要求，出版社在经营机制、管理体制、业务流程、组织结构、绩效考核和人事制度等各方面进行了全面的改革。2010 年，社科文献完成转企改制。[4]

（2）构建以经营管理委员会为核心的管理体制

如今，社科文献已经建立起适应市场竞争环境的现代出版企业法人治理结构。经营管理委员会的设置大大提升了出版社的经营管理水平，为进一步改革与发展注入了更多活力。

社科文献出版社通过建立和完善董事会、经营管理委员会和监事会的议事规则和工作流程，形成党委把握导向，董事会制定决策战略，经营管理委员会负责生产经营，监事会、纪委和工会实施监督和约束的领导机制，建立了科学高效的决策、执行和监督工作体系，推进现代出版企业法人治理结构规范运作。同时，对条件成熟的业务，通过资本合作、技术合作、项目合作、商业模式创新等多种手段，建立合作公司，加大对外股权合作探索力度，形成"一社两制""一社三制"的制度设计，推动出版社全面转制。[5]

（3）实行以出版分社为核心的运营机制

社科文献曾长期以"社长负责制"为基础，实行以"社长办公会""社务委员会"参与经营管理的集体领导模式。2004 年底，出版社开始实行事业部制，按照"量化管理、绩效考核、成本包干、部门核算"的改革原则，编辑部门开始独立策划选题、核算成本、考核利润，建立企业内部的优胜劣汰机制。[4]从 2011 年起，各编辑部门逐步向出版分社（中心）过渡，当前已有皮书出版分社、人文分社、城市和绿色发展分社、群学出版分社、甲骨文分社、历史学分社、期刊分社、国别区域分社、集刊分社、北京社科智库电子音像出版社、社会政法传媒分社、经济与管理出版分社、马克思主义出版分社（当代世界出版分社）、国际出版分社、数字出版分社、教育分社和联合出版中心。社科文献还参照公司财务管理运行机制，实施全面的预算管理制度，建立健全内部约束机制。

2. 内容生产与学术合作机制

（1）专业化的学术生产机制

专业出版是社科文献的立社之本，社科文献的核心竞争力也正体现在国际水平的专业化生产机制上。

一是出版社内部细分程度高。社科文献重视专业细分，根据不同的专业学科与出版方向，设置出版分社（中心）；重视编辑细分，将编辑队伍分为组稿编辑、营销编辑、文稿编辑、技术编辑四大系列，实施分类管理[6]；执行编审分开，于 2015 年成立济南文稿处理中心，年接稿量已超过 600 种、2 亿字。

二是遵循严格的学术出版规范。社科文献是中国学术著作出版规范与标准的倡议者与制定者，代表全国 50 多家出版社发起制定学术著作出版规范的倡议，并承担学术著作规范国家标准的起草工作。

三是学术委员会提供权威保障。社会科学文献出版社第四届学术委员会共有 64 位委员，均为在国内外拥有高知名度、关注学术图书出版事业、能够为学术出版提供指导性意见的专家学者，其研究领域覆盖社会、文史哲、经管、政法、新闻传媒、国际问题等学科。[7]

（2）规范化的学术合作机制提升出版社的核心竞争力

对内，社科文献推进学术出版基地建设，搭建学术资源整合平台。

2014 年 10 月，《学术出版基地建设方案》正式颁布，学术资源建设工程开始全面推进，为出版社的长期发展提供了源源不断的动力与优秀资源。2015 年，社科文献着手《学术出版基地建设方案》《学术资源建设办公室工作职责及流程》《学术资源建设基金管理办法》《学术资源建设基金管理办法实施细则》等规章制度的制定或修订，组织完成 11 家学术出版基地的准入论证，并完成与华侨大学、广州大学、深圳大学、云南大学等 4 家基地的签约。

以出版平台建设为契机，社科文献出版社通过与地方社科院、高校共同举办学术会议的形式，构建起皮书年会、集刊年会、中国学术出版年会等不同类型的学术交流平台。

对外，出版社以合作出版、学术项目为基础，打造国际学术交流平台。

至今，社科文献通过共同策划和合作出版的图书超过 1000 种，入选国家社科基金中华学术外译项目、丝路书香出版工程项目以及经典中国国际出版工程项目的有 700 余种，连续多年被五部委认定为"国家文化出口重点企业"。同时，社科文献每年联合高校、媒体、科研院所等各类机构组织 200 余场学术成果发布会和研讨活动，产生 10 余万次媒体报道，参加百余场专业学术会议，数据库被包括海内外知名机构和一流大学在内的全球 3000 多家机构、院校使用。[6]

社科文献以作者为中心，通过多语种、多介质出版与传播实现学术成果价值最大化。目前已与全球 50 多个国家和地区的学术出版机构建立了制度化合作关系，努力打造国际学术交流平台，构建中国学术的国际话语体系。

3. 社会责任管理体系

社科文献按照 PDEI（Plan – Do – Evaluation – Improve）管理模式，有效开展社会责任风险识别工作，制定目标、指标和管理方案，落实各项流程。运用内部审核等方法寻找持续改进的路径，建立独特的社会责任管理体系，至今已发布 8 份企业社会责任报告。

社科文献的社会责任管理体系分为四个部分。[8]

一是策划：在出版社层面，各社会责任战略均委任 1 名业务责任人跟进，责任人监管活动的方向与进度，确保战略实现。

二是执行：七大社会责任战略由社内相关业务部门和责任人执行。

三是评价：通过专门的绩效考核指标进行监控与评价，并在全社范围内开展审核。

四是改善：社会责任委员会定期评审战略执行的绩效，根据评审结果制订计划，以改善七大战略的相关活动。

（三）人才培养

社科文献践行编辑是出版社的主体这一人才强社理念，在人才培养方面建立了独特机制。

1. 实行编辑分类管理

为与国际接轨，推动编辑专业化，2018 年社科文献开始实施编辑分类管理，将编辑队伍分为组稿编辑、文稿编辑、营销编辑、技术编辑四大系列，在此基础上对不同类型编辑分别进行培养和管理。目前，内容部门根据不同学科领域设立经济与管理、社会政法传媒、历史学、马克思主义等17 个出版分社（中心），更加凸显编辑分类管理的理念。[6,9]

2. 形成完善的培训制度，国内研修与国外交流相结合

从国内研修看，社科文献为社内人员提供了大量社外培训与社内培训机会。社外培训以中国出版协会、中国编辑学会等相关单位举办的各类培训为主；社内培训主要有社长和总编下午茶、导师小课堂、新编辑集训班、皮书编辑培训，以及生产运营中心、市场营销中心等举办的各类培训。

从国际交流上看，社科文献派遣员工参加各类国际书展和国际学术会议，拓宽了学术出版网络，强化了学术资源建设。例如 2018 年，共有 69 人次出访美国、新加坡、英国等 19 个国家和地区。

3. 首创"名编辑"工程，提倡编辑参与学术科研

原社长谢寿光同志表示，是否拥有一批领军编辑人才，是否拥有先进、科学配置的编辑队伍，是一家出版社的核心竞争力所在。[10]

"名编辑"工程是社科文献在行业内率先推行的高端人才评价及激励机制。2014年，社科文献制定《名编辑工程管理办法》[9]，启动"名编辑"选拔工作，最终选拔出4名在出版领域及学术界有突出贡献的"名编辑"。2018年5月，第二批"名编辑"评选工作启动，选拔出7名在学术出版领域贡献突出的"名编辑"。[11] 社科文献还提倡编辑参与学术科研，社内科研项目"人文社会科学学科评价研究报告"由15个学科分课题构成，全部科研任务均由出版社编辑承担，形成"编而优则研，研而优则编"的学术出版"旋转门"机制。[6,9]

4. 设置首席编辑岗位，打造最高专业任职岗位和编辑最高荣誉

2018年，社科文献发布《首席编辑岗位聘任管理办法》[12]，通过最高专业任职岗位的设立，有效激励编辑的创造性与积极性，打造出版社的编辑品牌。

5. 通过制度保障与"三个一批"，建设数字出版人才队伍

社科文献制定了中长期发展规划、年度改革发展方案、信息化与数字出版年度工作规划、信息化与数字出版岗位设置及薪酬激励方案等，通过《数字出版岗位设置及奖励政策》和《编辑分类管理办法》等制度保障鼓励人才的数字化转型。同时，通过"三个一批"发掘数字人才，即在业务、行政等部门转型一批优秀内部人才，从各大高校招聘一批优秀应届毕业生，以及引进一批技术公司及业内其他公司的领军人才。[13]

社科文献现已拥有一支以硕、博士为主体，坚持正确导向，专业能力过硬，覆盖内容、技术、销售、营销、管理五个系列，规模达70余人的数字出版和融合发展人才队伍。[14]

三 市场规模

作为人文社会科学专业学术出版机构，社科文献出版社多年来经历了从小到大，由默默无闻到成为知名大社的探索过程。除了做好、做精传统出版外，还一直致力于数字出版、国际出版等融合发展业务。细分产品和渠道作为社科文献出版社多年来实施的重要市场战略，在提高市场占有率上发挥了不可忽视的作用。具体表现为：严格施行专业、门店和定制三大产品类型定位，充分落实分类理念，即对每一类产品均展开分类管理、分类营销。

2014年，社科文献出版社馆配业务部成立，全面加强面向图书馆的专业服务，一举登上国内馆配市场的核心出版社清单，主要学科图书的市场占有率在出版社排名中名列前茅。在定制书上，出版社策划了系列救护主题图书，其中《市民安全救护手册》成为"江苏省政府为民办实事项目"定向采购教材，每年被采购近百万册。

2015年，社科文献出版社专业数据库的国内使用机构突破1000家，海外机构用户突破100家，在业内专业数据库产品中占有率排名首位。2016年，学术出版"走出去"方面：获得国家社科基金中华学术外译项目资助的品种数位居全国第一；39种图书入选丝路书香出版工程，获资助金额位居全国第一；4种图书入选经典中国国际出版工程；18种图书入选中国社会科学院创新工程；10种图书入选中国图书对外推广计划；成功注册俄罗斯分社——斯威特出版社；与德国施普林格出版集团合作出版的"中国梦与中国发展道路研究"系列在法兰克福书展上成功发布。

2017年，社科文献与欧美、亚太地区近40家出版机构共同签署了包括中华学术外译项目、丝路书香出版工程、经典中国国际出版工程项目等在内的140余种国际出版合同，向世界展现中国的哲学社会科学领域成就。

2019年，建成17个针对不同学科的分社（中心），标志着社科文献出版社的规模扩张和效率提升明显加速，更加凸显了内容生产的专业性。

四　发展成就

（一）学术品牌：以皮书系列为例

皮书作为一种连续性的、研究国内外现实问题的学术成果形式，已经成为一种独特的著作形态。社科文献出版社从1997年起开始出版皮书系列丛书，分为蓝皮书、黄皮书和绿皮书[15]，到2018年已出版皮书490余种，皮书成为社科文献出版社最响亮的图书品牌。

其中，皮书国际化是社科文献出版社打造皮书品牌的一个重要方式和手段。2006年，社科文献出版社与荷兰博睿学术出版社（Brill Academic Publishers，Brill）签署合作出版协议，合作出版"环境绿皮书"的中英文版。

第一本"环境绿皮书"的主题是"中国的环境危局与突围"。这是一本尝试从社会环保组织的视角与民间立场观察和研究中国环境问题的皮书。经过规范化运作，该书于 2007 年 5 月实现了全球发布、公开发行，开始了皮书国际化的历程。《环境绿皮书：中国环境发展报告》至今已经出版 10 部。

皮书品牌与国际出版商的强强结合，使得皮书国际化成为中国图书国际化的一种独特形式。除繁体中文本外，皮书还被翻译为英语、韩语、俄语、日语、僧伽罗语和阿拉伯语等版本。被翻译为英语版的皮书占全部外版皮书的近 60%。近年来，外版皮书逐渐拓展至一些小语种。例如，《西部地区发展：中国视角》被翻译为阿拉伯语输出到埃及，《电子政务蓝皮书：中国电子政务发展报告》《行政改革蓝皮书：中国行政体制改革报告》被翻译为僧伽罗语输出到斯里兰卡，这使得皮书国际化的范围进一步扩大。目前，共有 200 余部皮书实现了国际化。一些优质皮书实现了多期国际化出版，甚至是连续多期出版。除传统优势皮书外，近年来，《法治蓝皮书：中国法治发展报告》《印度洋地区蓝皮书：印度洋地区发展报告》《气候变化绿皮书：应对气候变化报告》等成为海外读者关注较多的皮书品种。

从皮书系列还衍生出其他大型丛书。"中国梦与中国发展道路研究"丛书就脱胎于皮书系列，是由社科文献出版社自主策划并与德国施普林格出版集团合作出版的大型项目。它对中国经济、社会等各个领域进行了全面、系统的实证研究，同时分析并展望中国未来的发展道路。该丛书包括经济、社会、政治、法治、文化、生态等六大系列，共 52 种图书，全方位展示了中国梦与中国发展道路。[16]

（二）国际出版

社科文献出版社的国际出版业务历经 20 余年的探索与发展，至今已与欧美、亚太地区近 40 家出版社和学术文化机构建立了长期稳定的合作关系，累计输出图书 1000 余种，涉及近 30 个语种，其中 95% 以上的图书获得了翻译资助。

目前，社科文献出版社已在俄罗斯成立了分社、在马来西亚成立了编辑部，搭建了"中国社科图书俄语地区数字传播平台"。通过国际出版、学术交流、成果发布和国际书展等多元化的方式，社科文献出版社向世界展示了中国学者的学术水平和研究成果，提升了中国学术的海外话语权。[17]

（三）数字出版

社科文献出版社早在1999年就开始了信息化建设工作的探索，并顺应数字出版潮流，在业内率先大力发展数字出版。多年来，始终以改革发展为动力，以学术资源建设为中心，以构建智慧型出版社为主线，积极推进数字化转型升级工作，并推动传统出版和新兴出版的融合发展。

五　社会科学文献出版社主要的数字出版产品和服务

社科文献出版社目前提供的主要数字产品和服务有：专业数据库、定制学术科研服务平台、智慧出版服务和电子书等。出版社全力打造中国发展与中国经验、国际国别问题研究、中国乡村研究、古籍与大型历史文献四大数字产品线。拥有10余个自有数据库品牌的开发建设经验，同时与高校和科研院所合作开发综合数据平台和数据库，也对人文社会科学领域珍稀的独特资源进行抢救性开发，搭建共享平台，充分展示了社科文献出版社的专业学术出版能力。

部分数字出版产品和服务的具体情况如下。

（一）自有数据库及数据平台[18]

1. 中国发展与中国经验产品线

（1）皮书数据库

皮书数据库是以皮书系列专业研究分析报告为数据基础的智库成果整合与知识服务平台，搜集、整合反映国际国内发展动态的学术文献、调研数据和媒体资讯等，以学术研究为脉络展开，建构起中国经济发展、社会发展、区域发展、行业发展、文化传媒发展及世界经济与国际关系六大子库产品。追踪社会热点，持续推出学术专题，依托皮书研创力量建设学术共同体，深度、专业地分析解读当今国际国内局势与经济社会发展现状，分析、展望未来趋势。[19]

该数据库于2008年立项，2009年5月31日在文博会7号馆正式发布。皮书数据库（一期）于2010年全部建设完成。[20]2011年3月17日，皮书数据库（二期）正式发布，增加了跨库全文检索、多维检索呈现、资源整合平台、学术交流社区等新功能。[21]2014年5月，新版皮书数据库（三期）上线，将中国皮书网与皮书数据库合并，基于"皮书研创出版、信息发布与知识服务平台"的基本定位，围绕"存量＋增量"的资源整合、资源编辑标引体系建设、产品架构设置优化、技术平台功能研发等方面，打造了全新的皮书综合门户平台。2017 年，社科文献出版社顺应移动互联网的强劲发展势头，策划推出了第一个 App 产品——皮书数据库 App。[22]皮书数据库荣获"2012～2013 年度数字出版·优秀品牌"奖、"搜索中国正能量 点赞 2015"科技创新奖等奖项。

在数据库销售方面，皮书数据库是目前销路最广的数据库。其用户遍布全国 20 多个省（区、市），国内使用机构超过 1000 家，海外超过 100 家。其中，北京大学、中国人民大学、复旦大学、首都师范大学等全国重点院校，哈佛大学、牛津大学、耶鲁大学、普林斯顿大学等世界知名院校，都是皮书数据库的忠实用户。[23]

（2）减贫研究数据库

减贫研究数据库是中国减贫研究的学术成果库和基础资料库。它作为"十三五"国家重点电子出版物出版规划项目，是全球首个减贫学术研究成果聚合、发布和推送平台，也是目前国内唯一的减贫类数据库。[24]

数据库下设学术研究库、减贫档案库、政策资讯库 3 个一级子库，收录贫困研究模型、国际减贫等学术资源，提供 832 个国家扶贫重点县及 14 个连片特困区的资料汇编、中外减贫案例及分析、减贫数据图表、灾荒与减贫文献、减贫视频等研究档案，汇集国家及地方减贫政策文件、减贫动态、专家观点等资讯。减贫研究数据库还与中国扶贫发展中心、中国扶贫基金会等机构深度合作，全面整合国际国内关于减贫研究的学术文献、媒体咨询等，面向全国各大小行政机关提供相关的基础资料与理论文献。[25]

（3）京津冀协同发展数据库

京津冀协同发展数据库以《京津冀协同发展规划纲要》为主线，以社内外主题研究资源为主要内容，分析京津冀三地的发展现状与整体布局，详解未来三地的发展路径。同时，汇集长三角、珠三角等其他城市圈建设的相关资源作为借鉴，是有关京津冀协同发展极其重要的、最有深度的学术资源聚集平台。

该数据库的主题资源涵盖图书、报告、数据、资讯等类型，是汇集京津冀三地发展历史、发展现状、发展数据、政策文件、前沿资讯的基础资料库，也是整合最新学术研究成果、一线专家观点的学术成果库。目前有 7 大子库："3J"资讯、热点聚焦、协同发展现状、协同发展布局、协同发展路径、专题研究、他山之石。

依托数据采集系统，京津冀协同发展数据库采集、整理网络数据及新闻资讯，结合库内一手调研数据及学术资源进行比对分析，生成综合数据、可视化图解等内容，丰富了数据库的内容体量及资源展示形式，弥补了学术研究在关键领域、数据完整性等方面的不足。[26]

2. 国际国别问题研究产品线

（1）"一带一路"数据库

"一带一路"数据库于 2015 年 6 月正式发布。它是依托中国社会科学院丰厚的学术研究实力和研究成果，立足于人文社科领域优质的学术资源和作者资源，全面整合国内外"一带一路"智库研究成果搭建的国内首个"一带一路"国家前沿战略支撑平台。

该数据库全景式介绍"一带一路"沿线国家和地区的国情、基础设施、经济发展、资源环境、历史文化等，是权威、专业的"一带一路"研究基础资料库、学术参考库和投资指南库。数据库包括三大主题出版、九大热点专题内容和八个子库。

三大主题出版包括："一带一路"国别研究系列；"一带一路"主题研究系列；"一带一路"年度报告系列。

九大热点专题包括："一带一路"与大国地缘战略；"一带一路"沿线的区域合作机制；"一带一路"与互联互通；"一带一路"的能源问题；"一带一路"安全问题及反恐合作；"一带一路"沿线国家及省域政治、经济形势概况；"一带一路"与文化交流；"一带一路"沿线各国社会习俗与宗教信仰；古代丝绸之路研究等。

八个子库包括专题研究、战略研究、国家库、省域库、丝路数据、实践探索、投资指南和特色专题。

（2）列国志数据库——国别区域与全球治理数据平台

国别区域与全球治理数据平台（列国志数据库）于 2014 年 6 月正式上线，关注国别区域这一新兴学科，围绕国别与区域研究、国际组织与智库等学术领域，整合一手数据与前沿学术成果，文献量达 30 余万篇。该产品可提供信息资源搜集与获取、成果发布与传播等学术服务，很大程度上可助力国别区域学科发展、新型智库建设与国家对外战略服务。

平台包括七大基本子库。

一为国别研究数据库。下设国家库、国际议题库、数说列国三大子库。其中国家库以国家为单位，对全球各国基本情况与研究分析报告等进行全面搜集与整理，设有历史、政治、经济、文化、军事、外交、社会专题，以可视化方式对各国基本形象进行展示。

二为区域研究数据库。该库以国际区域为单位，已建设完成拉丁美洲研究、中东欧研究、中亚研究等12大子库，共计200余个专题。

三为国际组织数据库。该库2018年10月23日正式发布。下设组织名录、研究成果、组织文件子库。其中，组织名录已收录全球国际组织超7000个，汇总全球国际组织基本信息，并按区域或主题进行分类，可通过"中文名""成员国"等关键词进行快速检索；组织文件子库已采集国际组织发布的文件20余万个，涵盖条约、协定、决议等多种类型。

四为全球智库数据库。下设智库名录、海外中国学、智库成果三大子库，收录近5000个全球智库，以及367条海外中国学研究机构的基本信息、上万篇智库科研成果报告。

五为学术专题数据库。该库围绕国别区域问题的科研需求，紧跟科研热点，在收录全球媒体研究、全球医疗与公共卫生研究、全球科技研究等知识库的基础上，不断推出全新子库，持续为用户提供前沿学术成果。

六为学术资讯数据库。下设学术会议、专家学者、科研机构三大子库，提供各类实用资讯。

七为辅助资料数据库。下设列国有声、档案文献、数据图表三个子库。

此外，国别区域与全球治理数据平台还支持定制子库，通过个性化定制服务满足用户的各类需求。

3. 中国乡村研究产品线

（1）张乐天联民村数据库

张乐天联民村数据库是目前全国唯一一个拥有详尽村庄历史档案资料的数据库，它运用数字化技术展现了一个中国普通行政村落的政治、社会、经济和文化生活的清晰图景及发展变迁情况。

此数据库是社科文献联手复旦大学社会学系教授张乐天，基于张教授收集整理的浙北联民村村落原始档案、历史文献刊物和多次实地社会调查数据资料而全力打造的专业学术数据库。内容包括1954～1982年多达140万字的村干部工作笔记、2.5万张村庄档案扫描图片、100多份影像资料、800多个访谈音频记录和1000多份图表及说明。资料的内容详实、类型丰富。该数据库以内容为核心下分六大子库：户籍人口、会计档案、生产数据、文献资料和多媒体。

2018 年，张乐天联民村数据库成为社会科学文献出版社在海外重点部署的产品之一。[27]

（2）乡村研究数据库

乡村研究数据库全库于 2020 年下半年上线，其中村落调查研究数据库和县市调查研究数据库于 2020 年 1 月份正式上线。

该库聚焦相关研究成果，整合调查资料，解析"三农"问题。它以社科文献出版社有关"三农"问题、城乡关系、民族地区和海外乡村研究的学术资源为主体，整合社内外县域和村落调研课题资源，搭建了"三农"研究数据库、村落调查研究数据库、乡村振兴研究数据库和县市调查研究数据库四个子库。收录调查报告、调查数据、地方志、民间文书、官方文件、口述资料等出版与未出版的资料，包括图书、文章、政策文件、资讯、图片、音频和视频等资源形式。调查时间自 20 世纪 80 年代开始，内容时间从 1930 年至今。至 2020 年，该库已收入 2700 余本图书，6.6 万篇文章，共 16 亿字。[28]

4. 古籍与大型历史文献产品线

该产品线包括台湾大陆同乡会文献数据库、西南边疆历史与现状综合研究数据库以及中华法律古籍基本库、抗战专题数据库。

（1）台湾大陆同乡会文献数据库

台湾大陆同乡会文献数据库于 2016 年下半年发布，汇集了 1949 年后台湾大陆同乡会组织创办的 100 余种、10000 多期、约 6 亿字的同乡会文献资料。这些文献包括 1949 年后中国大陆赴台人员撰写的人物回忆、纪念文集、历史掌故、家乡礼俗、艺文时评和学术论文等。

1949 年前后，赴台定居的国民党党政军人士、学生以及文教界人士，先后成立了数百个同乡会组织。这些同乡会组织多设有文献社，创办期刊以维系同乡感情，保存地方文献，促进两岸交流。期刊文章内容包括民国人物回忆、方志资料、同乡会资料、两岸交流记录等，是两岸文化同根同源的明证，涉及政治、经济、文化等诸多方面，具有较高的史料价值和文献价值。

数据库以省份为基本单位，建设不少于 19 个子库，并从期刊纵览、主题聚焦、特色专题、同乡会、学术委员会五个维度对同乡会文献资源进行整体展示和分类展示。该库多角度真实展现了赴台人员的所见、所闻、所为、所感，为中国近现代史、区域史和两岸关系研究等提供新史料和新视角。[29]

（2）西南边疆历史与现状综合研究数据库

西南边疆历史与现状综合研究数据库，依托中国社会科学院创新工程学术出版资助项目、国家社科基金特别委托项目、全国哲学社会科学规划办公室委托中国社会科学院科研局组织管理研究的"西南边疆历史与现状综合研究项目"成果，该项目计划出版图书100余种。其中，"研究系列"主要对西南边疆地区的文明起源与地方史研究、民族研究等六大研究专题进行策划与发布。"档案文献系列"则对西南地区的古今档案文献进行整合汇编，史料涉及边界划分、边疆管理、经济社会变迁等多个方面。[30]

5. 其他

集刊全文数据库是中国第一个也是唯一一个专门以学术集刊资源为基础的专业数据库，致力于打造中国最大的学术集刊发布和交流平台。

该数据库全面整合社会科学文献出版社已出版的所有集刊内容资源，并依托中国集刊年会、中国集刊网，集资讯、图书、论文、图片、图表、视频等资源于一体。集刊的作者大多是中国社会科学院或其他国内一流研究机构和高等院校的权威专家学者。目前，集刊数据库共收录395种集刊、2700多种文集、95000多篇文章。其中，CSSCI来源集刊11种，中国社会科学院各所、研究室、学者主编的集刊约40种。集刊分宗教哲学、经济管理、社会政法、文化传媒、历史地理、语言文学六大类，内容涵盖哲学、经济学、社会学、政治学、法学、历史学、地理学、语言学、文学等多个学科，多维度展示当今中国人文社会科学领域的重要研究成果。[31]

（二）与高校和科研院所合作定制学术科研服务

1. 搭建学术科研服务平台

社会科学文献出版社依托权威的专家学者团队、强大的学科编辑力量、专业的内容资源积累和覆盖国内外的学术推广渠道，为人文社科学术科研用户量身打造数字化"学术厨房"，提供包括基础资料支持、学科知识服务、学术成果推广和科研辅助等在内的一整套学术服务，搭建了科研人员及机构的学术成果发布和学术交流平台。

（1）"一带一路"上的文化：中阿文化交流数据库

该数据库于2015年12月3日在北京启动，是目前国内第一个也是唯一一个收集中国与阿拉伯文化交流信息的数据库，依托中国社会科学院相关学术研究与"阿拉伯国家文化研究"丛书等优质内容资源，是中阿文化交流与传播重要的窗口。

该数据库主要包括"一带一路"文化、阿拉伯国家孔子学院、宁夏区域文化海外传播与中阿文化交流四大库，下设 12 个一级子库、53 个二级子库，全面展示了中国与"一带一路"上阿拉伯国家的文化交流成果，为中外政府、企业、高校等提供信息服务和决策参考。[32]

（2）"一带一路"语言状况与语言政策大数据平台（宁夏大学）

宁夏大学倾力推出的"'一带一路'上的语言"系列学术丛书，以"一带一路"沿线国家的语言情况与政策为研究重点，涉及各国语言状况、语言政策、语言教育及对中国的启示等内容，通过搭建"一带一路"沿线主要国家和地区语言及语言政策的数据库平台，为政府和企业提供决策参考。

"'一带一路'国家语言状况与语言政策" 2015～2019 年已出版三卷。[33]

（3）太平洋岛国研究智库平台（聊城大学）

太平洋岛国研究智库平台，是国内首个关于太平洋岛国研究的资源整合、成果发布与合作交流平台，于 2017 年 9 月发布。社科文献出版社与聊城大学的合作始于新版《列国志》太平洋岛国系列，在此基础上形成了包括集刊、皮书、数据库在内的全方位合作体系，最终推出"太平洋岛国研究智库平台"。

太平洋岛国研究智库平台包括岛国资讯、国情纵览、专题研究、学界信息、研究文献五个部分，下设 5 个一级子库、27 个二级子库。"岛国资讯"和"学界信息"集中采集太平洋岛国相关时政新闻与学界动态；"国情纵览"全面介绍 14 个太平洋岛国的基本国情与最新发展；"专题研究"围绕热点问题整合资源、展示成果；"研究文献"则网罗全球文献资料。[34]

（4）大运河文化带数据库暨大运河文化数据平台（扬州大学）

"大运河文化带数据库"由扬州大学与社会科学文献出版社合作建设，依托扬州大学中国大运河研究院、大运河文化带建设研究院扬州分院等科研院所，是大运河文化资料搜集、研究与利用的基础性工程，于 2019 年 6 月在扬州启动。

"大运河文化带数据库"的建成，是扬州大学深入服务于大运河文化带建设的重要举措。项目一期将建设七个专题数据库，即资讯库、学术库、市域库、专家库、世界库、特色库、政策库。该数据库立足扬州和扬州大学，服务于大运河文化带建设，本着先做好顶层设计再分步实施的原则，与沿大运河地区的政府、高校、社会组织共建共享，最终建成开放、实用的大运河文化数据平台。[35]

（5）中华文化发展智库平台（湖北大学）

2018 年 9 月，"中华文化发展智库平台"一期项目建设成果发布。该平台主要聚焦于中华文化发展的优秀成果、深化文化体制改革、提升国家文化软实力等方向的研究，整合国际国内的相关基础数据、媒体资讯、专家成果等资源，建成基础研究资料库。[36]

在平台一期项目建设基础上打造的"文化发展智库支撑平台"，入选文化和旅游部"2018 年度国家文化创新工程项目储备库"，2019 年入选"中国智库索引（CTTI）最佳实践案例"。[15]

（6）先晓书院

先晓书院于 2020 年 1 月由查思客学术数字服务平台迭代而来。它是由社会科学文献出版社主办的，集电子书、音视频资源于一体的数字化学术服务平台，以有声书、视频、热点专栏、话题讨论等前沿、丰富的形式和内容搭建起全新的学术交流与共享空间。[37]通过电子书城，读者可以购买到出版社新书的电子版本，实时更新自己的阅读动态，其他读者可以点赞、评论，进行互动。同时，先晓书院的运营方会定期通过选登优秀来稿、选摘电子书片段的方式更新"先晓专栏"，频率为 7～14 天一推，以促进读者阅读思考，增加电子书的曝光度。所有被选中的稿件将获得运营方赠送的超值福利。

2. 定制子库

社会科学文献出版社基于专家系统的资源动态重组方法，实现多粒度知识资源根据不同分类、不同行业、不同学科、不同地域和不同时间等的整合。可根据用户的个性化需求，定制开发数据库产品，为用户研究、学习提供资源支撑。目前已有的定制产品包括旅游发展专题库（上海旅游专科学院）、陕西社会经济形势专题库（西安工程大学、西安科技大学）[38]、中国国家公园与世界遗产数据库（中山大学）、中国旅游与酒店投融资数据库（中山大学）、东盟可持续旅游观测点数据库（中山大学）、非物质文化遗产保护与研究数据库（中山大学）、中国俗文学文献数据库（中山大学）等。

（三）智慧出版服务

社科文献出版社通过模板工具赋能、知识赋能和协同赋能的方式，构建了十余种智慧出版服务：①智能机器人服务；②多语学术服务平台；③学术会议服务；④学术出版评价系统；⑤学者与文献标识服务；⑥统一用户管理平台；

⑦用户行为分析系统；⑧数据库产品运营服务平台；⑨内容资源管理平台；⑩领域词表工具；⑪知识发现系统；⑫智慧出版平台；⑬数据仓库及数据分析平台。[14]

（四）电子出版物

社科文献出版社开展电子书业务的时间较晚。2014 年，第一批电子书在 Kindle 上线，标志着电子书业务正式开启。2015 年，社科文献出版社与亚马逊数字平台进一步互动和积极营销，到 2016 年 2 月，在亚马逊平台上线 1500 种图书，销售收入较初期也大幅增长。社科文献出版社还与豆瓣、掌阅、得到等展开合作，并且积极与斯麦尔、汉王等技术公司长期合作，形成了自己的数字化加工标准和流程。通过与技术公司沟通，制作出各数字平台所需的电子书阅读格式，如 ePub、Word、XML、mobi、TXT、PDF 等，方便读者使用。2019 年，纸电同步有效提升了社科文献出版社图书的传播力度，提高了单品种绩效。例如，《西方通史》纸电同步上市，电子书在亚马逊 Kindle 平台一日销售 500 余册，进入 Kindle 电子书销售榜前 50 名。2020 年，经济蓝皮书进入 Kindle 电子书销售榜前 20 名，并且成为 Kindle 纸电同步推广学术图书的经典案例。2019 年世界读书日期间，《凯撒》在得到 App 进行电子书首发，一周之内销售逾 5500 册，同时带动了纸质书市场的同步增长。

六　数字出版发展历程

从 1999 年起至今，社科文献出版社以专业出版为突破口，以内容资源整合数字出版，实现传统出版与数字出版的互动和补充。从 SSDB 光盘电子书到 SSDB 资源库、远程教育（E－learning）、数据库，再到融合发展、智慧出版，社科文献出版社在数字出版大潮中探索了一条数字化生存之路。

（一）1999～2002 年：数字出版准备阶段

社科文献出版社于 1998 年正式成立电子音像部，专门负责数字出版工作。1999 年，自主开发了第一代网站系统。2002 年，成立信息化小组，后来发展为信息化工作委员会，负责所有数字产品的选题策划及出版社信息化建设，指导出版社的数字出版工作。

（二）2003～2008 年：数字出版探索开发阶段

2003 年，社科文献出版社首次在品牌图书皮书系列中附赠皮书光盘。2003 年 12 月，皮书首次推出数据库光盘（SSDB），随 2004 年经济蓝皮书和 2004 年社会蓝皮书免费赠送。此后，每本皮书均免费附带光盘。光盘不断升级，实现了不同年份图书内容的智能累加与检索，大大提高了皮书使用的便捷性。数字出版的效益开始显现。

2004 年，正式开通电子商务，SSDB 升级为 2.0 版本，使对图书数据库的客户进行管理与服务成为可能。2005 年，中国皮书网（www.pishu.cn）开通，为皮书的编创、出版、信息发布、媒体报道、读者查询和购买等提供了一个全方位的服务平台。同年，社科文献出版社还研发出 SSDB 古籍数字出版系统，解决了长期困扰古籍出版的造字问题，使古籍数字化成为可能。此后，又逐步开发了《康熙字典》《说文解字》等古籍数据库。

2007 年，开始建设数字出版平台，SSDB 由光盘版全面升级至网络版，先后推出 SSDB 皮书数据库、SSDB 列国志数据库、SSDB 古籍数据库等数字化产品。

2007 年底，电子音像出版社作为社科文献出版社下属的专门出版机构，正式独立运行，并逐步形成独特的产品模式及市场运作方式。2008 年，数字出版中心成立。

2008 年 4 月，社科文献出版社的中国社工教育网平台开通了远程教育系统，网站制作了一部分视频资源，在线上和线下形成互动出版。至此，社科文献出版社具有了电子书、数据库、E-learning 等三种数字出版产品形式，也是国际公认的当时最成熟的三种数字出版形式。

（三）2009～2012 年：由传统纸质出版商向内容服务商转变阶段

2009 年，皮书数据库正式上线销售，打开了社科文献出版社数字出版的新局面。同年，OA 办公自动化系统、人力资源管理系统正式投入使用，官方网站、英文网站以及中国皮书网改造升级，连同出版社的 ERP 系统形成了一个有机整体，使得信息传递更为便捷，电子商务功能大大增强。2011 年 3 月，由中国社会科学院调查与数据信息中心、社会科学文献出版社联合主办的中国社会科学院数字出版平台暨皮书数据库（二期）正式发布上线。这一阶段，社科文献出版社以数据库为基础，形成了涵盖纸质图书、电子书、多媒体等载体形式的出版格局。

（四）2013 年至今：智慧出版阶段，由内容提供商向知识服务商转变

2013 年以来，社科文献出版社的信息化进程加速推进，用数字思维改变传统工作模式，以信息化挖掘潜在的内容价值，传统出版在信息化与数字化转型方面有了长足发展，出版社全面开启了智慧出版之路。

1. 智慧出版 1.0：2013 ~ 2014 年，信息化制度建设

从 2013 年开始，社科文献出版社信息化工作委员会不断推进数字出版相关制度的建立，在信息化制度建设上大踏步前进。

一是制订战略发展规划，全方位实施信息标准化建设。2013 年 7 月，正式颁布《出版社信息管理办法》，发布《社会科学文献出版社系统信息规范》。2014 年 10 月，制定了《社会科学文献出版社特殊时期网站信息安全应急预案》，颁布了《社会科学文献出版社数字出版战略规划（2015 ~ 2020）》。2013 年，在行业内率先启动信息标准工程，开展基础信息整合共享和信息标准化工作，从术语标准、数据元标准、分类编码标准、系统规范、管理规范等方面逐步推进，实现多系统间信息的有效交换和使用。

二是多平台全方位建设，全速建成变革式企业门户。2013 年 10 月，启动自主研发的综合信息管理平台建设项目；2014 年 5 月，完成舆情监测系统一期项目，6 月完成内容资源数字化管理平台的验收，8 月启动皮书研究院"智库"平台项目建设，10 月启动图书馆馆配管理系统项目建设，实现从内容信息到数据信息、从舆情监测到智库分析的多个业务流贯通。2014 年 11 月，完成 OA 协同办公管理平台的升级改造工程，全方位实现无纸化办公和智能化办公。

三是构建企业级数据仓库，全力提升站群用户体验。2013 年出版社着手构建数据仓库，整合社内多个业务系统的数据，建立 BI 决策分析系统；同年，开始电子商务网站站群的改造工作，获得业界四项荣誉和表彰，还发布了升级改版后的社官方网站。

四是立足专业出版，全面数字化管理内容资源。2013 年，修订并颁布了《电子书经营与服务管理办法》，理顺电子书出版工作流程；制定了《数字内容资源管理办法（暂行）》，使数字内容资源管理更加规范化。2014 年，新版皮书数据库及列国志数据库全面发布上线，社科文献出版社部署了期刊系

统、集刊在线投稿系统建设，开发建设了皮书评价数据库，升级了皮书媒体监测系统，实现出版社内容资源的全面数字化管理。2014 年 8 月，社科文献出版社参与国家新闻出版广电总局出版产品质量监督检测中心"出版物鉴定技术标准与规范研究项目"，承接并完成了《数据库出版物质量检测方法》的测试验证工作。2013 年 9 月，举办首届出版社数字产品营销论坛。2014 年 8 月，举办首届数字产品营销代理商会议，确立了社科文献出版社在数字产品领域的领导地位。[39]

2013～2014 年是社科文献建设智慧出版社的第一阶段，在《社会科学文献出版社企业社会责任报告（2013～2014）》中发布《社会科学文献出版社数字出版战略规划（2015～2020）》，明确以"学术中国，智慧出版"为引领发展信息化与数字出版工作，带动智慧出版建设进入新阶段。

2. 智慧出版 2.0：2015～2017 年，融合发展之路

在这一阶段，社科文献出版社以《社会科学文献出版社数字出版战略规划（2015～2020）》为指导，围绕国家哲学社会科学发展战略，顺应时代发展趋势，全面发挥信息化与数字服务的优势，打造智慧型出版社。

2015 年，社科文献出版社数据库平台建设日臻成熟，专业数据库的学术影响力和社会影响力突显。出版社先后成为国家新闻出版广电总局全国第二批数字出版转型示范单位、国家数字复合出版系统工程应用试点单位、专业数字内容资源知识服务模式试点单位，在既有数据库产品的基础上，形成了以核心资源和重点项目为主的数据库产品群和数字出版体系。发布"一带一路"研究成果与专题数据库，与宁夏大学合作共建阿拉伯问题研究国别基础库及中阿文化交流数据库，翻开向专业知识服务商转型的新篇章。依托列国志数据库为中国银行定制出版了"文化中行"系列图书，开启融合发展新模式。此外，通过打造以皮书为代表的智库产品，积极参与中国特色新型智库建设。[40]

2016 年，社科文献出版社开启融合发展创新之路，正式成立融合发展办公室，全面推进智库报告传播出版平台、国际国别问题研究出版平台、学术论文出版平台、学术文献资源平台、学术传播平台、国际出版平台、学术规范及学术评价平台等八大平台建设。首发"皮书数据库影响力指数"，发布减贫研究数据库、台湾大陆同乡会文献数据库，与国家信息中心签署关于联合推进"一带一路"大数据平台建设的战略合作协议。在"互联网＋"和大数据的时代背景下，社科文献出版社定制打造集数据平台、纸质出版、学术传播、国际推广于一体的全产业链知识服务体系，实现传统出版与数字出版的有机结合，提升科研机构和专家学者的学术话语权及学界影响力。[14]同年，集刊运营中心正式成立，统筹集刊出版流程，修改集刊出版规范，开发出投约稿评审系统，与数字出版分社协作优化中国集刊（库）。

2017年，社科文献出版社继续以构建"智慧型出版社"蓝图为指导，推进大数据平台建设，并积极构建综合知识服务平台。2017年，《融合发展项目工作手册》为融合发展工作指明了方向，在巩固已有数据库产品市场的基础上，全面提升科研服务的能力和水平，成功签署9个数据库与科研服务平台项目，并有5个上线发布，不断推动由传统出版向知识服务转型。2017年，全年数字出版收入超过2000万元，形成了数据库、电子书、科研服务平台的产品群和比较稳定的盈利模式。[14]

2018年，社科文献出版社进入融合发展全面转型期。"智慧型出版社"是推动融合发展的整体架构和思路，包括"智慧出版"和"智慧学术"两大板块，全面提升编辑出版效率，为学术界和用户提供全面的知识服务，最终形成面对用户和学者的完整知识服务链条和生态。其中，"智慧学术"建设的一个重点是打造学者服务平台，出版社通过打造学者ID（SSAP ID），对接国际相关渠道。社科文献出版社是国内第一家与ORCID（开放学者身份标识符）签订战略合作协议的出版社。"智慧学术"建设的另一个重点是提供特色学术服务，包括多语种人文社科学术服务、数据出版服务、学术大数据采集及分析服务、学术知识组织体系与知识图谱构建服务等。[41]

3. 智慧出版3.0：2020年全面启动"智慧七化"

继2014年实现智慧出版1.0和2017年实现智慧出版2.0之后，社科文献出版社在2020年全面启动智慧出版3.0建设，积极探索新兴技术应用。以业务主体为中心，以赋能为基本思路，通过推动"智慧七化"（互联网化、流程化、数据化、移动化、知识化、协同化、智能化）建设，在互联互通互操作的基础上，重点打造集知识服务与学习于一身的出版服务平台，推动基础知识库的建设。采用智慧机器人和统一服务机制，探索垂直学术服务生态，将市场环境与动态变化情况提供给用户主体，推动出版社高质量可持续发展。[42]

2020年1月9日，社科文献出版社与中国国际图书贸易集团有限公司、中国教育图书进出口有限公司在京举办数据库产品海外销售代理合作签约仪式，开展全面战略合作，翻开数据库海外销售的新篇章。

2020 年 4 月 1 日，社科文献出版社正式加入 CARSI 联盟，该联盟是中国教育和科研计算机网统一认证与资源共享的基础设施，皮书数据库、减贫研究数据库、京津冀协同发展数据库、国别区域与全球治理数据平台、"一带一路"数据库、乡村研究数据库、台湾大陆同乡会文献数据库、集刊全文数据库等 8 个数据库产品被正式列入 CARSI 资源清单，服务于广大高校师生。

七　结语

社科文献出版社是国内探索数字化转型最早的出版社之一，从传统纸书出版到线上内容发布，从内容提供商再向知识服务商转变，其获得的发展成就值得传统出版社借鉴。

首先，社会科学文献出版社坚持理念先行，打造为数字出版服务的体制机制。通过其制定中长期发展规划、年度改革发展方案、信息化与数字出版年度工作规划、信息化与数字出版岗位设置及薪酬激励方案等可以看出，出版社为了实现数字化转型，需要做好顶层设计和制度配套，充分做好理念的传达，调动员工参与的积极性。在全社层面，从发展规划、体制机制改革、组织管理及机构设置、转变考核方式等多个方面为数字出版的发展保驾护航。

其次，该社立足优势，建立了全产业链知识服务体系。作为人文社会科学领域的专业学术出版机构，社科文献出版社以建社 30 余年来所形成的特色优势为基础，探索智库资源产品与服务新模式，努力将出版社打造成中国最具影响力的人文社科学术资源整合、推广及专业知识服务平台。在全媒体、"互联网 +"和大数据的技术变革背景下，坚定以传统出版业为立足点，充分发挥自身的内容优势，使新技术与出版业务相结合，打造全产业链知识服务体系。通过推出专业、高质量的产品与开拓多维度的宣传传播渠道，提升自身在业界的影响力与话语权。

再次，在编辑队伍方面，社科文献出版社坚持人才立社，鼓励编辑数字化转型。对于出版社来说，数字人才是数字化转型的基石。出版社一方面吸纳新的数字人才，另一方面也鼓励传统内容部门积极开展、参与数字出版项目，不断优化内部交流规则，通过跨部门业务合作及人才交流，培养和激励年轻编辑成长，拓宽发展路径。

最后，从整体来看，社科文献出版社将经济效益和社会效益并重，重视数字出版的成果转化收益。不断探索智库资源的产品化、商业化运作新模式；以用户和市场需求为导向，不断深化对用户及市场的调研分析，指导产品建设；以促进销售为目标，做好数据库的迭代升级，重点开发数据类资源，提升产品的精准知识服务能力。通过在营销上的进一步细化，推动优秀数字出版成果转化为实际收益。

参考文献

［1］《社会科学文献出版社大事记》，社会科学文献出版社官网，https：//www. ssap. com. cn/c/2011 – 04 – 06/1009779. shtml。

［2］社会科学文献出版社官网，https：//www. ssap. com. cn/gywm/bsjs/。

［3］社会科学文献出版社官网，https：//www. ssap. com. cn/gywm/zzjg/。

［4］《30 周年改革发展纪实：深化改革 促进企业体制机制创新》，社会科学文献出版社官网，https：//www. ssap. com. cn/c/2010 – 12 – 27/1009773. shtml。

［5］《CSR 组织架构》，社会科学文献出版社官网，https：//www. ssap. com. cn/2016nqyshz/csrzr/csrzzjg/。

［6］《社科文献 2018 年度社会责任报告》，社会科学文献出版社，2018，第 12 页。

［7］社会科学文献出版社官网，https：//www. ssap. com. cn/gywm/zjwy/。

［8］社会科学文献出版社官网，https：//www. ssap. com. cn/2016nqyshz/csrzr/csrgltx/。

［9］谢寿光：《造就学者型名编辑引领出版业风向标》，社会科学文献出版社官网，https：//www. ssap. com. cn/c/2015 – 02 – 09/1013250. shtml。

［10］《社会科学文献出版社"名编辑"工程管理办法》，社会科学文献出版社官网，https：//www. ssap. com. cn/c/2015 – 04 – 01/1011409. shtml。

［11］《社科文献第二批"名编辑"及"名编辑后备人选"产生》，社会科学文献出版社官网，https：//www. ssap. com. cn/c/2018 – 10 – 11/1072618. shtml。

［12］柳杨、马云馨：《2018 年度社会科学文献出版社十大热词》，中国社会科学报网，http：//ex. cssn. cn/zx/bwyc/201902/t20190219_4830000. shtml。

［13］谢炜：《从内容提供商到知识服务商的转型发展——社会科学文献出版社融合发展探索》，《新阅读》2018 年第 4 期，第 41 – 42 页。

［14］胡艳秋、杨洁：《社科文献：智慧赋能 打造专业数字学术出版生态》，澎湃新闻，https：//www. thepaper. cn/newsDetail_forward_4214394。

［15］《从"皮书出版"到"皮书事业"》，社会科学文献出版社官网，https：//www. ssap. com. cn/c/2009 – 04 – 17/1007038. shtml。

［16］《皮书：向世界讲述中国故事》，澎湃新闻，https：//www. thepaper. cn/newsDetail_
　　　 forward_6795610。

［17］《社科文献学术出版"走出去"（社会学篇）》，社会学之思微信公众号，https：//mp.
　　　 weixin. qq. com/s/Abhw0pHamlb5LkS1C9oolg。

［18］《我们的数字出版》，社会科学文献出版社官网，https：//www. ssap. com. cn/szcb -
　　　 1/szcbjs/。

［19］《皮书数据库》，社会科学文献出版社官网，https：//www. ssap. com. cn/c/2016 -
　　　 08 - 15/1034337. shtml。

［20］《中国社科院昨日发布皮书数据库》，《深圳特区报》2009 年 6 月 1 日。

［21］柳田：《皮书数据库二期发布，"数字社科院"路径更加清晰》，凤凰网，ht-
　　　 tp：//news. ifeng. com/gundong/detail_2011_03/17/5218832_0. shtml。

［22］李瑞英：《提供学术资源的"新版皮书数据库"正式上线》，光明网，http：//
　　　 news. eastday. com/eastday/13news/auto/news/world/u7ai1763070_K4. html。

［23］《社科文献社开启数据库海外销售新篇章》，出版商务网，http：//www. cptoday.
　　　 cn/news/detail/9122。

［24］《中国社科院数据库·中国减贫数据库简介》，贵州数字图书馆，http：//www.
　　　 gzlib. org/areas/gz/shkxwxc. html。

［25］刘姝：《中国减贫数据库简介》，社会科学文献出版社官网，https：//www. ssap.
　　　 com. cn/c/2016 - 08 - 15/1034374. shtml。

［26］江山：《京津冀协同发展数据库简介》，社会科学文献出版社官网，https：//
　　　 www. ssap. com. cn/c/2017 - 03 - 06/1052168. shtml。

［27］《张乐天联民村数据库简介》，https：//www. ruralchina. cn/gywm/251549. shtml。

［28］《中国乡村数据库》，社会科学文献出版社官网，https：//www. ssap. com. cn/c/
　　　 2016 - 08 - 15/1034346. shtml。

［29］台湾大陆同乡会文献数据库，https：//www. tongxianghuicn. com/。

［30］张凤娜：《西南边疆历史与现状研究项目成果发布》，http：//www. cass. net. cn/
　　　 yaowen/201704/t20170414_3486366. html。

［31］《集刊数据库》，社会科学文献出版社官网，https：//www. ssap. com. cn/c/2016 -
　　　 08 - 15/1034370. shtml。

［32］孙海悦：《中阿文化交流数据库打造文化合作平台》，中国新闻出版广电报网，
　　　 https：//www. chinaxwcb. com/info/99574。

［33］王辉：《"一带一路"国家语言状况与语言政策》，社会科学文献出版社，2015 ~
　　　 2019。

［34］齐凯：《太平洋岛国研究智库平台——暨聊城大学太平洋岛国系列丛书发布研讨

会在京隆重召开》，中国网，http：//photo. china. com. cn/2017 - 09/07/content_
41548730. htm。

[35]《大运河文化带数据库建设在扬州启动》，荔枝网，http：//www. jstv. com/s/yun-
he/a/20190613/1560398496413. shtml。

[36] 韩晓玲：《中华文化发展智库平台投入使用》，湖北日报网，http：//news. cnhubei.
com/xw/kj/201809/t4164786. shtml。

[37] 社会科学文献出版社：《重要通知！查思客公众号更名公告》，搜狐网，https：//
www. sohu. com/a/367283798_692521。

[38] 刘姝：《定制子库》，社会科学文献出版社官网，https：//www. ssap. com. cn/c/2016 -
08 - 15/1034477. shtml。

[39]《社科文献 2016 年度企业社会责任报告》，社会科学文献出版社，2017，第 32 ~
36 页。

[40]《社科文献 2017 年度企业社会责任报告》，社会科学文献出版社，2018，第
13 页。

[41] 孙海悦：《社科文献社书写数据库海外销售新篇章》，中国新闻出版广电网，
https：//www. chinaxwcb. com/info/559347。

[42] 数字小皮：《社会科学文献出版社正式加入 CARSI 联盟》，澎湃新闻，https：//
www. thepaper. cn/newsDetail_forward_6833598？

第十二章
中南传媒：媒介融合，打造数字教育品牌

在数字化转型过程中，中南出版传媒集团秉承融合创新发展之路，坚持以创新改造业态，以聚合搭建平台，在短短几年时间内已经发展成产业优良、业绩突出的上市公司。同时，中南传媒积极进行数字出版转型。集团旗下的天闻数媒科技（北京）有限公司专注于发展数字出版业务，推出ECO云开放平台、AiClass＋、AI测评等众多优秀的数字出版产品，聚焦媒介融合和产融结合，推进富媒体融合与数字教育优势的提升，不断打造自身的品牌优势与市场优势，取得良好成效。

一　中南出版传媒集团概况

（一）集团简介

中南出版传媒集团股份有限公司（简称"中南传媒"）于2008年12月25日由湖南出版投资控股集团有限公司变更自身主营业务并进行资产重组后成立。中南传媒作为国内首支全产业链整体上市的出版传媒股，于2010年10月28日在上海证券交易所挂牌上市。

在依托湖南出版投资控股集团有限公司多年深耕的市场资源的基础上，中南传媒逐渐成为国内出版传媒的骨干企业，目前是位居业界第一梯队的强势出版传媒集团。随着业务发展，中南传媒拥有自主知识产权的中小学新课程标准试验教材在全国31个省（区、市）发行，市场占有率、销售收入、利润等各项指标在地方出版集团中名列前茅。中南传媒还率先成立了财务公司、基金管理公司，并成功并购民营书业北京博集天卷公司组建中南博集天

卷文化传媒有限公司，成为畅销图书的集聚地。

2017 年，中南传媒实现营业收入 103.60 亿元，实现归属于上市公司股东的净利润 15.13 亿元，位居全国出版上市公司前列。公司荣获第四届中国出版政府奖（先进出版单位奖），连续九年入选全国文化企业 30 强。[1]

（二）人才培养

集团组织机构比较完善。自 2010 年起，中南传媒全面进入数字出版领域，形成集团统一思想、子（分）公司贯彻执行的数字化出版生存模式。集团成立了"中南传媒数字出版工作领导小组"，全面负责集团由传统出版向数字出版转型的领导及管理工作。[2]

集团下设新技术新媒体部，其产业运营中心分为出版、印刷、发行、印刷物资销售、报纸与新媒体经营五大板块，分别负责相关业务。

中南传媒坚持以"催生创造，致力分享"为企业使命，以"因工作而快乐，因创造而富有，因团队而荣耀，因良善而崇高"为企业精神，努力成为中文全媒介内容运营商、知识信息服务平台商、综合传播解决方案提供商和重要的文化产业投资者。

在用人方面，中南传媒坚持从管理以及专业两大职业通道出发，为员工创造施展才华的机会，提供充分发挥自身潜能和实现自我价值的空间。在强调明星员工贡献的同时，建立了能发挥大多数人能力的激励机制，引入市场观念，提倡开放，认可竞争，鼓励市场认可的职业化精神。

同时，集团强调对人的素质的培养，开展经营管理培训、岗位知识技能培训、职业素质培训、出国学历教育培训等，从不同维度、不同层次系统地、有针对性地进行培训安排，实现员工与企业共同成长。

集团的绩效考核以市场和客户为出发点，以流程为基础，强化内部客户概念，强化协作；营造团队文化，提升团队绩效、团队能力，重视长期绩效，使短期效益服从于长期绩效；经济性与非经济性激励并行，提升经济性激励的水准和有效性。[3]

二　主营业务构成

中南传媒的主营业务包括图书、报纸、期刊、音像制品、电子出版物、网络出版物等多种媒介出版物的出版，形成了专业的编辑加工、印刷与发行全出版流程，是一个典型的综合性出版传媒集团。集团在不断探索学习的基础上，形成出版、印刷、发行、报刊、新媒体、金融六大产业格局。

中南传媒年出版品种近万种，共有 5 家出版社荣获"全国百佳出版社"称号。其所出版的湘版教材，市场占有率位居地方出版集团首位。其中，《数学》教材被我国台湾地区选用，《地理》教材被澳门地区选用。《历史》教材还输出到韩国，这是我国的教科书第一次走出国门，成为我国出版史上的标志性事件。据 2019 年的数据，中南传媒一般图书整体市场占有率跃居全国第 2，文学艺术领域及心理、科普类新书表现优异。[4]

印刷和发行业务方面，在省内以湖南省新华书店有限责任公司为主体，形成覆盖"三湘四水"的连锁经营平台和物流配送网络，成为湖南省最大的出版物和文化用品连锁经营企业。湖南省新华书店有限责任公司综合实力居全国新华书店六强。在省外以湖南省新教材有限责任公司为主体，全力推进跨区域经营，构建覆盖全国的省级分销平台，湘版教材的市场占有率、销售收入和利润均居地方出版集团首位。[4]

媒体业务方面，中南传媒拥有三家报刊、网络经营单位，拥有 20 刊、3 网、2 报。其中 20 刊是：《艺术收藏与鉴赏》《湘潮》《漫画周刊》《文艺风》《小溪流》《投资有道》《十几岁》《大视野》《芙蓉》《书屋》《中学生百科》《花火》《医药界》《生活经典》《新课程评论》《办公室业务》《清风》《出版人》《康颐》《神漫》；3 网是：红网、大湘网、枫网；2 报是：《潇湘晨报》《快乐老人报》。

《潇湘晨报》是湖南发行量最大、广告收入最多、综合实力最强的大型综合类都市日报，位列全国都市报十强；《快乐老人报》成为国内发行量最大的老年类纸媒，被中国邮政总公司列入 100 种"中国邮政畅销报刊"；《晨报周刊》是湖南发行量和影响力最大的刊物；由潇湘晨报旗下的中南会展公司策划承办的长沙国际车展已连续举办 18 届，成为中部地区规模最大的汽车盛会、国内最具影响力的车展之一。红网在全国新闻网站中排名第 9，在全国地方新闻网站中排名第 1，是全国唯一一家九获中国新闻奖的网络媒体。与腾讯公司合作推出的大湘网，成为湖南本土最具影响力的生活门户网站。[4]

三　数字出版转型

（一）数字出版业务

1. 数字出版发展概况

随着互联网和科学技术的发展，"互联网＋"、大数据、人工智能等正在加速重构新闻出版传媒行业的格局、模式乃至生态。同时，数字出版产业也正在向体量扩张、业态多元的大趋势发展，并呈现出新的特点。全国数字出版动态评估执行组课题负责人冯玉明在 2018 年发布的《全国数字出版转型示范动态评估报告》中指出，国内数字出版的转型升级之路已从思想观念层面进入产业发展的关键环节，多元化数字业务出现，主要集中于新媒体平台的构建、在线教育服务、城市生活服务、专业知识服务与数字阅读等五大方面。[5]

在国际国内技术与产业快速融合的大背景下，数字出版业务成为社会信息化的重要组成部分，也已成为新闻出版业的战略性新兴产业和主要发展方向。从"十二五"开始，中南传媒进入从优秀国企向卓越公众公司战略转型的关键时期，这也是领跑数字出版、推进业态转型、实现跨越发展的关键时期。

中南传媒从数字出版产业体系构建和数字出版营销模式构建两大方向逐步实现数字化出版整体战略目标。首先，中南传媒的数字出版产业体系整体构建的目标是，打造以数字阅读、新闻聚合、社区综合服务、动漫游戏、电子商务为主的五大自有平台，推动集团数字出版工作的发展。集团通过传统出版的内容、资源结构的数字化来聚合内外优质资源，从书、报、刊三个方面实现采编、分发、印刷、实体书店等流程的整体数字化构建。其次，在出版营销方面，构建数字出版两大盈利支点，以用户为中心扩大盈利源，并制定数字出版产品的完整营销策略。[2]

目前，中南传媒立足集团整体上市的市场发展先机，全面实现集团各报业公司、传统出版社和发行与印务公司的数字化转型，全面实现全产业链的数字化生存。中南出版集团现拥有 1 家数字出版企业，即天闻数媒科技（北京）有限公司。天闻数媒科技（北京）有限公司由中南传媒与华为共同出资3.2 亿元设立，重点开拓数字教育、大众数字阅读和政企学习市场。在数字教育方面，与中广传播集团达成三网融合创新教学平台及电子书包应用系统战略合作，完成电子书包研发，并在试验区进行电子书包产品试用，努力把试验区建设成国家级的示范基地。在大众数字阅读方面，全力建设中南数字资源库，与国内主要运营商建立合作关系，并在中国移动阅读基地 MCP 总排名中居传统出版集团（社）第 1 位。在政企学习方面，已获得千万级订单。公司还成为国家电子书内容标准项目组副组长单位，承办国家科研课题，参与电子书标准体系的制定。[4]

2. 数字出版的主要业务

中南传媒的数字出版主营业务方向主要包括如下三个方面。

一是政企行业阅读与学习解决方案。在移动互联网环境下，天闻数媒聚合精品内容、整合全产业链资源，为政府、行业及企业用户提供量身定制的"云管端 + 内容 + 服务"的数字学习解决方案和服务，使用户能够通过移动互联网和智能终端随时随地阅读与学习，提升竞争力。

二是数字教育与电子书包解决方案。天闻数媒开发出以技术与教育出版及教育产业融合为核心的全球首个 AISCHOOL 数字教育与电子书包整体解决方案。聚合精准适配的数字化内容资源（电子课本、教参、教辅、课件等），服务覆盖课前、课中、课后及课外教学全流程，全面满足教师、学生、教育管理者与家长的数字化教育需求，构建全面支持教育数字化的综合管理和教学平台。

三是移动阅读解决方案。移动互联网时代，天闻数媒打造了移动精品阅读与知识分享型社区（www. read365. com），提供数字阅读整体方案，以满足城市人群随时随地阅读和学习的需求。[6]

3. 数字出版的主要产品与成果

中南传媒通过整合旗下的数字教育资源，打造产品集群。天闻数媒全力聚焦 ECO 云开放平台和 AiClass +、AI 测评两大产品。截至 2019 年底，天闻数媒的数字教育产品已进入全国 25 个省份、135 个地级市、566 个区县，各类产品服务 8000 多所学校。ECO 云开放平台聚合 774 万用户及其数据，其中公有云用户 485 万，私有云用户达 289 万。贝壳网聚焦智慧校园产品线和智慧学习产品线，打造教研资源、综合素质评价、智能测评、新高考整体解决方案、家校共育、C 端应用、贝壳导学卡等产品矩阵。截至 2019 年底，贝壳网在全国范围内建设完成 173 个教研站点，注册用户达 396 万，较上年末增长 169 万。中南迅智科技有限公司深耕教育质量监测考试服务，聚焦考试阅

卷系统、考试测评系统，以及 A 佳教育 App、A 佳考试公众号、小佳学习
App 等。截至 2019 年末，中南迅智移动端应用注册用户达 350 万。[4]

（二）数字出版的产业优势

中南传媒的数字出版转型与发展有一定的措施保障与自身优势，突出战
略统筹。除了获得国家新闻出版署的政策扶持外，还根据"战略优先"原
则，明确了数字出版基础工程及核心产品线的人才、制度、基金、政策等，
为数字出版的战略发展保驾护航。[2]此外，中南传媒在数字化转型过程中还
拥有自身积累的核心竞争力。

1. 介质优势

作为多介质的综合性出版传媒集团，中南传媒的主营业务涵盖传统出版
物如图书、期刊，电子出版物与网络出版物，有着完整的出版产业流程链，
并积极探索新媒体的战略布局，走在业内前列。

2. 品牌优势

集团从过去的图书内容商向品牌制造商转型，目前公司旗下的 5 家出版
社为全国百佳出版社，打造了文学、音乐、科普等内容的品牌集群，旗下的
中南博集更是畅销书领域的龙头企业。《潇湘晨报》经营业务持续领跑湖南
报媒市场，以《快乐老人报》为核心的面向老年读者的产品矩阵已发展成国
内颇具影响力的媒体集群。天闻数媒依托 ECO 云开放平台的大数据体系，逐
步打造出涵盖教、学、管、评、测全流程的智慧教育生态体系。

3. 市场优势

公司拥有自主知识产权的中小学教材覆盖国内 31 个省（区、市），更有
不少产品远销海外，为拓宽海外市场做出探索与努力。除《历史》教材输出
到韩国外，《美术》教材输出到美国，大批出版物的版权及实物输出到国际
市场。

4. 规模优势

作为业界发展的龙头企业，中南传媒的主营业务收入及利润规模都位居
同行前列，也是新兴媒体集团建设队伍中强劲的竞争者。

5. 产融结合优势

中南传媒下设的财务公司与基金管理公司，能够帮助集团扎实推进实体
产业服务，提升了整体的资金效益，使公司财团式发展战略顺利实施。

（三）数字出版发展态势

从中南传媒的最新发展状况来看，公司以习近平新时代中国特色社会主义思想为指引，全面贯彻落实党的十九大精神，2019 年主动融入文化产业转型的发展大潮，提高政治站位，保持战略定力，一以贯之强政治、严管理，聚精会神兴主业、促融合，取得了新成绩。

中南传媒坚持融合发展，加快培育和壮大新型文化业态，始终遵循融合发展规律，坚定推进"线上与线下结合、文化与金融结合"的战略，加快用技术和资本为产业转型赋能。

1. 富媒体出版提质扩容

公司融合发展程度进一步加深，数字化在线平台、产品进一步丰富，用户体验不断提升。湖南教育出版社"贝壳网精准教育互动平台"、岳麓书社"四大名著数字出版工程"，入选国家新闻出版署"数字出版精品遴选推荐计划"。湖南电子音像出版社的数字出版业务，年收入近千万元。湖南人民出版社聚力打造"湘江红潮——党群智慧服务中心"数字出版产品。湖南科技出版社"三基易考"平台、湖南文艺出版社乐音网在线教育平台也投入运营。澡雪新媒（湖南澡雪新媒科技有限公司）推出 K12 有声教育品牌"小鹿听课"，初中史、地、政、生核心素养音频课获市场热捧。天津博集新媒科技有限公司打造出《张宏杰：极简中国史》等知识付费产品，实现纸书、电子书、知识付费产品三箭齐发，融合转型态势良好。

2. 媒体融合深入推进

2019 年，红网新型党媒平台建设进入新阶段，力抓"两中心一平台"建设，品牌影响力进一步增强，全年营收突破 3 亿元。成功承办 2019 年中国新媒体大会"县级融媒体中心研讨会"，承担"学习强国"湖南平台的运营，运营成绩得到总平台以及省委宣传部的肯定。签约红网云的县（市、区）达82 个。红网全力加快视频化转型，内容视频化率快速提升。《潇湘晨报》积极转型减亏。《快乐老人报》继续巩固中国老年报媒的龙头地位，入选"中国邮政发行报刊百强榜"，名列全国第 7。快乐老人学院发展迅速，成为省内学员规模最大的老年大学，报告期线下学员数突破 4 万人次，线上校区稳步推进。湖南中南地铁传媒有限公司获长沙地铁 3 号线车厢的媒体经营权。中南国际会展公司成功中标中国湘绣博物馆、长沙市人大历史陈列室等项目，承办中国（湖南）中医药与健康产业博览会、"霍金与乔治的宇宙"沉浸式科普特展等特色展会。

3. 数字教育优势提升

2019 年，天闻数媒全力聚焦 ECO 云开放平台和 AiClass＋、AI 测评两大产品。在教育部首次公布的 8 个"智慧教育示范区"中，3 个由天闻数媒提供深度服务，"泸溪教育模式"的"三通两平台"项目也由天闻数媒建设并提供服务支持。贝壳网聚焦智慧校园产品线和智慧学习产品线。麻阳智慧教育援助帮扶项目完成建设并通过验收，以内容和技术打造教育扶贫新模式。

四　结语

作为国内第一家国有上市出版集团，中南传媒凭借其高额的市场销售收入成为出版行业的领头羊，其业务覆盖出版、发行、印刷、新媒体等全行业产业链，更能适应数字技术、互联网的冲击，及时进行数字化转型升级。在保持自身传统出版业务稳定发展的同时，全面进军数字出版产业，并不断完善其战略，促进集团的可持续发展。

数字出版行业在全球已经形成了稳定持续的发展，而国内出版企业正处于转型升级、不断探索的过程中。中南传媒对数字出版的投入是巨大的，数字化出版更是中南传媒的未来。中南传媒相对成熟的数字化出版产业模式，不仅是一个重要的研究方向，更值得其他出版企业借鉴。

参考文献

［1］中南出版传媒集团官网，http：//www. zncmjt. com/1/list－1. html。

［2］林峰：《中南出版传媒集团数字化出版实施方案设计》，中南大学硕士学位论文，2013。

［3］中南出版传媒集团官网，http：//www. zncmjt. com/5/list－5. html。

［4］《中南传媒 2019 年年度报告》，中南出版传媒集团官网，http：//www. zncmjt. com/3102/show－3102. html。

［5］文汇：《"互联网＋"时代的数字出版：转型升级带来新机遇》，http：//app. myzaker. com/news/article. php？pk＝5b59a30077ac640bdc443392。

［6］中南出版传媒集团官网，http：//www. zncmjt. com/54/list－54. html。

第十三章
中地数媒：国有数字出版企业的发展之路

本章详述中国大地出版社、地质出版社数字化转型组织变革的产物——中地数媒公司的数字化发展之路，介绍公司的成立背景、战略定位、人才布局、业务体系等，以及一系列服务于数字化发展战略的措施，揭示其成为行业内领先的国有数字出版企业的成功之道和未来的发展方向，为传统出版社建立数字出版企业，采取公司制组织结构提供启示。

一　中地数媒概况

中地数媒（北京）科技文化有限公司于 2015 年 10 月成立，2016 年 6 月起正式独立运营，是由中国大地出版社、地质出版社为适应数字出版转型和出版深度融合的发展趋势而建立的"知识化、IP 化、平台化、产业化"数字传媒企业，是深入贯彻落实"四化"的新型出版传媒机构排头兵。中地数媒公司在经营过程中依托大数据技术、人工智能技术等高新科技，将高端培训、技术研发和知识服务等作为发展方向[1]，吸引新闻出版业领军人才、一线骨干参与公司建设，成为国有数字出版企业的领跑者、数字出版提质增效的领军企业。

中地数媒公司的母公司为中国大地出版社有限公司及地质出版社有限公司。地质出版社成立于 1954 年，中国大地出版社成立于 1992 年。2010 年，两大出版社在转企改制的浪潮中合并重组，从事业单位转型为全民所有制企业，隶属于国土资源部。整合后的出版社拥有图书、音像、电子和互联网的出版权以及广告经营权，实现了出版、发行、印刷的全流程布局。[2]多年来，坚持多元化战略。

二 发展历程

数字出版提供的数字化内容升级、编辑流程变革、多元化经营方向等，成为传统出版社在竞争环境中转型升级的破局之道。在这一背景下，多数传统出版社将数字化发展战略作为其重要的战略布局。但早期的传统出版社多采用在出版社内设立数字出版部门或中心的部门制发展模式来经营数字出版业务，这一模式使得数字出版的发展始终受传统出版社体制的限制。基于此，部分出版社开始寻求新的出路，中地数媒公司也应运而生。

中国大地出版社、地质出版社较早便开始关注数字出版的发展。2015年，两家出版社率先对社内传统的组织机构实行重构，组建了数字出版人才队伍，建立了数字出版事业部，推动数字出版、融合出版的发展，在规划制定、重点项目的申请与实施、人才队伍组织方面取得了一定成果。后在数字出版事业部的基础上成立数字出版分社，作为出版社的第四大板块。当时的数字出版分社下设政府项目部、产品研发部、技术支持部和市场运营部，由出版社高级管理人员担任分社社长。

但出版社并不满足于此。出版社的领导意识到部门制发展模式束缚了出版社数字出版业务的开拓。正如《吉光片羽：人工智能时代的出版转型》一书所写："出版转型靠小打小闹、区区数人的部门、中心、内设机构是无法完成的，唯有公司制，去组建完整的战略、技术、内容、销售、管理、财务的人才队伍才可能实现转型升级的使命。"[3]

2016年6月16日，中地数媒公司从出版社搬离，正式开始了独立经营的历程。对于中国大地出版社、地质出版社来说，这无疑是数字转型道路上的重要一步。在2016年，这一模式还相对少见。相关负责人在接受《中国新闻出版广电报》采访时说："独立办公后，中地数媒公司将遵循现代企业思路，推出市场化的企业激励机制，例如一个月3万~5万元的员工工资都将成为可能。"[4]这意味着中地数媒公司在内部管理、决策等方面更贴近现代企业管理机制，由出版社控股，适当引入社会资金，按照现代企业制度进行经营和管理，实行独立的绩效考核、薪资待遇和经营策略。在这一发展模式下，无论是数字出版人才的引进，还是项目的推进、资金的管理，都将有更大的发展空间。

新成立的中地数媒公司设置了大地传媒研究院、会议培训部、项目拓展部、产品研发部、市场营销部、融合发展中心（网络电商）、行政人力部、资产财务部、网络信息部等核心部门，在聚集新闻出版业领军人物的同时，结合母公司所涉足的专业，聚合优秀科普专家，共同构成董事会。聘请数字出版领域一线骨干员工、资深人士担任总经理，组织高学历、年轻化、专业化、融合型人才搭建总监团队。[5]建立起相对完善的现代企业组织结构（见图13-1），保障了中地数媒公司的顺利运行。

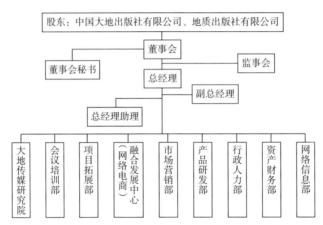

图 13-1　中地数媒（北京）科技文化有限责任公司的组织架构

与此同时，中国大地出版社、地质出版社内部依然保留数字出版事业部，与中地数媒公司一同形成双轨并行的数字出版发展模式。采用"两个体制，一队人马"的方式，快速推动数字出版转型升级。而中地数媒公司作为独立于出版社的子公司，市场属性更为突出，在市场资源配置、成果转化等方面发挥了更为重要的作用，极大地推动了数字出版的市场化和产业化发展。

三　机制创新

中地数媒从成立至今，建立了一套行之有效的运行机制。正如出版社相关负责人所设想的那样，没有创新，转型升级的初衷便无法实现，提质增效的目标也无法实现。在转型升级的过程中，产品、技术、市场……都需要创新，而其中机制创新将直接影响业内从业人员的薪资待遇与工作状态，更能直接体现出版机构对数字出版产业链中各环节的重视程度与调度方式。[6]因此，在企业成立之初，中地数媒便在项目、人才、运营等出版融合的主要领域进行了机制的创新。

在项目机制方面，中地数媒积极申报各类项目，发挥项目驱动战略，主要包括向国家有关部门申请纵向课题，以及向文化产业相关企业、集团、科研院所等申报横向课题。在中央政策支持以及内部转型布局的背景之下，从成立以来，中地数媒已经成功申报诸多项目，制定了项目策划机制、申报机制等，还制定了与之相配套的管理制度，例如财政项目管理制度等。对项目机制的完善，将项目运行流程与激励机制等结合，使中地数媒公司能够充分利用国家的政策优惠，有效控制成本，提高盈利水平，在保障公司项目顺利推进的同时，也为提升项目的创新力和员工的执行力提供了支持。中地数媒公司有着规范的项目激励管理机制。在项目基础之下，针对不同课题采用不同的激励机制。纵向课题在国家政策的规定之下，按照国家或者本项目相关要求进行经费开支。横向课题则采用60%的项目资金由科研团队根据情况决定，40%归企业统筹使用的机制。[7]中地数媒公司还完善了项目监督机制，旗下的北京中地睿知管理咨询公司所建立的融智库，为项目提供管理和监理服务。

在人才机制方面，中地数媒始终坚持人才引进、培养、奖励与晋升机制的建立健全。对于管理层，中地数媒公司通过事业留人，采用符合市场经济劳动力法则的"年薪制"，保证了人才的稳定性；对于骨干中坚层，通过社会招聘的方式吸纳优秀数字出版人，综合感情留人、制度留人的方法来降低人才的流失；对于一线员工，则通过提高福利待遇、开展人才培训和培养的方式，提升员工在团队中的归属感以及获得感。近年来，依托母公司中国大地出版社，中地数媒建立了人才基地、绩效基地，通过"年薪制＋绩效制"的薪酬激励机制来实现人才队伍的组建。

在运营机制方面，中地数媒公司在销售能力建设、销售方法、销售模式、销售渠道布局以及奖励办法等方面均形成相应的规章制度。例如采取人性化的销售人员激励机制，对销售人员实行"初装费奖励＋更新费奖励"的方式，最高奖励比例可达到40%的合同标的额。[8]比例式奖励在敦促销售人员自身能力提升的同时，也激励销售人员创造更大的销售利润。公司充分挖掘数字产品的市场潜力，实施自然资源厅局系统数字产品销售的全覆盖战略，实现盈亏持平，推动数字出版向产业化迈进。[9]

四 人才管理

松下幸之助说："企业最大的资产是人。"在传统出版社的数字化转型过程中，数字出版人才缺乏始终是阻碍转型的一大问题。中地数媒公司作为一家年轻的企业，注重人才的积累和凝聚。

早在公司成立之前，顾晓华便认识到数字出版在未来将成为重要发展趋势，因此较早就开始在地质出版社组建包括内容人才、技术人才、管理人才和营销人才在内的数字出版专业人才队伍。2016 年，随着中地数媒公司成立，早期培养的人才转入中地数媒公司，开始在公司承担重要的工作职责，并得到业界的高度认可，实现个人和行业的同步化、协同化。

多年来，中地数媒公司以人才队伍为资源，以"四力"人才培养为抓手，提升人才培养和团队组织能力，不仅联合高校、研究院等培养、招聘优秀数字出版人才，还注重团队能力的提升和凝聚力的培养。经过几年的积累，中地数媒已然建立了特别能吃苦、特别能奋斗、特别能攻关、特别能奉献的队伍体系，人才队伍不断扩大。截至 2018 年，已经从最初的 3 人发展到33 人。而这支团队也呈现出年轻化、有活力的特点。团队成员以"80 后"和"90 后"为主，使中地数媒公司能够时刻发挥创新优势，关注行业前沿动态。

在招聘方面，公司成立时间短，依然处于扩张期，随着业务范围的不断拓展，公司的人才并未饱和，每年均会公开向社会各界招聘优秀人才。公开招募的方式使得公司长期保持新鲜血液的输入，为公司的业务创新、管理创新等都带来益处。公司招聘岗位涉及业务的方方面面，需求基于企业的业务扩张和岗位空缺情况及时调整。2019 年，公司的天猫专营店开通，人才缺口变大。2020 年，中地数媒公司向社会公开招募天猫运营和客服人员、电商美工等，来弥补人才队伍的不足。

在薪酬福利方面，中地数媒采取人性化的薪酬福利制度，员工全年工资由"岗位工资＋各项补贴＋全勤奖＋月度/季度/年度绩效奖＋节假日礼金＋提成＋优秀员工奖"构成，并且享受带薪年假、住房补贴、交通补贴、通信补贴、餐饮补贴、定期体检、生日福利、节日福利等福利待遇。

在培训方面，公司不断提升高级管理人员的专业化水平。支持员工接受继续教育与再教育，提供资金帮助符合条件的数字出版人才前往高校继续攻读硕博士、参与国外业务培训，鼓励员工提升自身的专业素养。目前，公司50%以上的员工具备中级以上职称资质。2019年，1名员工获得中宣部2019年"宣传思想文化青年英才"荣誉。公司员工的专业化程度不断提升，业务水平持续提高。2018年，员工的人均创收已经达到92万元。

与此同时，中地数媒公司注重企业文化的建构，关注对团队凝聚力和统一价值观的培养。企业文化是根据企业自身特色形成的企业员工共同的价值观，以及围绕这一价值观形成的行为规范，道德准则等。良好的企业文化氛围能够对员工起到积极的激励作用和约束作用，因此企业文化也越来越被企业所重视。中地数媒公司作为一家年轻的公司，既追求创新，又继承了传统出版社踏实奋斗、扎实前行的特性。多年来，公司奉行"艰苦奋斗、创新高效、以人为本、共创共享"的企业文化，秉承"筚路蓝缕、以启山林"的创业精神，坚持"内容融合技术、创新驱动发展"的经营方针。一方面，要求团队成员秉持创新创业精神，永葆奋斗本色。另一方面，坚持以人为本，保障员工利益，提高企业的规范治理水平，致力于提升员工的幸福感、获得感和安全感。

五　"四化"发展战略

战略规划是企业长远的发展目标和方向。中地数媒是中国大地出版社在深化"四化"发展战略的背景下成立的数字出版公司，在短短几年的经营过程中，始终坚持"四化"发展战略，布局数字出版业务。具体来说，"四化"是顾晓华所提出的"知识化、IP化、平台化、产业化"发展战略，它决定了中地数媒公司的业务范围，也在一定程度上反映出中地数媒公司长期的发展方向。

"知识化"是指，中地数媒公司在发展过程中要实现从线下到线上内容的知识化服务，积极推进公司从内容提供商向全方位、立体化、多维度的知识服务提供商转型。知识服务转型并非简单的空话，而是要依托大数据技术、知识标引技术等，基于用户行为观察，提供满足用户需求的服务。

"IP化"是传统出版社在融合出版和知识服务上最具核心竞争力的部分。中地数媒公司作为从传统出版社中独立出来的数字出版子公司，要充分利用传统内容资源，坚持多元化、全产业链发展思路，将内容资源通过"内容+创新""内容+技术""内容+互联网"的方式打造成由数字版权、图书、影视、动漫、App 产品、AI 技术应用等构成的 IP 生态圈。

"平台化"指，中地数媒公司坚持线上线下同步推进的原则，整合自然资源、新闻出版行业资源，搭建共建共创共享文化平台。

"产业化"则指，在发展数字出版的同时，将出版与文化、教育、旅游、高新技术等产业紧密结合，逐步形成出版、印刷、传媒、文旅、珠宝、物流等产业板块，打造从上游到下游的全产业链布局。

在发展过程中，企业经营管理者确立了"四化"之间的逻辑关系：知识化服务是核心、灵魂、基石，IP 化、平台化、产业化反哺知识化。在知识化服务的基础上将一部分内容通过"内容 + 创意""内容 + 互联网""内容 + 技术"的方式转化为 IP 资源，通过线上线下平台提供服务，引领社会资本，推动产业化。

"四化"战略的提出为中地数媒指明了方向，也让公司在投资新公司、开展新业务、启动新项目的过程中具有明确的目标。

六　多元化业务经营

各种新型技术的出现，使中地数媒公司在技术与实践的深度融合过程中跟随数字技术的迭代而更新其业务范围，逐渐延伸产业链。一方面，实现了从上游技术开发、中游内容生产至下游图书销售的全产业链业务布局；另一方面，从横向来看，涉及图书出版、数字图书馆、大数据平台、VR 数字产品以及影视开发等多元化业务布局。当前，中地数媒的经营业务主要包括五类。

（一）知识服务业务

知识服务是当前数字出版发展的重点方向，尤其是对于专业出版社来说，用户对细分知识的需求为专业出版社带来机遇。而中国大地出版社、地质出版社在自然资源领域拥有的专业内容，为中地数媒公司开展知识服务业务提供了基础的版权资源。公司成立以来，充分利用大数据、云计算、增强现实、虚拟仿真、人工智能等高新技术，研发了自然资源数字图书馆、自然资源大数据平台、自然资源党员干部 E 读本、VR 党建一体机、地球科学大辞典等数字产品。就以自然资源大数据平台来说，平台以领域词表和领域本体为逻辑主线，以云计算、语义分析大数据技术为应用支撑，整合了图书、图片、视频等不同类型资源。其中，领域本体、领域词表的构建，弥补了数据库建设中存在的忽视概念关系、语义匹配不准的弊端，通过同义词查检等方法提高了检索的查全率，也让用户更容易基于语义网实现内容间的关联，发现各内容之间的内在联系。截至 2020 年 6 月，中地数媒公司已经获得了 26 个计算机软件著作权证书。其中有关于科普平台的，例如充分调用中国大地出版社、地质出版社的优质资源建立的科普影视教育传媒平台、自然资源大数据知识图谱系统、地下水知识科普系统等；也有资源文件管理编辑系统、基于人工智能的新闻出版管理系统等数字编辑、管理系统，还包括《俄汉地质词典》《简明英汉英地质词典》系统等，已然走在知识服务平台建设的前列。

（二）图书电商业务

2019 年底，中地数媒图书专营店在天猫商城上线，以"汇聚全品类图书，做优质文化的传播者"为宗旨，为中国大地出版社、地质出版社的图书销售提供了又一新的渠道。专营店中销售品类丰富，上线了童书、文学经典、畅销小说、心理励志读物、历史读物等不同类型的图书。中地数媒公司与 200 余家出版社、出版公司达成合作，在专营店中不仅销售《生命简史》等中国大地出版社的优质图书，也销售《皮囊》等畅销书，实现资源共享与互换。在运营过程中，公司开通了抖音、快手等平台账户，注重宣传推广，力图形成以中地数媒图书专营店为中心的综合图书电商集群。图书电商业务的布局和发展加快了新业务渠道建设，通过线上销售，找到新的图书出版供应链模式，打造出版中盘企业，为中地数媒的发展提供了新的增长点。

（三）技术研发业务

出版领域的数字化改革长期扮演技术追随者、落后者角色，这便使得数字出版的发展难以占据主动地位。中地数媒公司却具有前瞻性眼光，重视技术的创新研发。而这一点，与其经营管理者有着密切的关系。顾晓华董事长等出版社经营管理者对数字技术有着深入了解，并有着强烈的求知兴趣。顾晓华长期认真学习和研究数字出版的最新技术，将创新驱动发展作为理念，相关负责人先后发表《专业出版大数据建设路径分析》《论 5G 环境下的数据出版》等文章，撰写了《吉光片羽：人工智能时代的出版转型》一书，在数字技术与产品的深度融合方面形成了自己的一套方法论。

在他们的带领下，网络信息部的设立为技术研发提供了保障。目前，公司拥有近 20 人的技术团队，能力出众，公司还提供培训机会持续提升技术开发人员的技术创新水平。同时，依托瑞尔智讯公司，致力于知识服务领域核心技术的研发。将图片、文档、日志等数据抽取出来，经过知识元标引，运用知识架构技术，形成知识图谱数据库 NEST；通过知识表示、知识存储、知识索引技术，实现知识推理和拟人交互体验。公司不断推进人工智能、区块链、5G 技术等与内容紧密结合。在区块链技术应用层面，聚焦区块链技术与数字出版保护，区块链技术与时间戳、虚拟货币等，掌握和熟悉区块链的数据层、网络层、共识层、激励层、合约层和应用层的技术原理，探索文化产业领域的公有链、行业链、私有链等技术研发和技术产品标准化问题。在人工智能技术层面，致力于人工智能对新闻出版产业链流程的内部作用和改造，以及人工智能配合新闻出版业，对外提供精准化、智能化、多样化的智能产品服务。在 5G 技术应用层面，重点发力数字视听产品、AR 出版、VR 出版、新闻出版大数据、知识服务、数字电视图书馆等新兴出版技术的应用与推广。技术创新终究要融合出版内容，实现数字出版产品创新。中地数媒在知识服务产品开发中融入先进技术，高度重视移动互联网技术的应用和推广，致力于将其应用于数字图书、数字报纸、微视频、微课程；在大数据技术层面，加快引进大数据分析与统计分析；在语义标引技术层面，研发出国土地质专业领域词表，构建专业领域本体；在云计算技术层面，将分布式计算、离线计算、存储计算等多种方式运用到国土地质专业资源统计与分发，加强产品的创新性，也提升了产品的增值服务功能，推动传统媒体与新兴媒体的深度融合。

不仅如此，中地数媒公司将业务范围锁定在自然资源与新闻出版两大领域，围绕知识加工、数据库、交互体验三大模块，与客户共建知识图谱、行业级大数据平台，推动智能决策自动化工程。先后承担并顺利完成地质出版社"科普影视教育传媒平台"，中国计划出版社"中国宏观经济领域行业级数字内容运营平台"，联想、梅赛德斯－奔驰"语料库软件研发"项目，中国税务出版社"年鉴专题数据库"项目，中国农业科技出版社"种业数字服务平台"等平台的技术支撑工作。

（四）数字视听业务

中地数媒的数字视听业务是贯彻落实"IP 化"发展战略的体现，集影视策划、剧本编写、原画绘制、分镜剧本、故事版绘制、拍摄、CG 制作、音乐制作、立体制作、后期制作等内容于一体。策划实施了各类影视作品，致力于微电影、纪录片、VR 视频、3D/4D/5D 影视等的开发和制作。其投资的大地筑梦（北京）影视文化传媒有限公司，则为中地数媒公司的数字视听业务提供影视策划、电影摄制、电影发行、广播电视节目制作、电视剧制作方面的支持。《会飞的恐龙》《我是水文地质队员》《地下水怎么变脏了》等视频、"一带一路"科普视频、《徐霞客游记》VR 视频等，都是中地数媒开发的优秀影视作品。尤其是由中地数媒公司承担发行工作的《会飞的恐龙》，更是在 4D 电影的基础上打造出动漫 IP 创意与运维平台，充分整合了公司拥有的动画、漫画、游戏和影视方面的版权资源，成功降低了作品策划、创作、商业化以及衍生品开发和推广过程中对资源和时间的消耗，真正实现产业链上、中、下游的结构性优化、整合。

（五）科研智库业务

科研智库业务是中地数媒着力发展的业务之一。这一业务在公司主要由大地传媒研究院承担，研究院负责智慧型知识服务关键技术与标准重点实验室的管理，国家标准与行业标准的申报、起草，课题申报、发放、管理、验收、成果转化，融智库的管理等工作。同时，依托子公司北京中地睿知管理咨询有限公司·融智库，为广大数字出版从业者和机构提供咨询以及项目策划、实施、监理、评审等服务，为政府政策制定、行业发展提供智力支持和决策咨询服务。公司在建立之初便定下了一年内建立健全中国数字出版高端智库，三年内建设中国新闻出版高端智库，四年内建立和完善中国文化产业发展高端智库的目标。近年来，中地数媒公司在科研智库领域聚集的专家团队不断增多。2018 年，新增一级专家 5 人，第三批专家共 42 人，专家规模接近 200 人。目前，公司在全国范围内设立了吉林、重庆、广东以及广西四大区域分库，2018 年建立大数据、影视 IP、人工智能、网络安全、校园安全五大业务分库。以融智库为平台聚集的专家，研究业界、学界广泛关注的问题。一方面，对人工智能、5G、大数据等新技术与出版行业结合的方式进行理论和实践研究。另一方面，围绕包括网络安全、大数据、人工智能等在内的诸多引起行业广泛关注的话题进行研究，共同推动行业创新和健康发展，也为中地数媒能够引领行业奠定了基础。

总的来说，中地数媒的业务呈现出多元化、全方位发展的态势，形成了以新闻出版科研智库、自然资源知识服务、网络电商新业务、文化产业技术开发、数字视听与数字媒体为核心竞争力的五大板块。

七　攻关科研

与诸多传统出版社不同的是，中地数媒公司重视科研，关注数字出版理论的发展，多年来与学界保持着紧密的联系。

中地数媒注重开展前沿领域研究和科研成果的产出。2019 年，《出版＋人工智能：未来出版的新模式与新形态》一文荣获第七届中华优秀出版物奖，并入选"全国优秀出版科研论文 30 篇"；2018 年，新闻出版课题项目"人工智能与新闻出版业发展研究"通过结项验收；公司员工在新闻出版类核心期刊上发表论文 30 多篇，并有多篇被《人大复印报刊资料》和《新华文摘》转载。到 2020 年，中地数媒已经独立申报、实施、完成了 10 项科研课题研究。

北京中地睿知管理咨询有限公司·融智库更是一直关注前沿研究。围绕大数据、出版融合等新兴出版业态展开了系列研究，《AR 技术在出版业应用研究报告》《数字出版前瞻领域研究蓝皮书》《中国新闻出版智库蓝皮书》等一项项报告、科研内容，都展示了数字出版行业目前的发展现状以及未来的发展趋势，为行业发展提供了诸多有用的建议。

相关负责人在 2019 年末总结中地数媒公司四年的经历时说，"创一国字实验室，立贰国高新企业"是四年经历中中地数媒的重要成就。其中，"国字实验室"是指智慧型知识服务关键技术与标准重点实验室。2016 年，实验室成立。2016～2019 年，实验室连续入选国家新闻出版广电总局/国家新闻出版署优秀出版业科技与标准重点实验室。实验室将南京大学、北京印刷学院、中国科学技术信息研究所等学界力量与中国大地出版社等行业力量结合起来，为新闻出版行业提供标准化、可复制的知识服务工具集和系统集成软件，以及智慧型知识服务解决方案，并制定发布了"智能＋出版"领域的关键技术。

在战略前瞻的经营者看来，"一流企业做标准""多板块转型发展"等转型发展观念始终贯穿于企业的经营管理中。中地数媒公司致力于标准制定，已经参与《新闻出版　知识服务　知识关联通用规则》（GB/T 38378 – 2019）、《新闻出版　知识服务　知识资源建设与服务工作指南》（GB/T 38382 – 2019）等国家标准的研究。起草了《出版物 AR 技术应用规范》（CY/T

178－2019）、《数字出版业务流程与管理规范》（CY/T 158－2017）等行业标准。2020年又获批1项行业标准——《出版物 VR 技术应用要求》。还主持起草了30多项企业标准、团体标准等，包括新闻出版大数据内容、技术、格式、运营、管理标准体系，对外语言知识服务标准体系，国土、地质、宏观经济等知识体系标准等。2019年5月《出版业 AR 技术应用规范》（CY/T 178－2019）由国家新闻出版署正式发布，其中规定了应用增强技术的出版物的出版、制作、管理与应用标准，有效提高了出版物中 AR 技术应用的规范化以及管理水平。一项项标准的制定，使中地数媒公司在关注前沿技术的同时，也对新技术有了更深入的了解。就以 AR 技术来说，形成了模型构建、内容编辑、输出展示的全产业链，同时也探索出有关数据采集、存储、加工、标引、模型、知识服务等的系统原理，构建出较为系统的知识服务产业流程等。这既为行业提供了更加专业、规范的数字化转型方法，也使中地数媒公司的出版实践活动建立在理论研究的基础上，提高了效率。

八　数字出版成果

传统出版社进行数字化转型意味着战略调整，也意味着改变。改变则可能会犯错。中地数媒公司作为中国大地出版社、地质出版社的子公司，在几年中跳过了"容错"阶段，在营业收入、企业品牌建设、媒体印象等方面都实现了快速、跨越式发展。

无论是收入情况还是利润总额，2016～2019年，中地数媒公司均实现了从高速增长到中高速增长的稳步发展。在社会效益方面，企业品牌树立也得到政府、行业的广泛认可。中地数媒公司获得中关村高新技术企业认证证书、国家高新技术企业认证证书，成为国家新闻出版广电总局认定的专业数字内容资源知识服务模式试点单位、全国新闻出版标准化技术委员会认定的国土资源行业知识服务标准研制与应用示范基地、"双软"基地等，连续三年获得中宣部认定的出版业科技与标准重点实验室，获首届中国新闻出版业大数据高峰论坛"创新成果奖"。在中地数媒公司的推动下，中国大地出版社获批2018年度新闻出版部级重点社科课题——"人工智能与出版业发展研究"。

公司每年举办的中国新闻出版智库高峰论坛都得到业界的广泛关注，被《人民日报》、《光明日报》、新华网等20多家媒体报道、转载。智慧型知识服务关键技术与标准重点实验室也被《中国新闻出版广电报》报道，树立了良好的媒体形象。

九　经验总结

（一）完善组织结构规范，推进数字化改革

中地数媒公司在几年的发展历程中，在科研项目、人才、销售、运营等方面都建立了较为完备的运行机制。在新闻出版转型升级的过程中，中地数媒运行的体制机制在实践中得到检验，是数字化转型的有效机制。公司在充分完善公司制组织结构的基础上，发挥传统出版的资源优势，借力新兴的先进技术，以现代企业的发展模式与制度要求自身，推动出版转型与融合，取得了堪称卓越的改革成效。[8]

（二）以内容建设为根本，推动数字产品研发

几年来，中地数媒公司坚持以内容建设为根本，推动出版业深度融合发展。其数字产品生产从以文字、图片等为主要素材形式向音视频、动画等多媒体资源方向迈进。2017 年以来，AR 资源库、VR 资源库等类型资源库建设成为融合出版的潮流。中地数媒公司紧跟潮流，推动相应产品的研发。几年来，国土地质领域知识服务大数据平台、《会飞的恐龙》以及以自然科普为主题的音频和短视频等产品的研发，使中地数媒实现了阅读产品、视听产品、动漫、游戏业务的全面数字化。

（三）以先进技术为支撑，引领行业潮流

中地数媒公司尤其关注技术与内容的融合。在将 AR、VR 等新兴技术与传统出版内容融合的探索过程中，中地数媒公司制定了适用性和操作性较强的标准规范，并有效推动研发充分利用技术驱动的知识服务平台。标准规范对先进技术的界定和规范等起着重要作用。《数字出版业务流程与管理规范》（CY/T 158 - 2017）、《AR 出版物技术应用规范》（CY/T 178 - 2019）、《新闻出版　知识服务　知识关联通用规则》（GB/T 38378 - 2019）等一系列标准规范相继出台，既助推先进技术在出版业中的应用，实现技术与出版的融合，还倒推专业技术人才的培养，促进先进技术继续为新闻出版传媒业做出

更大贡献。[8]

（四）以人才队伍为抓手，聚集行业人才

融智库促进了新闻出版人才，尤其是数字出版人才的培养和聚集，多年来，在数字出版人才培养、审查认证、评审评估方面都做出尝试，促进传统出版转型升级和出版融合化发展，积累了高端人才。在融智库专家的努力下，2016年，数字出版人才的职务职称得以确定，提升了融合型出版人才的地位，促进了对融合型出版人才的评审和评定。同年，基于数字新闻、数字出版、数字视听"三横三纵"职称评审体系的北京市数字出版编辑职称评审办法出台，进一步加强了数字出版人才队伍建设的制度化、规范化。经过多年的积累，融智库已经在出版行业通过设立横向分库、纵向分库，培养了200多名新闻出版业专家，并通过制定人才培养、激励等机制来确保专家队伍具有很高的学术水平，应用研究、实践能力卓越，管理能力提升。[8]

十　结语

中地数媒公司所取得的成绩是传统出版社数字化成功的代表，即通过出版社内建设数字出版中心、社外建立独立运营子公司双轨并行的发展模式建立现代企业管理体系，融入市场机制，利用内容资源并融合新型技术，整合、延长产业链，以实现传统出版的转型升级。它的发展之路为数字出版公司的发展提供了借鉴和参考。然而，传统出版社的创新机制与试错、容错机制之间的协同，以及传统经营理念与现代出版思维之间的磨合，始终是国有出版企业数字化转型升级绕不过去的一座大山。中地数媒公司还处于发展阶段，中国传统出版社的数字化转型也处于探索期，其未来究竟如何发展，值得跟踪关注。

参考文献

[1] 孙晓敏：《浅谈创新国土资源科普产品和服务》，《科技与出版》2016年第12期，第120~124页。

[2] 中国大地出版社官网，http://www.gph.com.cn/。

[3] 张新新：《吉光片羽：人工智能时代的出版转型》，清华大学出版社，2019，前言

第 5 页。

［4］任晓宁：《数字出版：转型升级亟待模式创新》，《中国新闻出版广电报》2016 年 7 月 4 日。

［5］中地数媒（北京）科技有限责任公司官网，http：//zdsmbj. cn/。

［6］张新新：《数字出版体制机制现状、问题与对策》，《出版广角》2016 年第 24 期，第 9 ~ 11 页。

［7］顾晓华、张莉婧、倪薇钧：《行业出版传媒领域融合驱动与布局》，《中国出版》2020 年第 4 期，第 40 ~ 45 页。

［8］倪薇钧、李斌、张新新：《加强顶层设计，推动出版融合走向纵深——以高水平新闻出版智库建设为视角》，《出版广角》2019 年第 18 期，第 18 ~ 20、87 页。

［9］张新新：《数字出版项目管理原则与机制分析》，《科技与出版》2020 年第 2 期，第 13 ~ 19 页。

第十四章
重庆出版集团：探索数字出版道路，打造多元数字出版产品

伴随着数字技术和网络技术的迅速发展，重庆出版集团不断探索数字出版新业务，打造出天健出版发行平台、巴渝有声书网、"阅读重庆"全民阅读平台等众多数字出版产品。同时不断加快完善重庆出版传媒创意中心建设，逐步形成多元化的商业经营模式、多层次数字出版业态和丰富的数字出版成果。以下从集团概况、主营业务等多个方面全面介绍重庆出版集团，并重点介绍其数字出版业务的发展历程、核心业务、主要特色和成功经验等，为读者展示重庆出版集团如何探索出一条立足重庆、面向全国和走向世界的"多位一体"数字出版发展道路。

一　重庆出版集团简介

2005 年 4 月 29 日，重庆出版集团有限公司成立，其前身为重庆出版社。重庆出版集团共由 19 个成员单位组成，是重庆市唯一一家综合性大型文化出版企业，业务范围覆盖图书、报刊、电子音像、网络出版、版权贸易和相关优质产业，集团总体经济规模在全国 500 多家出版社排名中跻身前列。[1]集团下辖社科、文艺、少儿、科技、美术、教育等六大出版中心，经营业务还包括《今日教育》《农家科技》《假日时尚》《旅游新报》等"三刊一报"。公司旗下还有涉及纸业、印务、广告、旅游和房地产等业务的多家全资公司或控股公司。[2]

（一）发展思路

重庆出版集团成立后，切实推进由事业单位转为企业的体制转变，按照建立现代企业制度的要求，把集团打造成真正的市场主体。

重庆出版集团加快人事管理制度改革，破除"官本位"思想，强化对集团中高层领导班子的建设，在全社形成"能上能下、岗变薪变和不讲级别"的人事制度。对集团员工进行差异化管理，采用"新人新办法，老人老办法"的创新工作方法，探索出一条改革成本低、改革阻力小的发展新路子。不断完善员工薪酬管理制度，重新制定职工薪酬分配方案，增加绩效收入在年收入中的比例。同时，不断调整公司的管理架构和运行机制，建立董事会和监事会，实行党委领导与法人治理结构相结合的领导体制；将原有的各个编辑室归并为社科、科技、少儿、教育、文艺、美术六大出版中心，使其模拟专业社或副牌社的方式独立管理运作，成为相对独立的图书出版实体；成立独立的全资或控股子公司，并实施公司化运营。重庆出版集团这个老牌的国有出版社，通过一系列改革措施，在转企改制中焕发蓬勃生机。

重庆出版集团转企改制后，确立了"走出去、多元化、股份制"三大战略和"做强主业，做大产业，产业反哺主业，增强核心竞争力"的发展思路，通过内涵裂变式发展，从业态单一的出版社发展为多业态的大型文化传媒集团。

（二）人才培养

为了不断适应数字出版时代对编辑人才提出的新要求，重庆出版集团也不断完善人才结构，重视人才引进，并致力于培养新时代的综合型编辑人才。集团在注重编辑人才的文化素养水平的同时，明确提出编辑需要具备较强的知识和信息整合能力。在集团内部对编辑进行考核时，将后者视为同编辑的文化素养同等重要的硬性考核指标。

重庆出版集团对编辑媒介素养方面的培养开始得较晚，由于起步晚，更要加快培养综合型编辑人才的步伐。一方面，集团注重校企合作，发挥出版资源的共享优势和区位地理优势，借助高校传播研究成果，与重庆大学新闻学院建立了深度合作关系，搭建产学研一体化合作平台，既为培育、引进更多出版编辑人才打通渠道，也为社内编辑的新媒介学习提供了便利条件；另一方面，集团与新媒体机构建立了直接合作关系，共建出版平台，并把它作为专业编辑团队培养与提升的实验基地，让编辑参与更多的出版实践。通过出版项目的实战演练，编辑对新媒体的运营有了基本的认识与了解，也提升了自身的新媒介素养。[3]

二　五大主营业务

重庆出版集团是以重庆出版社为基础，在自身裂变、内部扩张基础上不断发展的，集图书、报刊、电子音像、网络出版于一体，并积极开拓传统出版业务与广告、房地产等其他业务领域。集团经营业务按关联度整合为大众类图书和报刊、教育及衍生产品、贸易与供应链金融、文化地产四大板块[4]，现已形成教辅产品、图书报刊、纸业贸易、创意产业和文化地产五大主营业务。

（一）教辅产品

重庆出版集团的前身重庆出版社在历史上首开全国教辅产品先河，配合中高考，打造了在全国有巨大影响的"海淀教辅系列"。重庆出版集团在此基础上继续深耕教育出版领域。基于多年积累的教材教辅产品、题库、教育名家名师等权威教育资源，打造数字化教育内容，面向监管层、学校、教师、学生、家长提供内容资源、数据化评测、在线学习、远程辅导等安全、便捷、高效、全面的一站式教育服务。

2013年，重庆出版集团在北京兼并重组文化民企后成立北京五洲时代天华文化传媒有限公司、五洲博尔文化传媒（北京）有限公司，发挥强强联合优势，深度开发系列教育图书产品和衍生产品，加大开拓市场的力度，发展势头良好。

在发展过程中，重庆出版集团在教育领域也形成了众多优质的教育出版产品，在打造在线教育平台方面亮点频现。集团下属的重庆源洲教育科技发展有限公司自主研发的多媒体无尘书写电子板及配套产品，同时集成多种智慧教育模块，采用"学生校园生活"的方式呈现，打造"沉浸式"体验环境。发端于重庆出版集团旗下年发行量突破2000万册的《作文素材》的"壹笔·作文"项目（App），提供"读、问、秀、写、订、用"等方面的作文服务，极大地突破了地域限制，改变了教育资源分布不均的现状。除此之外，由重庆出版集团、郑州威科姆公司和重庆联通公司共同打造的"玖学堂"项目（App），包括"教案资源库"、"预习资源库"、"课件资源库"、"素材资源库"和"测评资源库"等板块内容，并与人教版教材高度匹配，涵盖小学、初中、高中 3 个学段 9 门学科，形成目前国内最大的基础教育教学资源体系。

（二）图书报刊

为了改变过度依赖教材教辅的状况，重庆出版集团对编辑出版资源进行了有条不紊的整合，对出版中心进行结构优化，不断确立大众类图书在集团出版发展战略中的核心地位。

在图书出版领域，重庆出版集团面向历史挖掘丰富的出版资源，发挥出版社所拥有的作者资源、人才资源、产业资源等优势，致力于策划题材广泛、主题深刻、内容优质、亮点突出的精品图书，打造规模化、多元化和立体化的出版品牌。如策划出版了《忠诚与背叛》《藏地密码》《冰与火之歌》等一大批脍炙人口的优秀出版物，同时利用畅销书《冰与火之歌》推出诸多创意产品，做了尝试性销售，取得不俗成绩。又如立足于马克思主义研究、我党抗战历史、纪念老一辈无产阶级革命家三方面，策划推出了"马克思主义经典文本的当代解读与中国道路丛书"、《中国共产党重庆历史大事记》（各区县卷）等系列主题出版物；在纪念中国人民抗日战争暨世界反法西斯战争胜利 70 周年时，策划出版了 100 多种抗战主题出版物，其中不少入选国家级重点项目。

同时，重庆出版集团积极拓展国际版权贸易和对外合作，坚持"引进来"与"走出去"协调发展，在国际合作出版领域从最初的被动参与逐渐转向积极主动、创新发展，成为国家文化出口重点企业。集团积极引进国外优质图书，2005～2019 年，总共引进图书上千种，平均每年引进上百种优秀图书，实现数量和质量的双重提升。同时，不断加快"走出去"步伐，2005～2019 年图书版权输出达到近千项，输出地逐渐扩展到亚洲以外包括英国、法国、德国、俄罗斯、加拿大、美国等在内的三十几个主流欧美国家和地区。[5] 集团已与数十个国家和地区建立国际出版合作关系，作为中国大陆出版机构的唯一代表参与了全球出版项目"重述神话"，使中国文化能够融入西方主流文化圈。

重庆出版集团紧跟数字出版浪潮，报刊也实现从纸质内容出版向搭建数字出版平台、提供全面的数字内容服务和构建完善的出版产业链转型。其中，由《农家科技》杂志社精心打造的中国城乡统筹发展网，无论是网页访问量还是内容影响力均有较大提升，形成"期刊＋网站"齐头并进的发展格局；《今日教育》期刊方阵借助微信、微博、QQ群主流媒体平台和通信工具，打通编者和读者之间的沟通渠道，为策划数字出版物打下坚实的线上读者基础；《旅游新报》加快从传统出版向数字出版的新媒体转型步伐，实现文化产业和旅游产业的跨界融合，建立了可持续发展的经营平台。

（三）纸业贸易

重庆出版集团抢抓机遇，建设出版产业园区，实施多元化经营，也涉足出版上游的纸业贸易。2010年，它与全球纸业百强企业台湾正隆集团合作，共同投资超4000万美元，建立了重庆正隆纸业公司，打造重庆本地的现代印刷包装基地，推动当地产业的升级发展。[6]

重庆正隆纸业公司的经营范围包括：生产各类高档瓦楞纸板、彩盒、纸塑产品及各类纸质加工产品和泡棉等；包装装潢印刷品和其他印刷品印刷；除此之外，还销售自产产品，并提供配套服务、佣金代理（拍卖除外）、货物进出口业务、技术进出口等。它为重庆引进了世界IT巨头惠普公司以及配套企业富士康、英业达、广达等，并为重庆本地企业提供高质优价的本地化包装产品和服务。

（四）创意产业

重庆出版集团引进业内外大量资金、管理、人才，积极满足政府在产业升级发展、科技研发与高等教育教学等方面的需要，在利用当地文化政策的基础上，成功打造出国家级出版传媒创意中心——重庆出版传媒创意中心、重庆天健创意（动漫）产业基地、重庆江津珞璜出版产业园区，目前已经形成"一中心、一基地、一园区"的产业新格局。[6]

重庆出版传媒创意中心是2008年9月经国家新闻出版主管部门批准成立的，并成功获批"国家级出版传媒创意区（中心）"。在其建成后，本部及旗下相关公司全面入驻，使其成为一个整合传统出版资源与新兴产业形式的创意策划基地。

重庆天健创意（动漫）产业基地作为重庆"十一五"文化产业重点项目，也是市政府重点扶持的创意产业载体之一。该基地推动产学研联动，招大引强，拉动相关产业和周边区域发展。

重庆江津珞璜出版产业园区属于重庆市江津区珞璜工业园的一期项目，由重庆出版集团下属子公司——重庆亿图实业有限公司负责建设、招商工作，着重打造现代印刷包装产业，致力于成为西部地区专业化协作配套程度最高、科研技术最强、创新能力最突出的印刷包装产业园区。

（五）文化地产

在重庆市南岸区规划打造 CBD 总部文化创意经济区之际，重庆出版集团利用当地政府出台新政策吸引企业入驻的良好机会，以极优惠的条件加入园区，并打造出国家级出版传媒创意中心——重庆出版传媒创意中心。该中心获评创意区重点项目，并获得土地资源支持。集团以此为契机，开始物色中心项目合作伙伴。通过陆续与近 20 家企业集团洽谈，最后确定合作对象为重庆市能源投资集团。双方达成协议，共同投资 10 亿元联合打造项目。重庆出版集团的这次跨界尝试，综合运用市场手段，完成了对政府、国企、市场等多方资源的有效整合，也成为通过整合社会、经济资源做强做大的一次成功探索。

2011 年，重庆出版社全面完成转企改制，用超 4 亿元净资产注册了重庆出版社有限责任公司，赋予核心业务公司以强大的实力基础与抗风险能力，对出版业界创意文化产业的发展起了推动作用。在充分利用自身平台的基础上，吸引一批国内外知名文化企业进行合作，实现多方共赢、多方发展，以提升重庆市的整体文化实力与形象，自身则成为西南地区文化产业的重要增长极乃至整个长江上游地区的出版中心。

三 "多位一体" 数字出版发展之路

随着数字技术和网络技术的迅速发展，重庆出版集团不断探索数字出版新业务，打造出天健出版发行平台、巴渝有声书网、"阅读重庆"全民阅读平台等众多数字出版产品。同时加快完善重庆出版传媒创意中心建设，逐步形成多元化商业经营模式和多层次数字出版业态。重庆出版集团不断完善数字出版战略规划，注重新时期数字出版人才的培养，加快集团数字化基础设施建设，强化并购、重组等资本运作，并推动数字出版与国际化接轨。在发挥资源优势和拓展业务形态的过程中，逐渐探索出一条立足重庆、面向全国和走向世界的"多位一体"数字出版发展道路。

（一）发展历程

在转企改制后，重庆出版集团意识到转变经营方式的重要性和紧迫性，于 2008 年底与中国电信重庆分公司签署战略合作协议，决定进军数字出版领域。由于缺乏完善的企业绩效管理体系，战略需求没有准确细化为个人的绩效目标，导致工作效率低、员工积极性不高等问题出现。[7]

重庆出版集团的数字出版起步相对较早。2009 年，将数字出版列为十大重点工作，并纳入《重庆出版集团"十二五"发展规划纲要》。该纲要提出发展数字出版商业模式和盈利模式的规划，并力争成为西部最大、最具影响力的数字出版企业。集团十分重视数字出版工作，数字出版工作领导小组组长由当时集团董事长罗小卫担任。除此之外，集团还加大对发展数字出版的投入力度，每年投入 30 万元专项资金用于该领域的业务拓展。

2014 年，《重庆出版集团新技术应用发展纲要》通过，明确规划集团 2014～2020 年的数字出版发展步骤，并设置 2000 万元扶持专项基金，将新技术推广应用列为优先发展的重点。[8]集团全面探索传统出版和数字出版的融合发展之路，实施整合集团出版资源、建立数字内容管理平台、提升电子书开发力度、搭建特色数字出版服务平台等一系列措施；设立专项扶持资金，重点做好基础性工作，包括完成数字内容管理平台建设，运用大数据分析用户需求，确立数字化试点单位，建设集团一体化管理平台项目。同时，不断拓宽外部合作关系。一方面，建立与移动公司的战略合作；另一方面，加强与互联网公司、科技企业的试点合作。[9]

纵观重庆出版集团总体发展历程：2003 年，网络出版部成立；2005 年，重庆天健互联网出版有限责任公司成立，公司集图书宣传、图书销售、原创代理出版等功能于一体，且实现盈利；2013 年，集团信息与新技术发展部成立，同时，电子书、点读笔、出版物云终端等新型数字产品也不断涌现。[8]目前，重庆出版集团大力推进传统出版向新兴出版的转型升级以及融合发展，加速集团产业结构调整，形成以集团数字出版传媒基地为"一个拳头"，重点打造对内组织、聚合集团的数字内容资源，对外联合运营商、终端商等，进行数字内容营销传播的高效整合运营平台。同时，带动传统资源优势延伸、本土特色资源发掘、优质资源聚合与传播"三张网"，以期实现成为数字内容综合运营服务商的发展目标。[10]

（二）产品业务

重庆出版集团全面启动全媒体数字出版业务，线上线下联动，纸质出版和数字内容综合开发、多措并举，切实打通数字出版产业链，提供包括电子书、电子书店、网络收费阅读、网络出版、手机出版、海外出版和在线数据库等在内的多种类型数字出版形态和全面的数字出版服务。现将主要的产品业务展示如下。

1. 天健出版发行平台

天健出版发行平台是重庆出版集团基于推动融合发展、构建全新的出版产业链，围绕用户需求打造的一个为作者、编辑、读者服务的全新商务平台。平台立足于数字内容积累，集创作、培养、价值挖掘于一体，融合作品发布、在线阅读、移动阅读、实体图书出版、自助排版、按需印刷等业务功能，并搭配 App、微信读书等多形态文化产品，形成基于移动互联网的立体出版格局，是新闻出版和移动互联网出版的运营新模式。[11]

平台目前主要有原创天地、出版中心、按需印刷、阅读活动、天健书库、移动端六大功能模块。

2. "阅读重庆"全民阅读平台

2018 年，重庆出版集团自筹资金，重点打造"阅读重庆"全民阅读平台，全面整合作家、专家和图书资源，致力于为读者提供多元丰富的数字阅读体验。"阅读重庆"实现了内容主题化引导、精准化推荐、个性化服务、知识化支撑、移动化阅读以及线下体验和阅读辅导的 O2O 模式，为包括重庆在内的大西南地区的读者提供丰富的线上线下的阅读资源，为先进文化的有效传播、人文素质的提升、科学知识的普及等提供了全方位的支持与服务。[12]

截至 2018 年 12 月底，"阅读重庆"全民阅读平台已取得一定成效，当年共发布优质内容 800 余篇，积累了 20 余万人的读者数量，阅读量超过2000 万次。[13]2019 年 4 月 12 日，在第五届中国数字阅读大会上，"阅读重庆"入选"2018 年度十大数字阅读项目"。该奖项是"悦读中国"年度三大奖项之一，同时重庆出版集团也是全国唯一获奖的地方出版集团。

3. 智慧阅读 O2O 项目"渝书坊＋"

智慧阅读 O2O 项目"渝书坊＋"依托互联网、大数据、人工智能等新技术，致力于打造智能化全民阅读空间，为读者提供舒适便捷的阅读生态服务，搭建起读者与作者、读者与出版社的多方沟通桥梁。目前，"渝书坊＋"已有"＋机关""＋学校""＋餐饮"等多种形式。"渝书坊＋"分为线上和线下平台，读者在手机上简单操作后，可以在任意线下网点自助借阅或购买图书。

"渝书坊＋"依托大数据、云计算、人工智能等新技术，将作者、内容、读者与不同生活场景融合，智能识别读者的阅读偏好，并提供个性化阅读服务。同时，不断加强与机关学校、商场银行等不同应用场所的多元合作，形成广泛的智慧阅读场景，随时随地满足市民的阅读需求。

同时，作为"渝书坊＋"的延伸项目，"楼下·健身阅读智慧屋"积极响应"全民阅读"和"全民健身"的号召，目前已在全市 11 个社区投入使用。它采用智能人脸识别门禁系统，提供 24 小时随进随出的便捷服务，打造"5 分钟生活圈"，同时满足居民的阅读需求和健身需求。

4. 大足石刻全集数据库

重庆出版集团在 2010 年联合大足石刻研究院，启动了《大足石刻全集》出版项目。《大足石刻全集》的编辑出版工作量巨大，历时 14 年完工，是迄今关于世界文化遗产大足石刻最全面、最权威的考古研究报告。[14] 该项目进入"十二五"国家重点图书出版规划，获得国家出版基金和重庆市出版专项资金资助。

重庆出版集团数字化转型在本土文化上做文章，探索大 IP 经营模式，充分利用大足石刻这一宝贵资源，开发出具有创新性、学术性的文创产品，拟建立大足石刻全集数据库，把它作为兼顾特色数据库出版与地方非物质文化遗产保护的新项目。巴渝非物质文化数字出版平台则通过数字化技术手段，针对优秀巴渝文化进行搜集、整理、存储、展示和数字化传播，丰富市场产品，利用科技优势弘扬传统文化，推动巴渝文化"走出去"。[15]

5. "淘土货"农产品交易平台

农家科技杂志社基于多年积累的农产品用户资源，着手打造电商体验店，2015 年，"淘土货"农产品交易平台上线。该平台作为服务农民的新型电子商务平台，集浏览、交易、互动等功能于一体，覆盖从采购、产品展示、订购到储运以及电子支付的完整贸易流程，通过线上展示、订购、信息发布、品牌推广和线下体验的"B2C ＋ O2O"模式，服务于产品供应方和消费者。

"淘土货"网定位于农产品交易平台，在《农家科技》杂志和城乡统筹发展网的基础上开辟农产品销售服务板块，拓展公司与企业的服务深度和广度，形成"三农"领域中集农技传播、宣传推广、农产品销售于一体的全方位服务模式。

6. "安全阅读云"文化教育数据平台

伴随着大数据和智能化迅速发展，数字出版安全成为不可忽视的问题。"安全阅读云"，即文化教育大数据中心，是安全、先进的文化教育数据平台。该平台集数据归集、数据加工、数据管理等功能于一体，有效整理、保障数字出版的内容安全。"安全阅读云"不仅通过专业生产内容（PGC）、用户生产内容（UGC）、职业生产内容（OGC）等多种方式整合各类资源，而且为用户权益提供保护，在利用人工智能技术的基础上对出版物进行审读与校对，更仔细审核用户上传的内容，以保证导向的正确性。

同时，该平台还将通过专业技术手段对上传内容进行整合，实现内容数据化、标准化以及应用多元化，有效积累数据资产、释放数据价值，更好地服务广大读者。[16]

四　数字出版发展的主要特色

重庆出版集团充分发挥内容资源优势、编辑人才优势和制度政策优势，依托互联网、大数据、人工智能等新技术，在数字出版领域进行积极的探索，逐渐形成"多位一体"数字出版产业布局，为用户构造智能化全民阅读空间，提供舒适便捷的阅读生态服务。现将重庆出版集团数字出版的发展特点总结如下。

一是加大技术投入力度，以技术创新驱动数字出版发展升级。计算机技术的日新月异和互联网运行的开放特性，奠定了数字出版繁荣发展的基础，技术始终是推动出版产业发展的重要动力。重庆出版集团从战略层面对数字出版技术给予高度重视和密切关注，坚持以新技术为先导。2017年，重庆天健互联网出版有限责任公司开始关注AR技术在数字出版领域使用的标准规范问题；2018年，以大数据智能化为引领的创新驱动发展战略，明确了在数字出版领域推进AR、VR、MR等技术及全息成像、裸眼三维图形显示产品的开发，从而推动相关技术在数字出版领域的应用，增强集团数字出版产业的自主创新能力和核心竞争力。

二是深度开发内容资源，发挥川渝地区特色资源优势。重庆出版集团善于挖掘自身的特色内容资源，制定符合自身情况的业务发展战略，选择科学合理的商业模式，真正实现传统出版向数字出版的转型发展。如集团拟开发的大足石刻全集数据库，是基于《大足石刻全集》纸本内容的资源开发与整合，通过对具有地方特色的图书资源进行数据形式的梳理、管理及开发，既充分发挥出当地特色出版资源的优势、扩大出版影响力，又能实现内容资源效益最大化。

三是多方联动衔接市场需求，深度合作打造数字出版产品。如天健出版发行平台，是集团与北京华章网、城乡规划网、海上货、"BOOK"平台等共同建设和运营的。在数字平台搭建和内容资源利用上，通过积极联合内外部资源，积极探索、开展多方面的合作，建立长期稳定的战略合作伙伴关系，有助于实现共建共享、优势互补、多方互惠和合作共赢。在促进自身发展的同时，也进一步提高整个行业的综合实力和竞争力。

四是内容赋能电商平台，延伸数字出版产业链。集团旗下的农家科技杂志社以《农家科技》杂志多年积累的优质内容资源和庞大读者群为基础，建立"淘土货"农产品交易平台，致力于打造有地方民族特色的文化电商惠农服务平台。伴随着传统电商向内容电商的升级发展，出版社与电子商务跨界融合，有助于通过创新内容和整合资源来实现以"营"助"销"，通过提供专业优质的内容服务来塑造产品形象，增加粉丝对平台的关注度、对产品的信任度和对平台的忠诚度，最终达到销售产品的目的。集团通过打通内容、产品、技术、硬件、平台之间的渠道，以内容服务连接产品和用户，将资源优势转化为经济优势，提高电商的经济效益。

五是引领行业未来健康发展，构建数字出版领域的文化安全保护机制。新的时代背景下如何重构出版行业的内容资源，有效实施出版监管，是重庆出版集团一直在探索的事情。集团大力实施的"安全阅读云"项目，植根大数据产业，建立包括内容、用户、交互在内的数据管理系统，加速出版内容、载体、服务、发行等全产业链的升级改造，从而重构出版行业新的增长点。同时，通过技术手段和专业人士把关，对所有入库内容数据进行审核，筛选出不合规内容或有不良倾向内容，能有效为出版监管做好支撑，为数字出版领域的文化安全和意识形态安全提供支撑。[17]

五　数字出版主要成果

重庆出版集团从发展观念、角色定位、组织制度、人才技术等方面积极探索数字出版转型发展之路，注重发挥内容资源的集中优势。基于内容服务商的角色定位，加强与需求匹配的技术平台深度合作，从设计出版物形态、开发产品模式、拓宽销售途径等多方发力，助力传统纸质出版和数字出版双轨发展，并进一步实现数字出版与纸质出版营收同步增长。

集团制定了"一个拳头三张网"的发展思路。其中，"一个拳头"是指创建数字出版传媒基地，"三张网"是指发掘本土特色文化、延伸传统优势和开展数字化项目国际合作。集团加快布局数字出版产品生产和项目开发，2014 年，集团数字出版销售收入已达 6000 多万元；2015 年，集团成功入选"国家数字复合出版系统工程应用试点单位"。[15]

目前，重庆出版集团已经基本完成对全品种图书的数字化转化，初步建立了数字出版的管理制度与运作体系，有效对接新媒体产业链的各方资源，逐步探索出数字出版市场化运营和盈利创收的发展之道。[15]

加快数字出版平台建设，形成天健出版网、天健出版发行平台、天健按需出版应用示范平台等数字出版平台矩阵，致力于实现集团整体数字化转型发展和探索融合发展之路。除此之外，集团先后被评为全国第二批数字出版转型示范单位、全国新闻出版信息标准化技术委员会委员单位等。

2005 年 11 月，重庆天健互联网出版有限责任公司成立，它既是重庆出版集团旗下开展数字出版的全资子公司，也是全国范围内较早实施公司化运营的数字出版机构。在十多年间，它在数字出版领域积极探索并取得了可喜成绩。其中，策划实施的 5 个项目入选新闻出版改革发展项目库；为集团引入 ERP 系统、OA 系统，实现编辑出版流程与行政事务办公的一体化管理；构建协同编纂与动态出版系统，并建设重庆出版集团数字资源库，建立了首个基于国际通用标准的数字内容加工的行业标准。2016 年 12 月，天健出版发行平台在顺利通过测评验收后正式上线，入驻了吴家骏、小桥老树等优秀青年作家 2000 多人，发布作品超过 5 万件。网站 IP 日均访问量在 4 万次左右，PV 日均访问量在 25 万次左右，Alexa 排名在 2 万名左右。[18]

近年来，重庆出版集团还进军游戏产业，先后开发了数十种单机版游戏、网络游戏和无端网页游戏。其中，益智游戏《苗苗智慧王国》、网络游戏《笑闹天宫》均获佳绩，实现多个"零"突破。集团将在未来打造出一流的青少年益智类游戏平台，集原创开发、自主出版和独立运营于一体，营造积极健康、充满正能量的美好游戏世界。

六　结语

目前，重庆出版集团在数字出版领域已经取得十分显著的成绩，但是仍然存在内容开发不充分、技术水平较低、人才资源匮乏、盈利模式不清晰等问题。集团需要继续加大数字化转型升级的力度，加快推进融合发展进程，不断提升产品质量与服务水平，为实现从传统出版向提供优质阅读服务转变、从传统顾客向用户转变而努力。

参考文献

[1] 黄睿、黄志亮：《"一带一路"战略下成渝出版业创新发展探索》，《科技与出版》2016 年第 11 期，第 121～124 页。

[2] 石林：《重庆出版集团启航》，《出版参考》2005 年第 15 期，第 16 页。

[3] 林郁：《数字时代的编辑素养与意识——以重庆出版集团编辑队伍的建设为例》，《出版广角》2017 年第 11 期，第 48～49 页。

[4] 重庆出版集团官网，http：//www. cqph. com/Group。

[5] 刘红：《从〈冰与火之歌〉到〈三体〉——重庆出版集团的"引进来"到"走出去"之路》，《新闻研究导刊》2019 年第 3 期，第 1～2 页。

[6] 紫龙：《重庆出版集团从单一社走向集群化》，《中国图书商报》2012 年 6 月 8 日。

[7] 朱彤：《基于价值链的出版企业绩效管理问题研究——以重庆出版集团为例》，《科技与出版》2015 年第 5 期，第 36～39 页。

[8] 《重庆出版集团 2000 万基金力推新技术应用》，文化产业网，http：//www. gansuci. com/2014/0507/9523. shtml。

[9] 《重庆出版集团：谋多元化发展》，中国新闻出版网，https：//www. chinaxwcb. com/info/47205。

[10] 《四大平台促转型升级 重庆出版集团精彩亮相深圳文博会》，人民网，http：//book. people. com. cn/n1/2017/0512/c69360－29271468. html。

[11] 天健出版发行平台官网，http：//www. tjzzcb. com/。

[12] 《"阅读重庆"全民阅读平台荣获"2018 年度十大数字阅读项目"》，华龙网，http：//art. cqnews. net/html/2019－04/12/content_50397245. html。

[13] 黄琪奥：《书香重庆 全民阅读丨山城处处有书香》，重庆日报网，https：//www. cqrb. cn/content/2019－04/23/content_192034. htm。

［14］《〈大足石刻全集〉记录世界遗产全貌》，光明网，http：//news. gmw. cn/2019 –
09/11/content_33153083. htm。

［15］刘蓓蓓：《重庆出版集团："一个拳头三张网"》，中国新闻出版广电网，https：//
www. chinaxwcb. com/info/67328。

［16］陈发源：《打造智慧出版安全系统 重庆出版集团发布多款数字技术产品》，
http：//art. cqnews. net/html/2019 – 09/15/content_50671588. html。

［17］伊璐：《"新出版 + X"重庆出版集团构造智能化全民阅读空间》，http：//
www. cbbr. com. cn/article/130049. html。

［18］刘爱民：《如何培养造就创新型数字出版人才——以重庆天健互联网出版有限责
任公司为例》，《出版与印刷》2017 年第 4 期，第 12 ~ 16 页。

第十五章
北京大学出版社：顺应媒介融合时代需求，打造知识服务内容产品

北京大学出版社作为综合性高校出版社，具有较强的综合实力和丰富的内容资源。在探索数字化转型过程中，依托自身传统出版积累的优势，积极应用新技术、顺应新形势，加快迈向融合出版新阶段。本章在全面梳理北京大学出版社发展概况的基础上，重点分析其数字化转型发展的三大主要阶段和主要成果，并从调整数字出版战略规划、重新布局数字出版营销渠道和积极参与数字出版标准建设等方面分析其成功的原因。

一　北京大学出版社简介

北京大学出版社（简称"北大社"）是依托我国著名的高等学府北京大学而存在的综合性高校出版社，其前身可以追溯到1902年设立的京师大学堂译书局和编书处。经国家出版事业管理局和教育部同意批准后，1979年北大社成立，恢复其建制，真正现代意义上的北京大学出版社由此诞生。

恢复建制的北京大学出版社由教育部主管、北京大学主办，依靠北京大学雄厚的教学科研力量，同时积极争取国内外专家学者的合作支持，出版了一大批高水平的高等教育教材、教学参考书和学术著作。这些教材、教参和专著不仅基本上满足了北京大学教学科研的需要，还被其他高校和科研机构广泛使用，有力地推动了本校科研的发展和师资队伍的建设。而北大社的众多学术专著，不仅在学术界具有广泛的影响力，在大众读者中也赢得了良好的口碑。"学术的尊严、精神的魅力"，这一北大社的品牌内涵为众多读书人

熟知。[1]

2007 年 4 月，教育部与新闻出版总署召开高校出版社体制改革试点工作会议，会上一共明确了 19 家出版社将进行试点改革，高校出版社的转企改制拉开序幕。北京大学出版社是首批试点改革的高校出版社之一，不仅较早地获得了国家税收优惠政策的扶持，而且较早地开始了建立现代企业制度、市场化运营的探索。转企改制在一定程度上理顺了出版社与学校的关系，在充分明确出资人在组织中的地位与权益的基础上，确立了高校出版社的市场主体地位，其经营自主权大大增强。[2]2010 年 12 月，经批准，北京大学出版社变更为北京大学出版社有限公司，顺利完成了改制工作。

如果说改制前的高校出版社是"事业单位、企业化管理"，那么改制后的高校出版社可以概括为"企业单位、事业化管理"。北大社社长王明舟在一次访谈中说："随着文化体制改革的推进，社会出版机构和大学出版社都已实现免税，但是，大学出版社仍然要向学校上缴利润，就造成了比较重的负担。"[3]这表明，完成转企改制的高校出版社，相对于社会出版机构而言，其体制依然是"特殊"的。

经过 40 多年的发展，北京大学出版社已成为一家以出版人文社会科学图书为主的综合性大学出版社，在出版能力、经营规模、社会影响力和市场影响力等方面都已跻身行业前列。有学者综合分析了大学出版社的发展路径，认为根据社会影响、经济实力、发展规模来划分，可将全国的大学出版社简单分为三个梯队，[4]北京大学出版社等 6 家处于第一梯队。

二　组织架构及人才培养

（一）组织架构

根据北京大学出版社官方网站介绍，北大社的组织架构主要由编辑部门、生产经营和管理服务部门构成。其中编辑部门包括经济管理、法律、文史哲、典籍与文化等 4 个事业部，理科、社科、汉语、外语、综合、职业教育等编辑室，以及教育出版中心、电子音像部；生产经营和管理服务部门包括党委办公室、内控与法务部、行政办公室、总编室（项目办公室）、市场运营中心、财务部、人力资源部、出版部、储运部、海外合作部、信息中心、质量管理部、终审室、校对科、北大书店、教学服务中心等。

（二）人才培养

人才是企业发展的重要资源。建社 40 多年来，北京大学出版社培养了一支实力过硬的人才队伍。据官网，在人员结构上，截至 2021 年底，北京大学出版社有在职员工 371 人，员工队伍朝着年轻化、高学历的方向发展。其中，大学本科学历 118 人，硕士研究生学历 165 人，博士研究生学历 26 人，硕士研究生学历以上人员占总人数的 51.48%；中级职称 136 人，副高级职称 59 人，正高级职称 26 人，中级以上职称人员占总人数的 59.57%。

同时，为适应互联网环境下的业务发展需要，北大社注重提升员工的业务水平，通过开展系统培训学习来完善员工在互联网方面的知识体系，锻炼其全新的思维方式。自 2014 年 6 月以来，由北大社分管社领导带队，安排员工分批开展有关互联网知识的培训和营销学习；在培训和学习的基础上，将互联网营销思维和方法融入出版实践中，在潜移默化中提升员工的工作能力并促进业务发展，同时也对整体工作转型发展产生引导和示范效应。[5]

三　业务概要

北大社的图书产品主要涉及教材出版、学术出版、大众出版三大业务方向，另有《网络安全技术与应用》、《经济学》（季刊）、《国际经济法学刊》三种正式期刊。出版范围主要覆盖人文科学、社会科学、自然科学三大领域，同时还向工程技术等其他领域拓展。经过多年的发展和积累，北大社逐渐形成在文史哲、法学、经济管理、汉语教学等出版领域的特色优势。同时，北大社还不断积极拓展对外出版和数字出版业务。

（一）三大主要业务方向

1. 教材出版

依靠多年积累的丰富教学资源、强大科研力量，以及来自国内外多名专家学者的支持合作，北大社策划出版了大量高水平、高质量，满足不同层次、不同类型院校需要的高等教育教材。截至 2021 年，已出版了 130 多个系列、13100 多个品种的各类教材。

北京大学出版社有很多教材被列入国家级、部委级教材规划。"十一五"期间，北大社的教材建设重点集中在基础学科、交叉学科和新兴学科，能体现学科最新研究成果、反映教学改革成果，以及在内容、体系或者体例上有明显特色的教材，教材建设呈现出立体化和网络化特征。与此同时，为了更好地服务于教学、科研，北大社每年都举办或者协办各种研讨会及课程培训班，希望通过搭建学习交流平台，为中国的高等教育事业做出应有的贡献。其中，列入"十一五"国家级规划的教材有 320 项、近 400 种，在全国出版社中排名第 6。

"十二五"期间，北大社注重教材出版的特色化，制定了精品路线。围绕名师名课，创设"博雅"（本科）、"未名"（高职高专）品牌，构建立体化精品教材体系，提供整体教学解决方案，完成对优秀教学资源的有机整合，并提升运用的效率和水平。其中，139 种图书入选"十二五"普通高等教育本科国家级规划教材，在全国的出版社中排名第 8；共有 93 种图书成为"十二五"职业教育国家级规划教材。

自 2012 年以来，北大版教材共获各种奖项 400 多项，其中国家级 18 项，省部级 200 多项。[6] "博雅大学堂系列""21 世纪法学系列教材"等均取得较好的社会反响。北大出版社还顺应变化，深耕职业教育教材领域，推出的"互联网 +"创新规划教材也获得院校师生的好评。

北大社出版的教材，凭借高标准的内容质量及编校质量获得社会的广泛认可和赞誉，成为高校长年使用的经典教材。其中《中国现代文学三十年》累计销量近 150 万册，《语言学教程》累计销量超过 180 万册，《中国现代文学史》累计销量超过 100 万册，《艺术学概论》累计销量超过 130 万册。

以上数据表明，北大社的教材使用量很大、学生读者数量多，这为北大社教材的数字化出版奠定了良好的基础。为跟进学科发展的最新前沿动态、呈现学科研究的最新成果并保持教材的领先地位，北京大学出版社注重教材内容质量建设和内容更新，持续对教材进行全面追踪、捕捉信息和及时修订。

2. 学术出版

学术著作的出版是高校出版社的历史使命。北大社注重出版物内容的高质量，强调学术创新，关注国内外先进学术成果，在繁荣学术的基础上积极促进学科体系建设和发展，积极弘扬优秀中华文化。北大社始终积极出版有利于思想积累与学术创新的著作，尤其是高水准、原创性、开拓性的学术著作，持续推出高水平的基础学科和新兴前沿学科、边缘学科的学术著作，尝试将北大的学术优势和师资优势转化为出版优势。北大社在学术出版板块也实力雄厚，在近年的新书中，每年学术新书占 45%，比例超过了教材。同时，北大社通过多年积累形成众多学术出版品牌，在学术界获得一致好评，在海内外均产生较大影响力。

截至 2022 年 4 月，北大出版社共承担国家出版基金项目 36 项，国家哲学社会科学成果文库项目 60 项（列全国第 1），国家哲学社会科学基金后期资助项目 343 项，国家古籍整理出版资助项目 21 项，等等。

同时，北京大学出版社优质的学术著作不仅在国内学界有口皆碑，还大量"走出去"输出海外。从每年发布的《中国图书海外馆藏影响力研究报告》可以看到，对大陆近 600 家出版社进行监测的数据显示，北京大学出版社是唯一连续几年进入影响力排行榜前 10 名的大学出版社。比如，在 2006 年全国版权输出和引进交易总量排行中，共有 11 家大学出版社进入前 50 名，北大社无论在大学出版社排名还是全国出版社排名中均位列第 1。[7]此外，北大社也多次被评为"国家文化出口重点企业"。

北大社通过学术出版积累优质的作者资源、内容资源，为数字出版转型奠定了良好的基础。

3. 大众出版

北京大学出版社在高品质大众图书的出版和推广方面也走在国内高校出版社的前列。在近年出版的新书中，大众新书占 20%。大众图书主要有以下三类。

第一类是分类存在交叉性的图书。从写作方式来看，可以称为学术书；从其读者受众来看，又可以称为大众书。所以，通常称为学术畅销书。在北大社的图书产品中，存在大量这样的作品，比如《中国哲学史》、《中华文明史》、"未名社科·大学经典"等图书，都是畅销的学术专著。

第二类是指相对于学术专著而言，可读性更强、读者面更广，但又具有一定的学术含量和知识含量的书。如北大社推出的"有温度的艺术书""有温度的历史书""有温度的诗词书""有温度的心理学"等艺术、历史、诗词和心理学等方面的普及类图书，以及《大观红楼：欧丽娟讲红楼梦》《叶嘉莹讲词精选》等图书。

第三类是一些引进版的人文社科书，读者范围也较广。如《全球通史》《世界文明史》《大学之用》《知识社会中的大学》等。

大众精品书的出版，扩大了北大社读者的层次和范围，也提升了北大社在普通读者中的影响力和美誉度，为其数字出版奠定了良好基础。

（二）对外出版

北京大学出版社把发展版权贸易作为出版"走出去"的重要途径。在版权贸易工作中，围绕输出和引进并举的工作思路，建立"让版权贸易健康发展"的长效机制。目前，北京大学出版社已形成广泛的对外出版格局，同全球上百家出版社形成了良好的合作关系。

北京大学出版社将引进版权图书发展方针凝练为"为我所需"和"双效并重"，兼顾社会效益与经济效益，积极引进各种版权。40多年来，结合自身的发展规划，积极响应我国"走出去"战略，立足版权输出，整合全社资源，大力推进图书"走出去"。为充分体现自身特点和发展优势，北大社将版权输出重点领域确定为对外汉语教材和人文社科类图书，与施普林格出版集团、剑桥大学出版社等众多国际知名出版商积极联络和展开合作，累计输出版权近2500余种，涉及英语、德语、法语、俄语、泰语、越南语等20多个语种。

（三）数字出版业务

北大出版社从21世纪初即开展以电子书为主要形式的数字出版业务，一批批纸质图书陆续以电子书、数字图书馆的形式进入市场。目前的数字出版形式仍以电子书为主。近年来，"互联网＋"形式的教材品种在不断增多。北大社依托传统出版积累的优势，利用新兴技术开发数字资源库、在线课程等，积极推进融合出版的发展，最终形成具有北大社特色的数字产品与服务，满足用户对优质数字阅读资源、教育资源的需要。

北京大学出版社肩负"传播知识、积累文化、繁荣学术、服务社会"的责任，为积极响应"全民阅读"这一号召，2015年初创设北大博雅讲坛。这一高端文化平台旨在弘扬传统文化和推广全民阅读，这也是出版社使命的一种体现。自2015年以来，该平台充分发挥示范引领作用，组织开展了形式丰富的主题读书、文化阅读等活动，充分发挥优秀文化平台的引领作用，营造书香社会的浓厚阅读氛围。

北大博雅讲坛自成立之日起，采用线下线上多种形式的新媒体和新技术，不断推进在线直播平台、音视频资源库建设。通过大数据分析、内容运营推广、垂直营销等手段，为广大受众提供了高质量的数字产品，使读者产生全新的阅读和交流体验。

四　发展成就

北京大学出版社自建立以来，获得了一系列重要的荣誉和肯定。如 2010 年被新闻出版总署评为第二届中国出版政府奖（先进出版单位）；2012 年 9 月，作为唯一一家大学出版社，被中宣部、文化部、新闻出版总署评为"全国文化体制改革工作先进单位"。北大社在出版"走出去"中有突出的成绩，曾多次获得相关的荣誉和表彰。2012 年、2014 年、2016 年、2018 年、2019 年、2021 年六次被商务部、中宣部、财政部、文化部、新闻出版总署/国家新闻出版广电总局/国家新闻出版署认定为"国家文化出口重点企业"。

自 2012 年以来，北京大学出版社共获得各种出版物奖项 1169 项，其中国家级 38 项，省部级 638 项。这些奖项绝大部分为纸质图书的奖项，与数字出版相关的是：《电脑学校 4》（只读光盘）获国家电子出版物奖；《国际标准汉字大字典》（多媒体家庭版）获国家电子出版物奖提名奖。

（一）积极承担国家级项目，研究成果丰硕

截至 2022 年 8 月，北大社承担国家哲学社会科学成果文库项目 60 项。其中《西方诠释学史》《简帛文明与古代思想世界》获得第七届高等学校科学研究优秀成果奖（人文社会科学）二等奖；《圣愚之维：俄罗斯文学经典的一种文化阐释》《缅甸语汉语比较研究》《宋金文学的交融与演进》《东南亚古代史：上古至 16 世纪初》《法学流派的人学之维》获得第七届高等学校科学研究优秀成果奖（人文社会科学）三等奖。

承担国家哲学社会科学基金后期资助项目 343 项。其中《外来规则与固有习惯——祭田法制的近代转型》获得第四届"中国法律文化研究成果奖"一等奖；《经学文献的衍生和通俗化》（上、下册）获得第四届中国大学出版社图书奖优秀学术著作二等奖；《中国现代美术之路》获得第七届高等学校科学研究优秀成果奖（人文社会科学·艺术学）一等奖、第三届中国出版政府奖图书奖提名奖；《中国儒学史》（九卷本）获得第七届高等学校科学研究优秀成果奖（人文社会科学·哲学）一等奖、第四届中华优秀出版物奖图书奖；《中国历史农业地理》《科学的社会性和自主性：以默顿科学社会学为中心》《守望·追寻·创生：中国西部小说的历史形态与精神重构》获得第七届高等学校科学研究优秀成果奖（人文社会科学）三等奖；《南画十六观》

获得第五届中华优秀出版物奖（图书奖），并入选中宣部、中国图书评论学会评出的"2013中国好书"。

承担国家古籍整理出版资助项目21项，出版了《清代经学著作丛刊》（第一辑）、《重归文献——影印经学要籍善本丛刊》之《仪礼经传通解》、《日本〈论语〉古钞本综合研究》、《清代宫廷大戏丛刊初编》（全十册）等古籍类专业图书。

2013年，经国家新闻出版广电总局批准，北京大学出版社取得辞书出版专业资质，出版的《杜登德汉大词典》既是国家社科基金后期资助项目，又获得第七届高等学校科学研究优秀成果奖（人文社会科学·语言学）三等奖。《汉语印地语大词典》《汉语阿拉伯语词典》获得国家出版基金资助。

由中国图书评论学会和南京大学中国社会科学研究评价中心共同发布的《中文学术图书引文索引》（Chinese Book Citation Index，CBKCI）以引用量为依据，从1992年以来的所有图书中遴选出精品进行统计排名。它是对出版社各学科实力的评价，也是一个出版社在国内综合学术影响力的体现。在2017年发布的排名中，北大社有7个学科进入前三，9个学科进入前八。[1]

（二）注重国际合作，成为版权引进与输出的重要窗口

北京大学出版社是"中国图书对外推广计划"工作小组首批成员单位之一，并连续多年被评为"国家文化出口重点企业"。2011年因版权输出成绩突出被评为全国"新闻出版'走出去'先进单位"，2012年获评北京市新闻出版和版权工作先进集体，2013年荣获中国版权协会"中国版权最具影响力企业"称号。

（三）全面推进"全民阅读"，为文化建设添砖加瓦

北大博雅讲坛至今共举办了200多期精品活动，共邀请近400多位思想领袖、学界精英与知名专家进行演讲，现场参与的读者人数超过50万人次，线上参与的读者更是突破了上千万人次。活动场场爆满，颇受欢迎。

与此同时，报刊、网络、新媒体纷纷争相报道，业界的精彩点评铺天盖地。读者的满意度极高，好评如潮，北大博雅讲坛的社会影响力非常大。梳理几年来的成绩，北大博雅讲坛已经发展为知名阅读品牌、全民阅读典范，在推动文化建设中发挥了重要作用，受到社会各界的广泛认可和好评。2018年，北大博雅讲坛喜获国家项目资金资助并入选北京大学第一期文化品牌项

目，2016～2021年连续五年获得"书香中国·北京阅读季"优秀合作机构奖，并在第十二届新闻出版业互联网发展大会评选中获得"优秀阅读平台奖"。

（四）建立细分市场，出版品牌颇具成效

北京大学出版社面向高校图书市场，借助优质内容资源和优势学科资源，出版覆盖多个专业学科领域、囊括普通高校本科、自学考试、研究生等不同阶段的教材、教学参考书。

过去，北大社教育出版中心为扩大市场规模，投入大量精力参与一般性教辅竞争。在竞争激烈的市场中，虽然能够通过跟风占据一席之地，但是这种发展模式并非长久之计。在意识到这个问题后，北大社不少编辑部通过掌握自身核心竞争力和明确核心读者人群定位，建立起专业的出版细分市场。转变发展思路，将重心投向"大、中、小"衔接，从"打造一生的读书计划"出发，减少对教辅类产品的投入，转而强调人文关怀，为不同年龄段读者打造提高综合素质类出版物，推出新科学、新人文、新国学等系列丛书，强化自身的内容特色。

同时，北大社致力于走中高端路线，树立图书品牌。在开发高职高专文史哲教材时，将优质内容资源作为提升服务水平的重要保证，选取该领域顶尖学校开展合作，致力于打造和推广该领域最好的教材和服务。在人文社科领域，北大社在教育出版、专业出版和大众出版方向均已形成一批出版品牌。除了打造图书品牌之外，北大社根据产品生命周期特征，形成了畅销书、长销书等多元组合的产品布局，从而实现最优组合，形成持续的品牌效应。目前，北大社的"博雅"品牌教材通过前后贯通、深入挖掘，实现了领域的立体化、全覆盖。[8]

（五）发力自营线上渠道

谈到电商渠道建设，2012年以来，北京大学出版社图书发行业务实行渠道战略转型，由以实体店为主逐渐转变为实体店和网店并举。2013年，北大社在原有运营部门的基础上成立了电商部，更加专业地管理当当、亚马逊、京东等电商平台业务。2015年更是进一步强化了电商部的职能，增加了对文轩网和博库网业务的管理，将五大电商平台与所有新华书店、民营书店的网上书店统一纳入网络营销体系，集中进行信息传播与互动沟通。部门职能的调整和加强，帮助北大社更好更快地与市场进行对接，保证后续发行工作的顺利

开展。[9]

（六）新媒体成功运营

2013 年 3 月，"北京大学出版社"官微开通，通过新媒体运营为读者提供原创作品、新书推荐、读者活动、互动体验等形式丰富的阅读服务，在传播知识文化的同时，积极推动北大出版社线上品牌建设。"北京大学出版社"官微多次入选"大学出版社微信影响力排行榜""大众喜爱的 50 个阅读微信公众号"等，还被评为"全国书业 2017 年度最受欢迎公众号"。[10]

五　主要的数字出版产品

北京大学出版社主要的数字出版产品包括以北大博雅讲坛 App 为代表的阅读服务平台、电子书和数据库。

（一）北大博雅讲坛 App

北大博雅讲坛 App 是北京大学出版社响应国家"建设书香社会，推进全民阅读"的号召倾力打造的阅读服务平台，现已上线百余场思想领袖、学界精英与知名专家的文化讲座，既可以让用户通过直播第一时间目睹名家风采，也可以为时间不充裕、不自由的用户提供可观看的精品视频课程，使其更好地把握课程的精髓。如果想要更进一步深度阅读，北大教授书单等权威推荐、无所不包的电子书资源库将成为绝佳助手。从内容到产品、从产品到用户、从合作到共赢，北大博雅论坛 App 旨在为读者还原知识的本质。

（二）电子教材等电子书

电子教材或纸质教材的电子化，正在适应各地教育改革与技术发展而不断推陈出新。在具体的工作实践中，北京大学出版社逐渐探索出满足一般高等院校教学需要的新式教材，即"互联网＋"教材，并在高校教师中得到广泛认可。这类教材并未完全抛弃纸质教材，而是在保留其形式的基础上延伸出电子教材的功能，将两者更好地融合创新，将在未来较长时期内发挥教学引导功能。[11]

（三）数据库建设

北京大学出版社利用自身专业优势，开发了大仓文库数据库和儒藏数据库，推进了古籍数字化。据北大社数字出版中心主任王原介绍，2013 年，北大筹资购买"大仓藏书"共 931 种、28143 册，是新中国成立以来中国国有收藏机构首次大规模收购留存在海外的中国古代典籍。后续北大社对其进行技术处理与入库，最终建立起数据库，在不造成损害的基础上充分发掘古籍版本的文化价值。除此之外，北大社、人大社等多家大学社使用编、印、发和财务一体化 ERP 信息管理平台，实现出版全流程的信息化。[12]

六　数字出版发展阶段及路径分析

在高校出版社中，北京大学出版社具有较强的综合实力和丰富的内容资源，也以此为基础在数字出版领域进行了积极的探索。其数字出版发展大概可以分为以下三个阶段。

（一）以电子书为主的阶段（2010～2015 年）

2010 年被称为中国"数字出版元年"。是年 8 月，新闻出版总署发布《关于加快我国数字出版产业发展的若干意见》。根据这一文件的精神指示，出版业开始积极进行数字化出版业务的探索。这一阶段，"电子书的盈利模式""电子书是否会冲击纸质书的销售"等问题，成为业界讨论的热点。

北京大学出版社在这一阶段开展了以电子书为主要形式的数字出版业务。借助丰富的内容资源，将一批批纸质图书（包括教材、学术专著和大众图书）转化为电子书的形式进入市场。2012 年，北大社的数字出版尚未形成成熟的商业模式。至 2016 年，北大社的数字出版形式仍以电子书为主。[1]

（二）积极建设"互联网＋"教材阶段（2016～2018 年）

我国高校出版社依托高校，建立的初衷是为高校的教学科研服务，因此，其发展与高等教育的发展可谓息息相关。2017 年 1 月，国务院印发《国家教育事业发展"十三五"规划的通知》，指出要积极发展"互联网＋教育"，这为高校出版社的数字教育出版带来发展机遇。在这一背景下，作为传统教学核心载体的纸质教材已经不能满足教育现代化的需求。很多高校出版社投入高校教材的电子化、立体化和多媒体开发中。

北京大学出版社对此也做了积极的探索。在具体的工作实践中，北大社的"互联网＋"教材借助二维码、App 等通用技术手段，在提供常规专业知识的基础之上，为读者提供音视频、动画、图像、考试系统等在线拓展内容，具备富媒体性和强交互性，一经推广便获得师生广泛认可。[11] 同时，北大社在纸质教材的出版流程中加入电子化加工过程，并逐渐形成常态化工作流程。在这个阶段，北大社越来越多的教材采取"互联网＋"的形式开发。

北大社也进行了大型古籍数字化的探索。重点古籍整理工程《儒藏》（精华编）整合了 400 余种有代表性的中国古代儒家典籍文献，收录了韩国、日本、越南历史上以汉文著述的重要儒学著作 100 余种，共计 339 册，约 2.5 亿字。因这些文献通用汉字，大大降低了语言与技术门槛，有利于历史文献电子文本数据库和高效快捷的检索系统的建设。[13]

这一阶段，北大社在数字出版领域的实践和探索虽然有所推进，但是总体来说，仍然处于将纸质的教材、学术专著、大众书和典籍简单数字化的阶段。

（三）媒介融合时代的数字化转型阶段（2019 年至今）

2019 年，"北大博雅讲坛"App 的上线，在一定程度上标志着北大出版社进入媒介融合的数字化转型探索阶段。

2015 年，北京大学出版社启动"北大博雅讲坛"。论坛以"阅读中国、悦读经典"为宗旨，意在打造弘扬传统文化和推广全民阅读的高端文化平台，是结合网络强国战略及新媒体传播的特性建立的系列名家讲座活动平台。北大博雅讲坛与全国 13 家精品书店合作，建立了北大博雅讲坛阅读空间，自 2015 年启动至今，已举办 200 多场权威、专业、有影响力的精品活动。2018 年获国家财政支持，入选北京大学第一期文化品牌项目，并连续多年在新闻出版业互联网发展大会上被评为"优秀阅读平台"。

2019 年 11 月，"北大博雅讲坛"App 正式上线。该 App 上的内容包括：阅读空间的视频直播；根据讲座剪辑而成的视频课程（每段课程时长 10 分钟左右）；覆盖千余种电子书的资源库；各类书单，如北大教授实名推荐的专业书单，人文、艺术和科技等不同领域的主题书单等。在全民抗"疫"的特殊时期，"北大博雅讲坛"App 平台彰显出强烈的社会责任感，2020 年限时免费开放了 2000 余种优质内容资源，联合多家专业机构出品了"抗击新冠肺炎疫情中的心理应对"视频课程。

在人文社科学术出版领域，北大社积累了丰富的作者资源，并形成了广泛的社会影响力。在实体书店尤其是中小书店，汇聚了大批社群读者，亟须从海量信息中筛选整理出优质内容。因此，"北大博雅讲坛" App 既面向 C 端，又服务于 B 端，连接作者、读者、实体书店等多元主体，通过发挥北大社等更多机构的优质内容资源，并与实体书店（特别是中小书店）形成合力，从而为读者提供更加完善的文化服务。市场运营中心主任王林冲强调，"北大博雅讲坛" App 项目最关键的一点是连接与知识服务，而非知识付费。他认为团队的初衷是搭建一个专业的内容平台，而不是仅仅输出北大社的内容。[14]

2019 年 8 月 21 日，在第九届中国数字出版博览会上，北京大学出版社与"学习强国"学习平台签订数字内容资源合作协议，成为与该平台签订合作协议的 31 家出版社之一。协议的签署，标志着双方正式开启基于优质内容资源的深度合作。[15] 据悉，北大社正在开发"电子样书架"微信小程序。[1] 这一小程序主要的功能有：①支持院系专属，免费定制开发。针对不同院系涉及的专业，根据院系提供的专业课程设计，提供不同的专业目录和图书上架选择。②支持样书列表浏览、查询，章节预览。对于每本电子样书，逐步推进电子样章工程，方便浏览。③支持院系预约实体书展。院系可以发起线下实体书展，待出版社方确定后，可以线下实施。

以上信息表明，北京大学出版社正在进行媒介融合时代的数字出版转型探索。

七 数字出版发展创新分析

（一）调整内部生产机制，重视数字人才培养

1. 适应市场变化，调整组织架构

为了更好地适应"互联网+"的时代需求，北京大学出版社不断调整组织架构、优化部门职能，为数字化转型发展提供坚实的制度保障，尤其体现在对市场营销部门的改造升级。北大社将电商和互联网书店性质的机构从传统的销售部门中剥离，实现由过去单一的垂直型营销组织向复型、扁平化组织转变，使得部门功能更加全面、分工更加细化。

2013 年，为了顺应互联网时代的发展需要，北京大学出版社运营中心成立了电商部，将京东、当当网和亚马逊三大电商平台作为其业务对象。同时，为充分发挥市场部门的实际功能、提升网络营销的产出效果，2014 年下

半年，北大社着手打造新媒体营销团队，不断加大对互联网图书的营销力度。2015年，为顺应市场变化和深入开展网络营销工作，北大社再次完善升级电商部职能，在原有3家电商的平台基础上，增加文轩网和博库网，将合作电商扩大至5家。同时，还将所有新华书店、民营书店的网上书店纳入统一营销网络。

2. 提升技术水平，制定技术标准

"互联网＋"时代，制定配套制度和规范，是实现新技术创新发展和运用的重要保障，也为业务优化和服务升级奠定了坚实基础，最终促进新技术条件下业务的顺利开展。为方便书店采购人员准确掌握图书销售特性，电商以及书店对出版社提供的图书信息提出了较高要求，希望能够获取尽可能完善详尽的图书信息，从而减少双方信息沟通交流的障碍。

在此情况下，为使书店采购人员全面掌握图书适销情况、提升信息采集的准确率，市场运营中心制定了专门的《新技术条件下图书信息采集标准准则》，以更好地适应新技术形势下的新发展和新需求，增强出版社的服务水平。具体来说，北大社规定：首印8000册以上的A类图书需提供46项信息；首印5000册以上的B类图书需提供39项信息；首印3000册以上的C类图书需提供29项信息。[16]

3. 重视营销人才培养，焕发行业生机活力

"互联网＋"时代对出版营销人员提出新的要求：业务人员在熟悉渠道、客户、卖场、纸媒、销售等传统概念的基础上，需要转换思维方式、提升业务水平，了解和掌握互联网营销的运行机制、服务平台和操作技能。出版社通过开展有效的员工培训，使业务人员快速更新知识结构，从而与新的业务模式更好地衔接。

北大社非常重视对营销人才的培养。分管营销发行工作的副社长张涛认为，在"互联网＋"时代，发现、重视并使用新型营销人才，不但可以使出版团队的面貌焕然一新，而且能使出版产业通过跨界融合焕发新活力，推动出版产业向纵深发展。在数字出版时代，新型营销人才的边界也得到不断延展，不再局限于编辑岗位人员。从具体工作内容来看，涉及网页设计、新媒体营销、数据分析、电商渠道管理、电商销售等一系列操作，因此需要更多掌握新技术、具备新思维的新型营销人才，以技术手段为依托，创新营销手段、开展跨界营销、增强营销效果，最终实现出版产业的融合发展。目前，北大社已经综合利用音视频、在线微课、线上读书会等立体营销手段，通过新型营销人才的积极参与，不断丰富图书产业的形态。[17]

（二）探索数字营销平台，构建立体多元的销售渠道

1. 发挥线下渠道优势，分类布局线下渠道

伴随着电商渠道的快速崛起，传统发行渠道的生存空间受到前所未有的挑战。在此情况下，图书发行业务需要根据市场情况，及时调整线下渠道的战略布局，因地制宜地开发馆配渠道，充分发挥传统渠道服务读者的集中优势，减少不必要的资源浪费。

近几年，鉴于图书销售渠道的变化，为避免新兴电商渠道在物流运输、销售价格等方面形成绝对优势，北大社几乎全面退出全国各地的图书批发市场渠道，也不再强调开发非省会城市的二级市场渠道。与此同时，着手解决传统渠道内图书品类庞杂的弊端，加强对实体店渠道的分类布局，增强渠道建设的专业性，减少电商渠道对地面书店渠道的冲击。北大社根据图书的特性，重点规划了多条专业图书销售渠道，其中包括独立书店渠道、馆配渠道、新华书店系统渠道、机场渠道等，不断强化线下图书发行渠道布局的专业化程度，增强实体店销售渠道的市场竞争力。

2. 主动布局电商渠道，线上线下统筹发展

2009 年以后，当当网、亚马逊、京东等三大图书电商平台的销售业绩呈现井喷之势，随之而来的是各类大小图书电商如雨后春笋般涌现。出版社图书整体销售数据显示，网上图书销售的份额逐年上升。出版社顺势布局线上网络销售渠道时，面对数量庞大、类型复杂的电商平台，势必只能有选择性地采取部分合作，根据客群特点和销售特色开展差异化营销，对电商渠道进行梳理、分类和差别化管理。

2012 年以来，北大社的图书业务实施发行渠道战略转型，由过去实体书店占据绝对主导地位的单一出版发行渠道，发展为"实体店＋网店"并行的双重渠道布局。同时，加快对全国性和区域性网络销售渠道的开发和维护，基本建立起具有不同销售模式、管理手法的三类渠道：一是综合性图书销售渠道，包括当当网、亚马逊、京东、文轩网、博库网五大图书电商；二是各地实体新华书店的网店；三是全国各地专业性民营网店平台。这意味着北大社的网店渠道布局进入了从被动接受到主动开发的发展阶段，逐渐打开图书销售新局面。

3. 拓展新媒体渠道，促进营销效果转化

进入 21 世纪，我国媒体社交化程度日益强化，"两微一端"随着智能手机的普及迅速崛起，出版机构纷纷自建官方自媒体信息平台、拓展信息发布渠道，以求充分接近消费群体，提升品牌宣传效果。北大社在 2014 年开设了微信公众号，并成立专门的新媒体营销团队。副社长张涛认为，掌握微信、微博、网站、论坛等可以传播图书信息的新媒体渠道，对出版社的营销品牌打造至关重要。通过策划、组织线下活动，紧抓热点话题，注重每一篇文章的品质，北大社的发行营销团队有效地实现了流量转化，并带动图书销量。[9]北京大学出版社微信运营十分成功。2015 年，入选"全国出版机构微信公众号综合影响力排名 TOP50"，成为仅有的两家入围高校出版社之一；2017 年，北大社在"2017 年度十大出版社品牌微信公众号"中位列第 2。[13]

北大社的微信运营有清晰精准的目标用户定位，用户主要为高知群体，推送内容包括重点学术畅销类图书的相关资讯、服务于高校教师的学术资讯、针对社会热点问题进行整合的营销传播资讯等。在功能定位上，公众号承担着宣传图书、服务教育、塑造品牌和传播文化的重要作用。它的成功之处集中体现在板块化运营、建立微信运营矩阵和重视通过互动增强用户黏性。

"北京大学出版社"作为综合性阅读类微信公众号，涉及的专业图书门类广泛，但是内容缺乏针对性；建设微信矩阵，则可借助其他公众号的专业特色内容来弥补主公众号的不足。北大社在运营官微的基础之上，立足高端文化平台定位，专设"北大博雅讲坛"活动类公众号，负责推送各类活动预告；同时，基于北大社旗下不同的细分出版品牌，不同编辑室和服务机构分别开设了"北大博雅教研""博雅好书"等专门的微信公众号，共同构成北大社微信公众号板块和矩阵。

"北京大学出版社"公众号线上线下联动，形成了成熟的用户运营机制和形式丰富的互动手段。北大社若开展名家讲座、读书沙龙、新书发布会等线下活动，会通过"北大博雅讲坛"进行预告活动，同时借助"北京大学出版社"官微和其他子微信公众号同步配合宣传，扩大活动信息的覆盖范围和影响力，从而提升线下活动的效果。同时，为了增强用户黏性和品牌忠诚度，经常开展有奖征集、有奖竞猜等互动活动，保持与用户及时沟通交流。同时，北京大学出版社入驻天猫旗舰店，依托微信公众号开通了社群交易平台，如微店和微商城。通过线上销售渠道的拓展，建立与读者直接的互动关系，第一时间掌握图书的动销情况，及时调整营销战略，利用数据优势实现

销售最大化。[18]

（三）积极参与国家项目，加快数字化标准建设

北京大学出版社是国家新闻出版署公布的 CNONIX 国家标准应用示范工作第二批示范单位之一。该标准的建设有利于推动新闻出版数据体系建设。通过国家标准应用示范，实现新闻出版产业链上下游数据的有效汇聚、共享、交换和应用，积累解决出版、发行之间数据不通畅这一制约产业发展的问题的经验。

八 结语

北京大学出版社创建以来，持续地推出了很大一批优质的教材和学术专著，为我国的教学科研和出版事业做出了贡献。在数字出版方面，北大社从 21 世纪初即开启了以电子书为主要形式的数字出版业务，一批纸质图书陆续以电子书、数字图书馆的形式进入市场；大力开发了一批"互联网＋"形式的教材。近年来，北大社出版社依托传统出版积累的优势，积极应用新技术，不断推动融合出版进程，通过开发数字化资源库、在线课程、网络平台等，形成了具有北大特色的数字内容与服务产品。而在媒介融合时代，如何准确把握行业动态，抢占数字转型先机，进一步开发多样化的数字产品形态，实现由内容提供商向知识服务商转型，构建新的盈利模式，真正推动数字出版的转型升级，针对这些问题北京大学出版社还需要进行更深入的探索和实践。

参考文献

［1］《中文学术图书引文索引·分学科入库统计（出版社篇）》，https：//www.sohu.com/a/395600037_100014717。

［2］中国大学出版社协会：《中国大学出版社概览（2006—2010）》，北京大学出版社，2015，第 106～111 页。

［3］崔立：《大学出版业：不能充斥太多商业因素》，《出版人》2012 年第 11 期。

［4］赵玉山、栾学东：《大学出版 3.0 时代：发展逻辑与转型路径》，《出版广角》2018 年第 8 期，第 12～15 页。

［5］张涛：《谈"互联网＋"时代图书发行战略转型》，《出版发行研究》2015 年第 12

期，第 41 ~ 44 页。

［6］ 北京大学出版社官网，https：//www. pup. cn/about？id = f45feec24ac643da9d175
e3a1faf9eb1&title = % 25E6% 2595% 2599% 25E6% 259D% 2590% 25E5% 2587%
25BA% 25E7% 2589% 2588&enTitle = Textbook% 20Publishing。

［7］ 新闻出版总署图书出版管理司：《中国图书出版产业报告（2005 - 2006）》，中国
人民大学出版社，2008，第 177 ~ 178 页。

［8］ 王军：《如何构建细分市场——谈北京大学出版社的"蓝海"战术》，《现代出版》
2013 年第 4 期，第 41 ~ 43 页。

［9］ 赵冰：《多元发行 + 精准营销，把"好酒"带出"深巷"》，出版商务网，http：//
www. cptoday. cn/news/detail/2740。

［10］ 贾米娜：《对大学出版社微信运营的 SWOT 分析——以北京大学出版社为例》，
《传播力研究》2018 年第 7 期，第 105 页。

［11］ 陈颖颖：《浅谈纸质教材电子化实践中的编辑工作——以北京大学出版社"互联
网 + 教材出版为例》，《时代农机》2018 年第 4 期，第 84 ~ 85 页。

［12］ 董琦：《大学社知识服务后来居上？》，中国出版传媒网，http：//www. cbbr. com.
cn/article/129563. html。

［13］ 赵新：《从〈儒藏〉精华编看古籍数字化的价值理念与技术前景》，《数字时代》
2016 年第 2 期，第 31 ~ 33 页。

［14］ 张聪：《北大社：还原知识本质搭建联接平台》，《中国出版传媒商报》2020 年 3
月 20 日。

［15］《北京大学出版社与"学习强国"学习平台签署数字内容资源合作协议》，中国高
校教材图书网，http：//www. sinobook. com. cn/press/newsdetail. cfm？iCntno = 30251。

［16］《谈"互联网时代"图书发行转型》，陕西科学技术出版社官网，http：//
www. snstp. com/nd. jsp？id = 106&groupId = - 1。

［17］ 张涛：《互联网 + 时代新型营销人才的创新》，《出版广角》2017 年第 8 期，第
34 ~ 35 页。

［18］ 周贺：《重塑渠道格局，加强出版机构渠道话语权》，中育频媒，http：//
www. csew. org/h - nd - 906. html。

第十六章
和思易：聚焦 VR 教育前沿领域，
打造沉浸式教学体验

　　和思易科技（武汉）有限责任公司聚焦 VR 教育领域，以科技创新为主导，致力于提供 VR 基础教育产品和解决方案。下面将详细介绍和思易的公司概况、发展历程、产品服务等综合情况，并从提升产品使用效果、加强技术创新与研发、积极开展多方合作等多个方面总结其耕耘 VR 教育领域的成功经验，以期为行业发展提供有用的借鉴和建议。

一　和思易简介

　　和思易科技（武汉）有限责任公司（简称"和思易公司"）成立于 2016 年 10 月，是依托武汉大学与武汉理工大学的专业科研团队和资源组建而成的，核心业务为研发、装备 VR 基础教育产品和提供数字教育解决方案。其核心团队成员包括"长江学者""全国新闻出版行业领军人才""武汉城市合伙人"以及地方高级专门人才，曾承担多项科技部科技支撑计划项目、国家自科基金、国家社科基金面上及重大项目和省部级科研项目，且主要成员均拥有 10 年以上教育行业经验。

　　公司根据教育部中小学课程教学大纲和实验标准自主研发的和思易基础教育 VR 实验教学系统，是迄今为止国内仅有的多科目、成系列基础教育 VR 实验教学系统，在国内外同类产品中居于领先水平，能够为教师和学生营造沉浸式 VR 实验教学环境和体验。公司可以提供 VR 基础教育应用平台和系统搭建、硬件配套设施搭建、软件系统升级、硬件设备维护等服务。同时，公司为所有客户建立客户档案，实现一对一个性化服务，提供技术支持专员，推行快速响应机制，确保第一时间解决客户的后顾之忧。公司已与武汉大学信息管理学院建立了长期稳定的合作关系，实现优势教育资源共享，为公司内容研发团队提供了坚实的技术基础和资源基础。

目前，公司已与戴尔、冠捷、宏达电子、翰林汇、攀升兄弟、PICO等硬件供应商达成战略合作，确保高质量硬件产品的采购。公司拥有一支朝气蓬勃、技术全面的高素质人才团队，拥有本科及以上学历的超过总人数的70%，核心技术人员结构稳定。目前，研发团队建立起快速高效的工作机制，能够高质量、高效率完成VR教育内容的研发和系统的搭建，为客户提供专业的技术支持与服务。

和思易公司作为一家高新技术企业，主要从事4个方面的业务：①计算机软硬件开发与相关服务；②AR、VR技术研发与咨询服务；③游戏开发及销售；④动漫制作。

和思易公司下设综合管理部、产品研发部、市场部、财务部。由综合管理部对VR实验室、VR创客空间、AR绘本、VR动画、VR科普等产品线进行统一管理，各部门分工协作，以缩短产品从研发到进入市场的周期。

和思易公司人才培养的主要方向是VR专业领域人才，包括Matte Painting原画师、产品经理、U3D工程师、售前技术人员等。①原画师：在其掌握手绘、平面绘图、场景原画等技能的基础上，着重培养其数字绘景技能；②售前技术人员：主要培养其对VR教育行业产品、方案的认知，以及独立设计完整的技术方案、独立制作标书和投标文件的能力；③U3D工程师：主要培养其unity3D开发能力，同时增强他们对VR教育领域产品的敏锐度；④产品经理：主要培养其综合管理产品的能力，包括收集各方需求信息，结合市场情况设计产品方案，撰写产品需求书，推动和协调开发部门开发，推进公司线上产品的完善并持续优化改进等。

二 业务概况

和思易公司的业务聚焦VR教育领域，全部业务围绕和思易基础教育VR实验室与和思易VR创客空间展开。2018年，第三版和思易基础教育VR实验室与和思易VR创客空间一经展出，便获高人气。第三版的两大产品与之前的旧版本相比，雕琢和完善了产品设计：全新升级的UI界面操作更具美感，让用户操作舒适度直线上升；场景搭建与模型设计更加符合真实情况，沟通虚拟与现实的桥梁变得触手可及；细节优化更加完美，特效渲染进一步升级，在增强互动的同时，操作也更为便捷、直观。这是和思易不断探索产品升级创新之路的又一次尝试。[1]现对和思易的发展历程进行介绍梳理。

2017 年 12 月 22 日，全球首家联机交互式 VR 实验室的揭牌仪式在华中师范大学第一附属中学初中部隆重举行。该 VR 实验室是基于和思易公司研发的基础教育 VR 实验室整体解决方案设计、建设的。该实验室拥有目前国内领先的多科目、成系列基础教育 VR 实验教学系统，可以为教师和学生提供沉浸式 VR 实验教学环境和体验。在硬件方面，VR 实验室得到戴尔科技集团的大力支持。此次建成的 VR 实验室所搭载的智能计算机与 VR 头戴式设备全部采用戴尔品牌原装产品，旨在为建设全球首家联机交互式 VR 实验室提供稳定、高效的硬件设备，为学校师生提供最佳的虚拟现实学习体验。[2]

2018 年 3 月 20 日，新闻出版广电总局规划发展司下发《关于总局改革发展项目库 2018 年度入库项目的通知》，经总局专家评审组审核并报经总局领导批准，和思易公司申报的"虚拟现实（VR）STEAM 教育资源平台开发与建设"项目，成功入选总局改革发展项目库 2018 年度入库项目。

2018 年 7 月 31 日上午，武汉市科技成果转化暨智能制造江汉区活动在武汉妇女创业中心二楼会议厅内成功举办。本次活动旨在加快科技成果在江汉区落地转化。来自智能制造业的优秀项目代表进行项目路演，最终有 3 个项目获得在场投资人的青睐。和思易 VR 教育项目名列其中，并与点亮资本的代表王小伟先生当场签订意向书。[3]

2018 年 7 月 3 日，"和思易基础教育 VR 实验室"（免费版）正式在微软商城上架，前往微软官网即可下载这款免费的 VR 教育产品。[4]

2019 年 5 月 24 日，和思易公司与地质出版社达成协议，开发地质出版社 VR 地质博物馆（VR 地质资源发布展示平台）项目。[5]

2019 年 7 月 4 日，和思易公司与佛山市文化馆就佛山市文化馆广东粤剧动漫资源建设达成合作。[6]

2019 年 11 月 26 日，和思易公司与黄石市第一中学就黄石市直属高中新高考装备支持——黄石一中 VR 实验室达成合作。

三 发展成就

（一）获奖荣誉

2018 年 6 月 23 日，由武汉市江汉区科技局主办，黑氪创业松鼠、优客工场承办，OVU 创客星、零到壹联办的"创业松鼠科技与未来创业大赛"（2018 武汉站）落下帷幕。和思易公司的创业项目——"和思易基础教育 VR 实验室"荣获三等奖，并获得 1 万元奖金。[7]

2018 年 11 月 22 日，湖北省高校科技人员创新创业大赛暨湖北高校科技人员创新创业论坛在武汉举行。此次大赛由省科技厅、招商银行武汉分行联合主办，省科技信息研究院承办。参赛单位为通过初评后进入复评的 50 家企业，覆盖电子信息、新材料、生物医药、能源环保与资源环境、高技术服务等多个领域。和思易公司携信息技术领域 VR 教育项目"VR 创客空间一体化应用解决方案"参赛，经过层层角逐，最终斩获三等奖。[8]

2018 年 11 月 30 日，据高新技术企业认定管理工作网发布的消息，在《关于公示湖北省 2018 年第二批拟认定高新技术企业名单的通知》中，和思易榜上有名。2019 年 3 月 6 日，"高新技术企业证书"正式下发，由此预示着，凭借专业的研发队伍、雄厚的技术实力、持续的创新能力，和思易公司正式迈入高科技企业行列。[9]

2019 年 1 月 1 日，中国虚拟现实与可视化产业技术创新战略联盟在北京顺利召开第一届理事会，和思易公司荣获"2019 年 CVRVT 虚拟现实科技创新与产业促进奖（优秀内容成果奖）机构"称号。[10]

2019 年 5 月 31 日，华中国家数字出版基地第十五届深圳文博会总结表彰大会在基地共享展厅圆满落幕，和思易公司受邀参加颁奖大会并荣获特殊贡献奖。[11]

（二）科技创新

和思易公司一直秉承科技主导的办企精神，将科研创新摆在首要位置，共获得 2 项发明专利、1 项外观设计专利、31 项软件著作权（见表 16 - 1）、7 个资质证书。相关专利和软件技术已应用于和思易的 VR 整体产品中。[12]

表 16－1　和思易软件的著作权

序号	软件名称	发布日期
1	中学理化生虚拟现实实验考试系统	2021－07－14
2	中学理化生人机交互实验考试系统	2021－06－15
3	中学理化生 PC 仿真实验考试系统	2021－05－20
4	和思易 VR 一体机系统集成技术软件	2019－06－19
5	和思易 VR 海洋生态建设示范软件	2019－08－02
6	和思易 VR 三生教育中心系统	2019－07－21
7	和思易 VR 果树园艺技术应用软件	2019－09－30
8	和思易 VR 地质科普教育软件	2019－10－26
9	和思易虚拟现实（VR）编辑器平台	2018－06－28
10	和思易 VR 安全教育中心系统	2018－01－24
11	和思易 VR STEAM 教育中心系统	2017－06－08
12	和思易 VR 心理健康中心系统	2019－02－26
13	和思易 VR 党建教育中心系统	2019－05－28
14	和思易 VR 爱国主义教育中心系统	2017－09－27
15	和思易 VR 运动中心系统	2018－10－31
16	和思易 VR 传统文化中心系统	2018－03－08
17	和思易基础教育虚拟仿真实验系统	2018－04－15
18	和思易数字文化馆系统软件	2018－06－18
19	和思易 VR 多人联机互动管理软件	2018－05－07
20	和思易 VR 行为数据智能分析系统	2018－05－03
21	和思易 VR 行为数据云端共享应用软件	2018－05－02
22	和思易 VR 创客空间系统	2017－03－30
23	和思易基于虚拟现实技术的恐龙世界科普软件	2017－05－07
24	和思易基于虚拟现实技术的太阳星系软件	2017－05－20
25	和思易三维可视化系统	2017－05－20
26	和思易基础教育 VR 实验系统	2017－03－20
27	和思易基于虚拟现实技术的建筑师软件	2017－04－20
28	漫游式虚拟现实校园软件	2016－02－25
29	中学生物实验虚拟现实系统	—
30	铝热反应虚拟实验系统	2013－12－27
31	和思易信息可视化系统	2017－01－01

其中，病理动画的自动生成方法涉及动画生成技术领域。该发明主要是在获取正常状态的第一网格图、病变状态的第二网格图的基础上对其进行分析，并在其所述的存在位移的网格顶点及预设动画处，自动成长为病理动画，最终实现不需要专业技术人员就能自动制作病理动画，充分节省人力与时间。

虚拟现实提供了一种虚拟中的文本呈现方法，主要涉及虚拟现实技术领域。它根据用户在虚拟场景中与物体之间的距离确定对应的字体大小，再根据待展示的文本内容及当前字体大小生成文本框。在所述待展示图像中集成所述文本框，展示集成所述文本框后的待展示图像，能够展示物体的相关信息，有效避免用户仅通过外观辨认物体的局限性。

和思易公司的软件著作权涵盖了编辑器平台、仿真实验系统、数据分析系统、云端共享应用等诸多方向，为其 VR 生态构建奠定了坚实基础。

四　主要数字出版产品

（一）和思易 VR 创客空间

和思易 VR 创客空间是专为中国基础教育设计的虚拟空间创客教室。它的研发是基于时下最新、最富创意的国际教学理念，深度结合 VR 技术，创造出沉浸式学习娱乐空间，能够为学校、教育机构拓展素质教育范围提供平台，保证学校、教育机构实施多样性教学。同时，能够最大限度激发学生群体的想象力与创造力，实现高自由度、灵活度的 VR 操作，提升学生群体的综合学习能力。其主要内容资源包括六大项目，分别是 VR 射箭体验、VR 攀岩体验、VR 恐龙观测体验、VR 宇宙科学观察体验、VR 积木创智体验以及 VR 实验课程类（见图 16 - 1），集学习、运动、科学等于一体，具有高互动性和强科普性的特点，能够为孩子们打造完美的 VR 虚拟空间。

（1）VR 射箭体验项目：虚拟现实射箭类互动体验课程。利用 VR 设备可在虚拟空间内进行真实的射箭体验。用户通过手柄控制，按照真实的射箭流程进行射箭操作，有身临其境的真实感受，可以达到强身健体、寓教于乐的目的。

（2）VR 攀岩体验项目：虚拟现实攀岩类运动体验课程。利用 VR 设备在虚拟空间内模拟真实攀岩场景，可帮助体验者克服高空恐惧，同时达到娱

图 16 – 1　和思易 VR 创客空间六大项目

乐健身的目的。

（3）VR 宇宙科学观察体验项目：以天文学知识为背景的虚拟现实星系观察类体验课程。带领体验者进入虚拟的太空中，观察太阳系的各大行星，了解神秘的宇宙空间，欣赏宇宙世界波澜壮阔的星系美景，使体验者产生绝对真实的观感。

（4）VR 恐龙观测体验项目：以恐龙时代的知识为背景的虚拟现实恐龙观察类体验课程。打造出一个高度还原的恐龙世界场景，带领体验者穿梭到过去的世界当中，与翼龙、霸王龙、草龙等神秘恐龙独处，亲身感受恐龙之美。

（5）VR 积木创智体验项目：休闲益智类虚拟现实体验课程。体验者利用 VR 设备，亲自动手操作，不受空间、时间限制，随心所欲搭建出属于自己的个性建筑。该项目最大限度调动体验者的兴趣，发挥其无穷创造力。后期还将加入 3D 打印技术，使创意建筑能够更真实地呈现。

（6）VR 实验课程体验项目：是和思易创客空间 VR 实验课程。可进行化学"铝镁反应"、物理"砝码测量"等实验操作，自由度高、互动性强，零风险、零耗材，为体验者打造一个真正的实验课堂。[13]

针对市面上现有创客产品形式单一、品质良莠不齐、价格昂贵等问题，和思易 VR 创客空间一体化解决方案所具有的零耗材、零风险、"N +"多样化子系统等优点，能够完美解决学校的后顾之忧。六大项目的划分，根据相关科普/教辅材料定制，更能满足学生全面发展的需要。[14]

（二）和思易基础教育 VR 实验室

和思易基础教育 VR 实验室是根据教育部中小学教学大纲和课程标准自主研发的 VR 教育产品，首创 VR 人机互动教学模式，支持超 30 人的课堂互动式教学，为师生创造一个沉浸式 VR 实验与教学环境。至今已完成从初中至高中物理、化学、生物等课程的共计 500 余个教学实验，VR 实验课程的内容资源数量居同行业之最。和思易基础教育 VR 实验室产品已经成功落地，投入使用，目前华中师范大学第一附属中学、合肥市第八中学等学校已成功建成 VR 实验室。[15]

其中，合肥八中 VR 实验室的全称为"国家出版融合发展（时代出版）重点实验室虚拟现实 VR 教学应用示范基地"。该 VR 实验室由时代出版、合肥市第八中学与和思易共同建设，由出版融合发展（时代出版）重点实验室提供整体解决方案，和思易提供 VR 实验教学系统，合肥八中提供场地、师资及教学应用示范。[16]

和思易基础教育 VR 实验教学系统，通过虚拟实验教学硬件设备，将先进的科技与教学内容深度结合，不仅可以为学生和老师提供直观、立体、高效、多样化的人机互动，还能实现业内难以企及的多人联机交互，充分满足学校的实际实验与教学需求。在 VR 实验室硬件方面，戴尔提供的稳定高效的硬件设备，为学校师生提供了最佳的虚拟现实学习体验。

2018 年 2 月，教育部办公厅印发《2018 年教育信息化和网络安全工作要点》，明确提出探索信息技术在众创空间、跨学科学习（STEAM 教育）、创客教育等教育教学新模式中的应用。和思易 VR 创客空间响应国家政策号召，通过 VR 技术虚拟出三维具象，让学生沉浸在学习场景中并与之进行交互，实现"场景即教育"目标。穿越时空与恐龙进行亲密接触，遨游太空进行"星际穿越"，热气球观光，运动健身……这些都能在和思易 VR 创客空间中实现。VR 实验室沉浸式虚拟课堂，能让学生感受到实验课程的具体情景，使其较为容易地理解实验问题，提高学习的积极性和质量。而和思易基础教育 VR 实验室采用"1+4"课堂互动教学模式，体验者可以体验到真实的上课场景，能够在虚拟空间进行互动交流。[17]

其产品主要包括以下六大特色。

一是沉浸式教学场景。VR 实验室采用 VR 虚拟现实空间技术重新构建传统的学习内容。通过多维度视听体验，可视化效果展示，身临其境的介入感、沉浸感，充分提高学生的学习兴趣。同时置有实时语音，提示实验步骤。

二是标准化实验内容。和思易基础教育 VR 实验教学系统为国内首个具有自主知识产权的基础教育 VR 实验教学系统，其内容严格遵循教育部颁布的中小学课程标准要求。

三是强大的人人交互。老师和学生可同时置身于虚拟实验室，可实现多人实时互动教学，以及"30 + 1"的多人联机互动。学生可在虚拟实验室中观看老师的实验流程，老师可在虚拟实验室中指导学生的实验步骤。学生的实验内容由老师指定，学生自己不能更换实验内容。

四是强互动动手实验。产品具有高度还原、深度互动的特点，系统内的实验器材可自由移动，学生在虚拟实验室中可以抓取、移动实验器材，甚至可以点燃实验药剂，按照正确的实验操作步骤操作就能够观察产生的实验结果。

五是云端化管理服务。它提供统一的账号管理以及个性化知识在线学习与测试，相关内容材料储存于云服务器上，进行加密处理，保障信息安全。

六是一体化教学管理。它为学校提供 VR 教学、班级管理、学生学习效果评估、作业发布和收集、教学资料管理等全套的教学管理服务，为老师教学和学生学习提供便利条件。[18]

（三）和思易 VR 党建教育中心

和思易 VR 党建教育中心是和思易公司研发的 VR 产品。通过对文字、图片、影像、数据等内容的挖掘，体现出"情景模拟 + 互动体验"的功能。和思易 VR 党建教育中心运用虚拟现实技术，提供沉浸式党建学习体验，可以为党员干部群众提供极具特色的党建知识宣传与场景体验。现已开发出"党史馆""长征馆""入党宣誓馆""反腐倡廉馆""放映厅"等子系统，更有"知识测试""时代精神馆""军史馆"等正处于建设状态。它具有形式新颖、内容多样、场景宏大、体验深刻等优势。

（四）和思易 VR 校园

和思易 VR 校园为学校/教育机构提供虚拟现实校园的可视化呈现，可实现全校园虚拟展示，360 度完美立体展现、真实还原校园建筑和设备设施等环境场景。还可以增添校史馆，以虚拟现实技术还原校园历史，展现校园的综合实力，构建专属的校园文化。

五　和思易 VR 教育产品发展经验总结

和思易在发展 VR 教育产品的过程中，一直秉承内容与通用硬件平台相结合的原则，为用户提供优质的内容和一体化服务，形成 VR 教育解决方案。VR 教育一直以来有较厚的专业壁垒，在开展 VR 教育方面，出版社和纯技术型公司都有其独自的优势，这使 VR 教育领域出现了出版社与科技类公司二分天下的格局。事实上，不仅 VR 教育的内容研发有着较大难度，其产品形式也与传统出版产品相距甚远，如何策划、研发、管理以及推广 VR 教育产品，一直困扰着出版社与科技公司。以下根据和思易公司的发展经验，给予行业一些建议。

（一）提升现有教育产品的使用效果

利用 VR/AR 技术将教材上的知识点进行立体化呈现，是为了提升教材教辅的使用效果。目前市面上已有许多典型产品，如人民电子音像出版社在 2018 年出版的五年制临床医学专业第九轮本科教材，基于"人卫图书增值" App，实现 VR/AR 支持。读者在学习教材时，通过扫描纸书的图片即可获取 3D 模型展示，从而收到良好的学习效果。该教材在出版后不久，新浪微博用户"閒云 XYZ"在其微博发布了评论，并展示了应用截图，很快获得上万条转发、超 8000 个点赞。在这一领域中不断发展前行的，还有苏州梦想人软件科技有限公司开发的 4D 书城，它是国内较早提供 VR/AR 出版解决方案的平台，目前也已有相当数量的教材教辅图书依托该平台提供的 VR/AR 出版服务。[19]

和思易公司精心打磨、不断完善，注重提升 VR 教育产品的使用效果。和思易基础教育 VR 实验室专为中国基础教育设计，利用先进技术让师生喜欢上实验课，为学生提供沉浸式教学场景，增强其动手能力，激发学生的学习兴趣。同时，对实验都进行了超高还原度的模拟，使实验过程与现实中无异。

（二）加大技术研发与创新的力度

VR 技术集成了多项高科技技术，技术性很强。[20]因此，出版教育行业要想技术更好地与教育教学融合，就要充分重视技术创新，认识到专利就是科技竞争力。[21]专利技术对于企业来说，往往是其发展的核心力量，也是其应对市场竞争的重要武器之一。[22]因此从专利技术视角分析 VR 教育的发展态势，将有助于企业了解这一领域技术发展的现状、竞争格局与最终的发展趋势，从而制定自身的研究方向与战略，积极推动我国教育信息化建设。[23]

和思易公司在 VR 技术方面有 2 项发明专利，解决了 VR 呈现中的关键技术问题。同时，31 项软件著作权使和思易的 VR 应用场景得到极大地丰富，也让和思易公司能在激烈的同质化竞争中找到突破点。

（三） 多渠道营销及多方合作

和思易公司积极参与博览会、创业大赛等形式多元的行业交流活动，包括武汉国际创客艺术节、绵阳科博会、国际虚拟现实创新大会、华中国家数字出版基地第十五届深圳文博会、第十八届广东教育装备展览会、戴尔易安信教育行业客户高层峰会、创业松鼠科技与未来创业大赛等，在思想交流和思维碰撞中更好地将产品、服务与公司理念传递给同行和客户。同时，和思易公司借助主创人员在教育领域的人脉优势，在武汉、长沙、成都、广州等地深入重点中学，与这些中学进行深度交流，以期提供定制化 VR 教育服务。

和思易公司并非一枝独秀，它积极寻求多方合作，与 VR 领域的许多行业领跑者建立了良好的合作关系。与戴尔、HTC 等知名厂商达成了软硬件、服务等全方位的合作，将这些厂商在设备上的优势与和思易的整体解决方案相融合，实现互利共赢。同时，它还与时代出版、广东新华、长江传媒等诸多出版发行企业开展内容定制和渠道拓展等方面的合作，通过多方强强联手，提供更加专业、系统的知识教学服务。

六 结语

和思易公司正因为勇于创新、开放合作、抓住机遇，才有了现在的蓬勃发展之势。较之传统的教学方式，VR 教育让我们看到了更多的可能性。同时，VR 教育出版是迄今为止与 VR 技术结合得最好的领域，它为学习者带来全新的学习体验和丰富的学习材料，更在课堂教育、安全教育、军事技能培训、医疗培训等方面有着巨大的发展潜力。但是，VR 行业的人才紧缺问题也是限制 VR 教育发展的主要原因。除此之外，价格昂贵、交互性不佳等缺陷也限制了 VR 教育产品的大范围普及推广。VR 教育产品虽然存在许多问题待解决，但凭借其独特的性能优势、丰富的产品体验和广泛的应用价值，在教育领域高速发展与普及的前景依然非常乐观。[24]

参考文献

［1］《2018 青岛新华春季图书馆采购联谊会：重磅推出和思易全新产品》，http：//www.hesiyivr.com/main/121/detail.html。

［2］《和思易与戴尔强强联合：全球首家多人联机交互式 VR 实验室落地武汉》，搜狐网，https：//www.sohu.com/a/212617643_667104。

［3］《武汉市科技成果转化活动，和思易获点亮资本青睐》，和思易官网，http：//www.hesiyivr.com/main/164/detail.html。

［4］《劲爆：和思易 VR 教育产品正式上线微软商城》，和思易官网，http：//www.hesiyivr.com/main/157/detail.html。

［5］《地质出版社 VR 地质博物馆（VR 地质资源发布展示平台）项目成交公告》，企查查，https：//www.qcc.com/tenderDetail/d9929bd42e7020e36acb5140f9e92777.html。

［6］《佛山市文化馆广东粤剧动漫资源建设（CLF0119FS01ZC42）的成交公告》，企查查，https：//www.qcc.com/tenderDetail/5abc86a0db954a13a3080cc51bd57eb4.html。

［7］《科技与未来创业大赛圆满结束，和思易基础教育 VR 实验室名列三甲》，和思易官网，http：//www.hesiyivr.com/main/154/detail.html。

［8］《展现高校科技风采，和思易斩获双创大赛大奖》，和思易官网，http：//www.hesiyivr.com/main/189/detail.html。

［9］《和思易荣获"高新技术企业"认证》，和思易官网，http：//www.hesiyivr.com/main/195/detail.html。

［10］《中国虚拟现实产学研联盟 CVRVT 第一届联盟理事 2018 年度大会成功举办》，ARin Callia 网站，http：//www.arinchina.com/article–10032–1.html。

［11］《文博会总结表彰大会圆满落幕，和思易荣获特殊贡献奖》，和思易官网，http：//www.hesiyivr.com/main/200/detail.html。

［12］企查查，https：//www.qcc.com/firm/0b4c75594a33dd76008b8d1226185796.html。

［13］《重磅来袭——和思易 VR 创客空间来了!》，和思易官网，http：//www.hesiyivr.com/main/90/detail.html。

［14］《和思易 VR 创客空间全新体验，阜阳执行完美收官网》，南方网，http：//

sports. southcn. com/s/2018 – 04/02/content_181339393. htm。

[15]《凤舞传楚韵 科技融教育——和思易 VR 实验室惊艳深圳文博会》，和思易官网，http：//www. hesiyivr. com/main/75/detail. html。

[16]《和思易，和思易携手时代出版、合肥八中，安徽规模最大联机交互 VR 实验室成功落地》，手机搜狐网，https：//m. sohu. com/a/237016729_99947784，2018 – 06 – 21。

[17]《领跑 VR 基础教育，和思易第 74 届教装展之行完美收官》，和思易官网，http：//www. hesiyivr. com/main/142/detail. html。

[18] 和思易官网，http：//www. hesiyivr. com/main/product. html。

[19] 宋永刚、蒋京：《基于实践的 AR/VR 教育出版发展策略探索》，《出版广角》2019 年 2 月 25 日。

[20] 任莎莎：《基于专利情报的 VR 技术与应急产业融合现状研究》，《自动化与仪器仪表》2018 年第 2 期，第 9 ~ 12 页。

[21] 廖和信：《专利就是科技竞争力》，知识产权出版社，2008。

[22] 卫平、郭江、郭梦迪：《国际背景下中国科技型企业专利战略的制定与实施》，《对外经贸实务》2016 年第 9 期，第 25 ~ 27 页。

[23] 任莎莎：《虚拟现实技术在教育领域的专利现状及对策研究》，《通讯世界》2018 年第 12 期，第 217 ~ 218 页。

[24] 黄超、田丰、褚灵伟：《沉浸式 VR 在教育培训领域中的应用综述》，《电声技术》2017 年第 11 ~ 12 期，第 99 ~ 105 页。

第十七章
广西师范大学出版社集团：多路径实现
出版融延发展

广西师范大学出版社集团成立于 2009 年。多年来，集团以"开启民智，传承文明"为出版理念，以"为了人与书的相遇"为使命，以"出好书"为精神追求，"内涵发展，自我裂变"，走出了被业界称为"广西师大社模式"的发展道路。在向数字出版转型升级中，集团依托内容优势，打造了一系列数字开放平台、传统文化数据库、移动端 App 等数字出版产品，在出版产业链和价值链延伸上实现了融合发展。

一 广西师大出版社集团简介

广西师范大学出版社成立于 1989 年，2009 年 6 月 28 日广西师范大学出版社集团（简称"广西师大出版社集团"）正式成立，成为广西首家出版集团和中国首家地方大学出版社集团。广西师大出版社集团是一家在全世界华语出版中具有一定影响力的企业，总部位于桂林市。在近几年的《中国新闻出版行业产业报告》中，综合出版规模稳居全国大学出版社前 10。[1]

广西师大出版社集团先后于 2014 年和 2016 年收购澳大利亚视觉出版集团和英国 ACC 出版集团，领先建成具有成熟的完整产业链的跨国出版集团，全面开启国际化进程，成为中国出版"走出去"的代表性企业。集团始终秉承"开启民智，传承文明"的理念，将"推动社会主义文化繁荣兴盛，增强国家软实力，服务于民族复兴的伟大事业"作为自身的出版使命，以"出好书"为精神追求，通过"内涵发展，自我裂变"，最终走出了一条独特的"广西师大出版社模式"之路。

广西师大出版社集团以跨地域发展战略和品牌化建设战略为基，不断整合出版文化资源，出版了一大批高水平精品力作，打造了一系列具有代表性和影响力的文化品牌。[1]集团从优质图书品牌和专属门类图书品牌两个方面进行品牌扩充和建设。

集团为履践自身的文化使命，在以教育出版为中心的基础上，逐步调整出版方向，优化图书结构，出版了一大批高水平的学术人文图书，在海内外学术文化界享有盛誉。其出版的历代珍稀文献已经形成品牌效应，如《中国明朝档案总汇》、《中华民国史史料外编——前日本末次情报所情报资料》、满铁密档系列、《美国哈佛大学哈佛燕京图书馆藏中文善本汇刊》、海外文献系列等，都具有重要的文化价值，并由此形成了"一轴（教育出版）两翼（人文社科学术出版和珍稀文献出版）"、多元并举的出版格局。

2010年，集团旗下的北京贝贝特公司推出"理想国年度文化沙龙"，"理想国"品牌正式亮相；2013年，集团推出文化品牌"新民说"，坚守人文性、学术性和思想性，关切历史和当下，致力于公民道德观念的提升，其理念是"成为更好的人"；2015年初，推出童书品牌"魔法象"，以"为你朗读，让爱成魔法"为理念，希望构建起一个连接书、儿童与成人的魔法王国，在优秀童书的出版中发光发热。此后，广西师大出版社集团又相继推出青少年文化品牌"神秘岛"（Mysterium），以"发现更好的自己"为品牌理念，以"求知、浸润、养成"为服务宗旨、面向高校师生的文化品牌"观文馆"。2015年8月，集团建成开放性新型知识服务平台——知更社区，取"知识更新"之义，致力于用互联网时代的"新型基础设置"改良"传统阅读生态"。在2016年10月举办的第68届法兰克福国际图书博览会上，广西师大出版社集团牵头打造的中国文化"走出去"第三方平台"艺术之桥"——中国艺术设计类图书出版销售联盟首次亮相。集团重视品牌化和平台化建设，以综合型视野不断拓宽出版社边界，丰富了集团整体的精神内涵。建社至今，广西师大出版社集团逐渐形成了教育、人文社科、珍稀文献、建筑设计、文学艺术、少儿等优势出版板块，出版主业突出、坚挺，多元发展稳中有进。

二　发展概况

广西师大出版社集团坚持教育建设、文化建设双线发展，经济效益和社会效益协同发展，在"开启民智，传承文明"出版理念的指导下、在"为了人与书的相遇"的使命建设中，在"出好书"的精神追求里，不断探索出版企业发展模式，完善集团发展实力。在集团"一轴两翼"出版格局中，珍稀文献出版主要是针对历代文献的整理与保存，以"传承文明"；人文社科学术出版则追求"开启民智"；同时，集团致力于推动传统教育出版与新兴教育出版的融合。在企业发展谋划上，更突出从出版的优势资源向相关业态延伸，体现出融合发展的理念和路径。

（一）建设特色品牌，充盈细分市场

从 2010 年开始，广西师大出版社集团就开始有意识地进行品牌运营，打造了一批文化品牌，力求最大限度发挥品牌的规模效益。从形式上，集团举办了一系列活动，如文化沙龙、论坛、分享会、音乐会。在传播介质上，不仅有纸质传播、口头传播，还有数字传播。2020 年广西师大出版社集团联合全国超过 200 家书店，邀请名家、作者开展了"书店燃灯计划"线上活动，在出版业引起不小的轰动。从目标上看，集团已经不满足于将图书单纯作为商品销售，而是进一步融入文化传播的初心，强调和体现办社宗旨"开启民智，传承文明"，以文化事业发展和影响力扩大为目标。

目前，广西师大出版社集团在业内已经成功树立了一批有口碑、有实力的文化品牌：魔法象、神秘岛、观文馆、艺术之桥、亲近母语、新民说等。比如专注童书发展的文化品牌"魔法象"，根据儿童不同年龄段的特点，进一步把童书划分为"图画书王国"（0～8 岁）、"故事森林"（6～14 岁）、"大声读"（6～9 岁）、"金钥匙"（8～12 岁）、"永无岛"（8～14 岁）、"少年游"（8～14 岁）等特色板块。同时设立"阅读学园"，专门推出写给家长的儿童阅读指导书。集团在市场细分的基础上，使图书出版构建进一步精细化，从而打造出最能满足读者需求的图书。

（二）拓展空间布局，加强平台合作

广西师大出版社集团创社于桂林，至今已发展出遍布桂林、北京、上海、深圳、南宁等地以及新加坡、澳大利亚、英国、美国、克罗地亚等国家的 30 多家企业。业务范围进一步扩展，涉及图书和期刊出版、电子音像出版、数字出版，知识服务，文化产品设计、印制、销售和文化服务，以及教育培训、会展、咨询、旅游、艺术品、地产等，形成了跨地域、跨领域发展的格局。[1]集团重视社会效应和企业形象建设，关注社会公益事业，注重联合办学和平台建设，在发展空间上进一步实现产业延展。

2013 年，广西师大出版社集团同广西师范大学、广西民族大学等院校合作，开启"中华文化东盟多语种全媒体传播平台"项目。[2]2020 年 6 月，集团与广州美术学院进行战略合作签约，在美术文献出版、美术学术交流、美术展览策划、美术教育等多个方面展开广泛的合作与交流。[3]集团秉承共赢原则，发挥合作优势，不断拓展业务，逐渐成为成熟、稳定的综合性出版集团。

（三）狠抓融合发展，增值内容生产

广西师大出版社集团在建社 30 周年之际举行了"融合创新缔造教育出版发展新格局"研讨会。会上集团书记张艺兵提出，在新的发展时期，集团将进一步探索与大、中、小学协同发展的可能，推动传统教育出版与新兴教育出版相融合，出版与教育、文化、信息科技相融合。[4]跨界融合并不是企业谋求更高发展的新举措，但对于传统出版企业而言，这着实是不小的挑战。大学出版社在教育出版方面的积累，是其在信息化转型方面的重要优势。出版社应当积极谋划数字化转型，了解数字技术的发展和用户的需求习惯，打造相应的数字教育产品，使教育出版实现社会效益和经济效益的最大化，凭借优质内容和科技发展实现价值增值。

紧随时代发展需要，广西师大出版社集团稳步推进数字化建设。在数字出版转型规划、基础平台建设、数字产品线规划等方面进行了积极的探索，并在内容上实现了数字化的加速迁移。比如，将内容资源与语义识别、本体推理等新技术手段紧密结合起来，以拓展多元知识服务业务；以场景营销为理念，针对不同消费群体设置不同的消费场景；利用学术内容优势，进行珍稀文献的内容知识服务产品开发。[5]广西师大出版社集团突破了传统出版社的发展模式，在内容拓展上打造出新的融合发展生态圈。

（四）出版迈向国际，发展全球视野

广西师大出版社集团重视国际市场，以全球视野关注出版业发展现状。集团在成立初期先后收购了澳大利亚视觉出版集团和英国 ACC 出版集团，领先建成具有成熟、完整产业链的跨国出版集团，全面开启国际化发展战略，成为中国出版"走出去"的代表性企业。集团创立的"艺术之桥"文化品

牌，专注于艺术设计出版领域，打通艺术、设计、手艺与技术的藩篱，意在利用集团的国际出版和发行的渠道优势，为中国的艺术出版及行业发展建立有力的平台。"艺术之桥"项目入选 2019～2020 年度国家文化出口重点项目。[6]

出版社集团党委书记、董事长黄轩庄在接受采访时提出，对于中国出版业而言，"走出去"和国际化发展已经成为体现综合实力的重要指标。包括广西师大出版社集团在内的国际化工作起步较早的出版机构，已经基本建立了全球出版产业链和国际出版协同发展模式。还有一些企业通过战略合作或其他方式，也初步形成了出版发行的国际路径。[7]

三 数字出版发展历程及成果

（一）数字化发展历程

从 20 世纪 90 年代推出《古今图书集成》（光盘版），广西师大出版社集团一直走在数字出版探索前列。

第一阶段，开展了一系列有关数字出版产业的整体规划与设计工作，研发了基于互联网的分布式数字加工出版运营体系与模式，以期紧密联系作者、编辑、读者。打造全媒体协同编纂平台，从最初的作品创作到后期的营销推广与读者服务，满足不同群体的个性化需求。第二阶段，依靠自身优质的内容资源对数字出版业务进行开发，实现传统出版与新兴技术的浅层融合；第三阶段，集中优势资源，建立起内容、平台、运营三合一的立体生态模式，向"内容＋服务"的融合发展纵深前行；第四阶段，立足品牌优势和互联网传播技术的融合，构建用户社群生态圈——"会员＋"，激发并服务于用户的文化新需求，充分探索数字出版业务的发展空间，向大众提供知识服务与信息服务。[5]

（二）数字化发展成果

1. 新型开放式平台

（1）畅玩王城系统（CWWC）

2019 年，广西师大出版社集团开发的畅玩王城系统获得登记批准。畅玩王城系统由"官方网站＋手机 App"构成，网站设置首页、景点介绍、旅游线路、靖江游记、关于我们、App 下载等栏目，为桂林靖江王府旅游提供服务。集团拥有畅玩王城系统的软件著作权。[8]

（2）桂师云·中小学教育资源云平台

桂师云·中小学教育资源云平台是集团针对中小学教育开发的线上辅导平台，设置了官方网站和配套使用的独秀学堂 App。网站设置首页、教材、教辅、中高考专题、独秀学堂等栏目，以及教育速览和教育简讯，并提供大量数字教辅资料。[9]

（3）贝贝特云教育

贝贝特云教育是广西师大出版社（上海）有限公司旗下文教类产品的线上服务平台。平台设置了儿童阅读、传统文化、高校教育和心系下一代四大板块，提供各类教材的视频资源。其中，"文教产品"板块秉持对教育的钟情、对文化传承的责任、对思想价值的尊崇，以"培育有中国心的现代文明人"为使命，致力于出版权威、专业、高品质的儿童教育图书精品。目前，形成了以儿童母语教育领跑品牌"亲近母语系列课程用书"为核心的主干系列，出版了"国韵童风：幼儿传统文化绘本""少年轻科普""中华传统文化优秀基因现代传译课程""新高考·新高中：高中生涯规划""应用型'十二五'规划高校教材"等一系列特色教育图书。

（4）中华文化东盟多语种全媒体传播平台

2013 年，广西师大出版社集团正式启动"中华文化东盟多语种全媒体传播平台"（Chinese Culture Promotion Network）项目。该项目是集团联合广西师范大学、广西民族大学等院校，面向东南亚华文教育和小语种人才交流构建的，基于互联网的多媒体数字内容管理、传播和交流平台。[2]

该项目是广西师大出版社集团委托科技公司开发的。平台利用新技术将《论语》《孟子》等中华传统典籍及其他汉语、汉字、书法等精品专题内容，制成融文字、图片、动漫、音频、视频等多媒介于一体的优质数字文化资源，并译成泰语、越南语、印尼语、马来语、老挝语、缅甸语、柬埔寨语、英语等东盟十国八种官方语言，进行多元社区互动，满足东南亚各国华人与非华人对中华文化学习的需求，积极推动中华文化"走出去"。[10]

2. 移动端 App 服务

独秀学堂 App 是广西师大出版社集团整合教辅出版资源于 2017 年秋季推出的中小学数字教育平台，与桂师云·中小学教育资源云平台配合使用。平台深度挖掘集团教辅的内容优势，实现学、练、测、评相结合，并为集团的教辅图书《新课程学习与测评同步学习》《中考先锋》等提供线上增值内容，为读者提供便捷的个性化智能学习服务。[9]

3. 基于第三方的数字出版业务

（1）与百度合作

2018 年 8 月 23 日，广西师范大学出版社（上海）有限公司与百度知道举行战略签约仪式。[1]前者作为优质内容的提供商，后者作为用户聚集的大流量平台和资源整合开发商，实现强强联合。

在百度文库中，广西师大出版社集团秉持"高端、前沿、优质"的出版理念，为用户提供优质的数字文档资料。

（2）知更社区

知更社区，取"知识更新"之义，成立于 2015 年 8 月，是广西师大出版社集团打造的开放性新型知识服务平台，致力于用互联网时代的"新型基础设置"改良"传统阅读生态"。知更社区的服务形式有线下讲座、读书会、线上免费或付费的知识共享等，交流与合作的平台有微信公众号、豆瓣和喜马拉雅等知识付费平台。这也体现出广西师大出版社集团"出版 3.0"的发展战略，即"出版 + 文化"双核驱动。

知更社区的"互联网 + 出版"模式，借助互联网提供的基础设施，开拓出互联网新形势下出版的新局面和新领域。这是一种全新的生产模式，内容服务商直接面对用户，以用户的兴趣、需求、习惯为基础，体现了从传统阅读时代到信息时代的变革，即内容生产从最早的作者中心制，历经出版中心制进而走向用户中心制。[1]

（3）观文馆

"观文馆"是广西师大出版社集团于 2016 年 10 月面向高校师生推出的一个全新文化品牌，包括图书出版、阅读推广文化服务、校园人文实验室打造等内容。

"观文馆"在阅读推广文化服务方面，依托"独秀书房"和分布在各高校的"观文馆"读书社团，打通线上线下两个渠道，将科学、有序、可持续的阅读活动带进校园，为高校建构了阅读、人文新生态，并使之融入校园文化，创新高校的人文素质养成。

在阅读推广服务的基础上，"观文馆"推出了一系列数字出版产品。在图书出版方面，打造"经典共读"书系，主要以青少年学生为阅读群体，推出经典原著及原创精品丛书，还推出音频、文字相结合的"人与书的故事"

系列。[11]

（4）书天堂

"书天堂"是广西师范大学出版社集团开发的一个集电子书阅读与活动发布于一体的，由电商、作译者、媒体人和书评人等入驻的 App 平台与小程序。"书天堂"项目理顺了出版社对未来行业发展的预判和战略规划。2020年，中共上海市虹口区委宣传部、广西师范大学出版社（上海）有限公司与建投书局联合发起"在线抗'疫'，以'读'攻毒"第二期公益共读活动。[12]这一线上共读活动，有助于出版社准确识别市场与客户需求，及时调整阅读产品供应和销售模式及营销手段。

（5）其他合作平台

在视听平台方面，广西师大出版社集团在喜马拉雅平台上投放了《万物简史》《思考文化医学》等有声书。另外，"观文馆"在喜马拉雅平台上打造了精品节目《为你读诗》和《经典朗读》，由高校教师、专业主播、大学生朗读者一同为好书发声，内容涵盖历史、人文、社科、生活等方面。在梨视频平台上，在广西师大出版社集团专区里，有名家逛展、作家谈书、名人荐书等独家视频资源。除了书本身，集团还为用户提供了更多了解文化的视角。[13]

在电子书阅读平台方面，广西师大出版社集团旗下的"神秘岛"联合网易有道乐读，推出经典图书限时免费读（听）活动；另一旗下文化品牌"魔法象"童书馆联合动画书阅读平台"咿啦看书"，共同发起"远离病毒 请你看书"寒假公益阅读活动，让孩子们度过有爱、有安全感、有意义的假期。[13]

（三）数字化建设荣誉

广西师大出版社集团在数字化大潮中成功打造了多款数字出版产品，积极促进传统出版与数字化发展融合。截至目前，桂师云·中小学教育资源云平台、中国老年大学协会远程教育网、知更社区等多个平台和网站依旧保持着较高的用户活跃度。以"品牌打造＋数字出版"模式打造的相关品牌（如观文馆、书天堂等），既提高了集团品牌的影响力，也实现了相关资源共享和产业互动，体现了新时代出版的价值。广西师大出版社集团作为全国第二批数字出版转型示范单位、知识服务模式（综合类）试点单位，四次入选"国家文化出口重点企业"，连续五年进入中国图书海外馆藏影响力排名

20 强。[1]

四　总结

广西师大出版社集团秉承"开启民智，传承文明"的出版理念和"出好书"的精神追求，不断推进跨地域发展战略和品牌化建设战略，在数字教育、知识服务、IP运营等领域积极探索，打通了数字化与传统出版间的壁垒。未来，在如何实现数字出版工作目标的路径和具体措施上，仍然需要全面贯彻落实融合发展思路，深入开展数字化业务的探索，加快数字人才的培养。[1]好的内容、好的产品经过新兴技术转化后，以更新颖、更有趣的形式向大众进行传播，以满足人们的文化消费需求。[5]广西师大出版社集团党委书记、董事长黄轩庄提到，一个出版机构的核心优势还是持续的优质内容生产能力，立足于此，才能将优势不断延伸，实现价值的迁移与转化。[14]相信在不远的将来，广西师大出版社集团在业务拓展和产业链延伸上能实现更多的可能，为读者、用户带来更多的惊喜，实现多路径出版融延发展。

参考文献

[1] 广西师范大学出版社集团官网，http://www.bbtpress.com/pourclub/index.aspx。

[2] 《广西师大出版社打造中华文化多语种传播平台》，《出版参考》2013年第9期，第5页。

[3] 《广西师大出版社集团与广州美术学院签订战略合作协议》，人民网，http://gx.people.com.cn/n2/2020/0624/c179462 – 34112155.html。

[4] 敬晓娟、蒋海林：《广西师范大学出版社举行"融合创新缔造教育出版发展新格局"研讨会》，《出版广角》2016年第22期，第3页。

[5] 莫曲波：《谈出版的融合发展——以广西师范大学出版社为例》，《出版广角》2019年第8期，第51~53页。

[6] 《广西师范大学出版社："艺术之桥"入选国家文化出口重点项目》，改革网，http://www.cfgw.net.cn/2020 – 04/18/content_24920379.htm。

[7] 黄轩庄：《后疫情时代，出版业如何化"危"为"机"?》，《国际出版周报》2020年6月29日。

[8] 畅玩王城官网，http://www.wangctravel.com/rdf/index.php。

[9] 桂师云·中小学教育资源云平台官网，http://www.guishiyun.com/。

[10] 中华文化东盟学习平台官网，http://www.ctcasean.com/。

[11] 刘志伟：《"观文馆"如何锻造阅读推广品牌》，http://www.cbbr.com.cn/article/112339.html。

[12]《在线抗"疫"，广西师大社综合 App 平台"书天堂"亮相》，出版商务网，http://www.cptoday.cn/news/detail/9322。

[13]《广西师大社免费开放海量线上资源，有电子书、有声节目、网络课程》，搜狐网，https://www.sohu.com/a/371539899_161795。

[14] 黄轩庄：《强化"融延发展"推动战略转型》，《中国新闻出版广电报》2020 年 4 月 23 日。

第十八章
长江出版传媒集团：稳中有进，数字化业务全面铺开

长江出版传媒集团成立于2004年，2009年转企改制，成立集团公司。2012年公司开启数字化发展战略，在影视行业、数字出版行业、教育行业等多领域进行跨界融合发展。目前，长江出版传媒集团在数字化全民阅读服务、数字教育、数字内容加工和版权与运营等方面都取得了不俗的成绩。

一 长江出版传媒集团简介[1]

长江出版传媒集团成立于2004年10月，是湖北省属国有大型出版传媒文化产业集团。2007年9月经湖北省人民政府同意，集团进行整体转企改制。2009年，长江出版传媒集团完成转企改制，成立"湖北长江出版传媒集团有限公司"；2011年底实现主业整体上市，正式组建了湖北省第一家国有文化上市公司"长江出版传媒股份有限公司"。2012年开始涉足幼教领域，并逐渐开展数字化的发展战略；2014～2015年深入进行多元化发展，并积极向影视行业、数字出版行业、教育行业、健康产业和金融投资等领域跨界发展。[2]

集团拥有11家子公司。其中，集团控股的上市公司"长江传媒"拥有24家子公司，包括：湖北人民出版社、长江文艺出版社、长江报刊传媒集团等10家图书报刊出版单位；长江传媒数字出版公司、湖北博盛数字教育服务公司等2家数字出版公司；湖北新华书店集团、湖北新华印务公司等9家专业性文化单位；长江传媒英爵意公司等3家境外子公司。其中，长江少儿

出版集团旗下的爱立方公司，于 2016 年 4 月成为国内首家挂牌"新三板"的同业公司。

长江出版传媒集团的主要业务包括图书、期刊、报纸、音像制品、电子出版物的出版、发行、印制，以及物资贸易，不仅拥有涵盖"编、印、发、供"等环节的产业链，并且逐步向数字阅读、在线教育、动漫影视、文化创意、健康产业、地产开发、投资金融等领域拓展，逐渐形成跨领域、多介质、全链条发展格局。其中，出版业务包括一般图书、报纸、教材教辅及新媒体产品的开发出版；发行业务涵盖图书、报刊、电子音像制品等的批发与零售；印刷业务则主要为图书、报刊和纸质包装品的印刷；另有物资贸易业务，主要负责自主采购及销售印刷物资，如图书用纸、包装用纸、油墨、印刷器材、机械及配件以及相关大宗商品等。[3]

长江出版传媒集团坚持"做强主业"和"做大产业"相结合，加快转型升级，实现跨越式发展。同时，努力适应市场，调整产业结构，着力构建出版传媒、国际贸易、文化地产、旅游文创、文化金融等五大业务板块，并初步取得成效。

集团坚持传统出版与数字出版融合发展，并积极向数字化转型。集团拥有长江数字文化产业园、湖北创意文化产业园等文化创意重点项目，初步形成了由数字产业园区（长江数字文化产业园）、三大基础信息化系统（数字内容资源库、协同编撰系统、ERP 系统）构成的数字化创新运营体系，并与阿里巴巴、小米科技等开展战略合作。其中，集团下属的"长江中文网"与"第一教育网"入选"全国新闻出版业百强网站"。

二　长江出版集团的数字出版转型

（一）发展历程

2009 年，湖北长江传媒数字出版有限公司（简称"长江数字"）成立。作为国内最早由出版机构成立的专业数字出版公司之一，其定位是专业的数字内容服务提供商。公司建立了数字内容服务产业生态链，开展数字版权运营、数字阅读推送、移动应用开发等业务，提供技术支持，并参与建设国家数字复合出版系统工程——出版机构运营服务及支撑系统、K12 在线教育综合服务平台等国家级重大数字出版项目。

2012 年，湖北博盛数字教育服务有限公司成立，用以整合教育出版内容资源和省教育信息化发展中心的渠道资源，联合移动、电信等通信运营商，专门负责教育社区的设计、打造与深度融合。

2014 年 7 月，"书香荆楚全民阅读网"正式开通，作为湖北省全民阅读的官方网站，全面、持续地对湖北省内的全民阅读活动进行报道，成为全民阅读活动的宣传窗口和优质内容的数字化展示平台。

2015 年 4 月，长江数字对外正式发布湖北省数字化全民阅读服务体系系列产品——"书香 +"微阅读服务平台和数字化全民阅读服务平台。两个平台结合，共同满足用户利用碎片化时间阅读书籍、获取阅读资讯，以及参与阅读活动的多种需求。

2019 年上半年，长江数字获批"湖北省融合出版工程技术研究中心"，长江传媒旗下的网文阅读平台"长江中文网"中有 6 部作品入选中国作协举办的网文优秀作品联展榜单。同时，公司围绕"图书 +"和"文化 +"延伸产业链，投资开设文创公司；积极推动长江文艺社诗歌中心、长江少儿社创客教育、湖北教育社书法教育等产业项目建设，构建新的市场增长点。

（二）数字出版业务

根据 2015 年发布的《关于推动传统出版和新兴出版融合发展的指导意见》，长江传媒不断通过技术更新与开发统一数字内容资源和运营平台，重点孵化包括幼教、K12[①]、高教、职教等阶段在内的在线教育，打造包括阅读服务和专业服务等业务在内的数字出版板块，持续深入地推进教育信息化服务、技术与出版融合发展以及数字化综合运营服务平台等数字产品的建设，不断推出新的知识服务和音视频产品。同时，加强"两微一端"新媒体矩阵建设，积极推动长江文艺社诗歌中心、长江少儿社创客教育、湖北教育社书法教育、湖北美术社文创产品等产业延伸项目建设，为全民阅读数字化积极提供解决方案。[4]

公司为促进传统出版与新兴出版的融合发展，突出创新，在顶层设计上确立了"一中心、两模块、三商愿景"的融合发展基本思路，统一公司的内容资源、品牌、数字运营平台。公司通过强化市场运营，大力拓展自有产品

---

① K12，教育类专用名词（kindergarten through twelfth grade），是学前教育至高中教育的缩写，目前普遍用于指代基础教育。

市场，注重渠道开拓及多元合作，开拓听书、图书联合会员等新业务，探索全版权商业模式。听书业务模式已然成型，并产生收益。

1. 数字化全民阅读服务

全民阅读是一项国家战略，湖北长江传媒数字出版有限公司以"让更多人享受阅读"为宗旨，推动数字化全民阅读项目的建设。

2015 年 11 月，长江传媒与阿里巴巴在全民阅读方面签订战略合作协议，目前已经建成"四屏、一网、两微、一端"的矩阵数字化阅读体系。其中，"四屏"是指"长江云"阅读机/平板、PC 端阅读平台、长江阅读手机 App；"一网"是指长江中文网；"两微"指"书香＋"系列微阅读服务平台和全民阅读微博媒体联盟；"一端"是指长江阅读客户端。[5] 通过建设数字化阅读体系，长江传媒希望能够打通不同形态的阅读资源，让阅读无处不在，让阅读随心所欲。

公司通过流程优化、平台再造，实现媒介资源、生产要素的有效整合，"朝读经典"等项目成功上线运营，其中数字化全民阅读产品销售收入同比增长 80％。公司还加强外部合作，充分开发优质资源，打造上 10 款 IP 产品，坚持移动优先策略，发力自媒体，"智慧学习"等公众号的粉丝数量可观；开发早教产品的流媒体资源平台，实现全媒体出版；电子书、有声书产品实现规模化开发和销售；围绕课程装备、幼儿园连锁经营及培训，形成了完整的产业链。另外，还在 O2O 模式和数字网点的基础上，与新华书店合作"智慧书店"项目，对传统书店进行智慧化改造升级。通过产品和渠道两方面共同建设，挖掘数字化全民阅读的新模式，全力打造湖北省全民阅读的数字化"五个一"工程，即：1 个覆盖全省的 O2O 骨干网（含 10 个智慧书店、200 个微书房、500 台"长江云"阅读机、10000 个全民阅读数字化扫码入口）；1 个数字化阅读体验馆（选址武汉市水果湖九丘书馆，已建成）；1 个数字化全民阅读新媒体集群；10000 种精品数字阅读内容资源（包括电子书报刊、视频、音频、动漫、游戏等）；1 个全网数据管理系统云平台。[6]

2018 年，公司文教和多元文创业务的销售收入同比分别增长 62.92％ 和 26.8％。在这种发展态势之下，公司的数字化全民阅读突破单一大屏机销售的业务模式，开始向数字公共文化服务方向探索，并立足自身优势，着力提供数字化全民阅读服务的整体解决方案。

2. 数字教育

长江传媒的数字教育业务基于"两课"形成了"教材＋平台＋移动端

App"的模式，面向全省中小学提供数字化支撑服务。通过移动端产品向学生和家长延伸，聚集用户，打通个性资源变现之路。以"三通、两平台"建设为基础的装备与软件平台集采项目，为 K12 阶段（教育）全学科的内容服务。同时，为加强应试教育资源在角色、时限、类型、科目、学段、专题及标识等方面的全方位建设，公司打造了适用于教育一线、具有市场价值的资源服务平台，实现了资源的有偿输出。

2018 年，公司引进战略投资者，合资设立爱立方学院，着力打造中国幼教培训品牌，并与世界范围内多个智库进行合作，整合、聚集资源，由少儿读物内容提供商逐步转变为有特色的少儿教育全程服务运营商和少儿成长综合服务商。并且，建立了幼教出版、幼教课程、幼教装备、幼教培训和幼教信息化等五大产品体系，构建了一整套具有自主知识产权的学前教育整体解决方案。

长江少年儿童出版社已经建设完成"少儿个性化阅读平台"（即"课外时光"小程序）。该平台根据中小学《新课程标准》关于阅读能力的标准要求，建设包括内容资源、测评系统、分发系统在内的少儿数字阅读体系，通过课堂内外、学校家庭、线上线下等多种场景、多种渠道服务中小学师生，探索出一条面向中小学阅读教育专业领域的数字内容资源知识服务"长江模式"。此外，长江少年儿童出版社还将"整本书阅读"项目课程化、平台化运营与湖北省"5＋2"课后服务融合，初战告捷，2022 年上半年就实现发货码洋 4000 万元。[7]

3. 数字内容加工与版权运营

数字内容加工是长江数字的主营业务之一，公司成立了专门的数字内容加工事业部，组建专业的技术团队、规划设计团队、运营团队以及商务团队，依托长江传媒存量丰富的图书资源，提供数字化加工服务，实现资源的重构再造与创新再利用，其成果也应用于多种大型数据库和国内主流运营渠道。

另外，在版权运营方面，长江少儿社、湖北教育社、崇文书局和理工数传合作，聚合各社优质的 IP 资源，如《百年百部中国儿童文学经典书系》、特色教辅等，开发多种配套的知识服务。截至 2022 年 8 月底，长江少儿社"智慧学习"微信公众号的粉丝量总数已突破 144 万，"长少学堂"粉丝数总量近 55 万，"长少学习"App 注册用户超过 70 万。其中，"智慧学习"微信公众号在 2020 年全国书业社店营销推广活动中被评为"最受欢迎公众号"，位居当年童书出版机构新媒体影响力榜单首位。[7]

除上述主营业务之外，长江出版集团在网络出版、系统与平台技术研发、信息化服务等方面也进行尝试与发展，其技术子公司——湖北长江传媒数字科技有限公司，为广大用户提供多种大型信息系统和融媒体平台的研发与服务，目前研的产品有长江云数字服务平台、K12 数字在线教育平台、出版 ERP 管理系统等。

三　主要数字出版产品及成果

目前，长江出版集团重要的数字产品有长江中文网、多多社区、"书香 +"微阅读、"书香荆楚"阅读网、数字化全民阅读服务平台、数字内容资料库等。

1. 长江中文网[8]

长江中文网是长江传媒旗下的原创小说网站，隶属于长江传媒的全资子公司湖北长江传媒数字出版有限公司，成立于 2009 年，其前身为现在网，于 2013 年 6 月底开始正式上线运行，2015 年初将澄文中文网收购到旗下。长江传媒将其打造成以"精品阅读"为主的大型数字阅读与网络文学平台，提供"网络文学 + 主流出版文字"的精品阅读。网站的签约作品已达 11 万部，用户达 600 余万个。

该平台分为女频小说、男频小说、精品文学、影视出版、读书频道、书库六个板块。其中的影视出版部分，重点展示了长江中文网拥有的优质 IP、最新影视出版作品、影视文学作品库，以及出版文学作品库。长江中文网对旗下的 IP 作品进行数字、出版、影视剧本、动漫漫画、舞台剧本、游戏剧本、海外版权输出、作家周边等方面的全维度、立体式开发。

2018 年，长江中文网的作品《秋江梦忆》入选全国网络文学重点园地工作联席会议 2018 年度重点作品扶持选题名单，作品《巍巍巴山魂》《首席女中医》入选 2018 年度"湖北省网络出版精品工程"。2019 年 4 月，长江中文网将悬疑类网络文学优质 IP《神医女仵作》重点打造成首款悬疑类听书产品，并计划将以《神医女仵作》为代表的悬疑类听书产品线，按照"一个内容、多个创意，一个创意、多种产品，一种产品、多种形态"的思路，创新优质内容生产运营模式，从而助推长江传媒数字化出版转型。[9]

近年来，长江传媒依托自身的海量书籍资源和完整的产业链，通过丰富的渠道平台媒介，从重点作品培育、以自有平台为主的多维度版权运营、IP运营模式变革三大方面入手，打造由网络原创精品生产基地、移动阅读用户聚集平台、影游漫联动 IP 孵化基地组成的长江文学产业矩阵，实现全新布局，力图打造融合在线与移动阅读、实体出版、影视动漫等多形态文化产品以及立体化版权输出的完整生态产业链，致力于成为中国优秀的内容服务提供商。

2. 多多社区

"多多社区"由湖北博盛数字教育服务有限公司打造，依托公司丰富的教育内容资源和开发技术，为学生、家长、教师、学校以及教育研究者和管理者等各类用户提供综合性服务。该公司由长江出版传媒股份有限公司和湖北省教育信息化发展中心共同出资组建，是一家专业从事数字教育服务的国有企业。在网络运营渠道和专业团队的支持下，社区开展线上线下相结合的各类教育教学活动，有效实现新媒体技术与教育教学的深度融合。同时，凭借丰富的教育业务资源和多元化的合作方式，利用教育信息化的重大发展契机，开发地方课程支撑平台（"心理健康"和"生命安全"）。

同时，长江传媒以多多社区为基础，围绕地方课程配套支撑平台、教育服务、教育资源及数字教育配套移动终端进行业务运营。截至2019年，"微学堂"项目已配套 K12 阶段 98 本公告类教辅，共开发出 2458 个优质高清视频，视频总时长超过 1 万分钟，项目中的学科覆盖小学语文、数学、英语、科学，初中语文、数学、英语、物理、化学、生物等课程，支撑数字化学习的教辅总发行量超过 1600 万册；"题库"项目已上线 35000 道高考试题。另外，多多社区的基础资源配套 K12 阶段教材目录开发，涵盖小学至高中所有学科、各种版本的开放式教学资源库系统，内容包括教案、课件、动画、音频、视频等各种类型的教学资源，资源量超 44 万条。所有产品以多多社区为基础，目前实名用户数量近 500 万。多多社区的基础资源产品对用户免费开放，政府采购及定制化平台开发按项目收费。

四 结语

长江出版传媒集团是国内最早成立数字出版公司的企业之一。集团坚守出版主业，在此基础上不断拓展业务，守正创新、多元并举，实现融合发展。集团在数字化全民阅读服务、数字教育、数字内容加工与版权运营等方面都进行了积极探索，数字化业务全面铺开。未来，集团将继续按照"建成支点，走向前列"的成长目标，坚持"一个总基调、两个突出和四个强化"的发展思路，稳中有进，实现传统出版与数字化建设多元融合发展。

参考文献

［1］ 长江出版传媒集团官网，http：//www. cjcb. com. cn/contents/155/31702. html。

［2］ 颜舒恬：《传媒上市公司多元化经营研究——以长江传媒为例》，湖北工业大学硕士学位论文，2016。

［3］《长江传媒 2018 年年度报告》，新浪财经，https：//vip. stock. finance. sina. com. cn/corp/view/vCB_AllBulletinDetail. php？stockid＝600757&id＝5253168。

［4］《长江传媒（600757）：教材教辅及一般图书业务增速较高——长江传媒（600757）2019 年申报点评》，东兴证券，http：//pdf. dfcfw. com/pdf/H3_AP201908201344715496_1. pdf。

［5］《湖北长江传媒数字出版有限公司（长江数字）公司简介》，长江数字官网，http：//www. cjszcb. com/contents/245/39909. html。

［6］ 长江数字官网，http：//www. cjszcb. com/plus/view. php？aid＝6355。

［7］《长少十年：少儿出版融合发展的探路人》，搜狐网，https：//www. sohu. com/a/581551334_121124717。

［8］ 长江中文网，http：//www. cjzww. com。

［9］《〈神医女仵作〉悬疑类听书产品上线》，长江中文网，http：//www. cjzww. com/news/notice_215. html。

［10］ 韩凌雯：《我国上市出版企业社会效益评价体系构建及实证研究》，青岛科技大学硕士学位论文，2019。

［11］ 周萍：《上市出版公司绩效评价研究基于三阶段 DEA 模型的分析》，华东政法大学硕士学位论文，2019。

［12］ 朱静雯、方爱华、陆朦朦：《我国出版上市公司竞争力研究——基于 2013～2015 年 A 股上市公司的财务数据》，《中国出版》2016 年第 17 期，第 69～73 页。

［13］ 石冰迪：《基于财务视角的长江传媒盈利模式研究》，北京印刷学院硕士学位论文，2019。

［14］ 袁靖博：《长江出版传媒集团的跨媒介经营研究》，河北大学硕士学位论文，2013。

［15］ 朱华粤：《长江出版传媒集团数字化转型 SWOT 分析》，《传播与版权》2015 年第

8 期，第 146～147、162 页。

［16］陈世强、王耀辉、肖雪刚、陈雷：《改革创新多措并举 务实重行四效同升——湖北长江出版传媒集团改革发展的探索与启示》，《政策》2017 年第 4 期，第 46～49 页。

［17］周百义：《融合出版发展中国有出版传媒企业体制机制问题探析》，《中国编辑》2020 年第 1 期，第 42～45 页。

第十九章
人民卫生出版社：依托医药卫生出版优势，
有序规划数字出版格局

近年来，在国家卫健委、中宣部、财政部、教育部等国家部委的领导和指导下，人民卫生出版社充分发挥在医药卫生领域专业出版的资源优势和品牌优势，把数字化战略定为集团的核心发展战略。人卫社深耕医药领域，依托医药卫生出版优势，在数字出版领域打造了多款成熟、实用的数字产品，并形成了独特的人卫社数字化转型升级发展模式。

一 人民卫生出版社简介

人民卫生出版社（简称"人卫社"）成立于1953年6月1日。2015年5月25日，成功完成公司制改制，注册人民卫生出版社有限公司。

人卫社在国家有关部委局的领导、专家及社会各界的支持下，践行"仁爱、精诚、创新、奉献"的人卫精神，秉持"传授医学知识、传递医学信息、传扬医学科技、传播医学文化、传承医学文明"的初心，现已发展为国内医药卫生出版行业的领军企业。人卫社深耕医药医学出版领域，推出了一系列优秀的出版物，为医学教育提供了大量教材和学术专著。在数字化发展上，更是利用优质的内容优势开发出一系列数字化产品，造福大众，实现经济效益与社会效益"双效统一"。在品牌塑造上，目前已形成了具有广泛知名度和认可度的"人卫"品牌集群。

人卫社坚持以"根植卫生健康，服务健康中国"为引领，紧紧围绕"医学教育服务、健康文化传播"，实施转型、融合、升级三轮驱动，按照"现代绿色印刷、延伸健康产业、当代出版传媒、丰富多元拓展"四大板块，推进科技、金融、资本与产业行业的结合，深化"主业专业化、发展集约化、产品品牌化、业态多元化、影响国际化、服务时代化"六化战略，大力推进"智慧人卫、数字人卫、名家人卫、健康人卫、国际人卫、文明人卫、快乐人卫"建设，着力将人卫社打造成在国内外市场都具有重要影响力和竞争力的出版企业。[1] 从传统图书、期刊出版物到各类数字化产品的设计与发行，人卫社采取多元发展、合力推进的战略，构建了出版主业与酒店、物流、健康服务等多元结构并存的产业新格局，推进了企业价值的实现和利润的增值，为其他传统出版企业的数字化转型发展提供了很好的借鉴。

人卫社以"健康中国，数字人卫"为核心理念，大力实施数字化转型和融合发展战略。开发人卫临床知识库、在线考试培训网站、医学教学素材库、增值服务平台、3D 系统解剖学、中国临床决策辅助系统、健康传播新媒体平台等十余种数字产品、平台和服务，出版了中国首套国家级医学数字教材，建成全球首个医学教育慕课平台，成立人卫开放大学，搭建人卫健康大数据智慧服务平台，逐步为医药卫生工作者和人民群众提供智慧、智能终身服务。

2013 年，人民卫生电子音像出版社有限公司正式挂牌成立，作为人卫社全资投入的子公司，是人卫社全面、快速推动数字出版业务发展的一项重要举措，从机制上为数字出版注入了强大的动力，从而更好更快地抓住发展机遇、面对市场竞争。

人民卫生电子音像出版社坚持以"健康中国，数字人卫"为引领，打造"人卫数字"品牌，服务"健康中国"战略。依托人卫社近 70 载的深厚积淀，以"互联网＋"背景下在线教育与教材建设的探索为先导，全面推动医学教育、医学学术、医学健康科普的数字化进程，加速推进医学出版的深度融合发展。

二 转型融合之路与人才培养

2016 年，人卫社对企业内部进行创新改革，以内生裂变重组的方式完成企业集团化的转变，逐步向现代企业靠拢，主动适应市场发展，集团化的转变为后期做强、做实、做精、做优增添了发展后劲。

（一）转型融合之路

人卫社作为数字化出版转型的先驱者，主要凭借的是深厚的资源积累和人才建设。高层领导抓住机遇、科学谋划，使得人卫社较早也较为成功地开拓出数字出版市场。

人卫社注重思想上转型升级。在人员上，倡导全民参与，发挥主观能动性，在体制机制上以"我要转"的观念推动出版社数字化转型发展。因为企业的发展并不单纯取决于领导层面的改革意见，而是要汇集集体的力量、群众的力量，心往一处想，劲往一处使。根据数字出版发展的需要，人卫社建立了专门的团队，设立了相应的工作部门。数字出版工作团队主要分为两部分，一是"智慧数字中心"，二是人卫社旗下的人民卫生电子音像出版社。"智慧数字中心"设在公司总部，承担数字出版业务管理、协调的职责，包括开发数字出版新项目、与服务公司合作和业务开拓等。此外，人卫社还针对员工的数字化培训与发展设立了融合试点部门，根据业务发展需要和数字化转型的需要进行工作业务培训。

2016 年，人卫社还专门成立了新兴媒体出版战略规划和信息化工作委员会，由董事长亲自挂帅任主任委员，总经理、总编辑任常务副主任委员，全面统筹协调数字出版转型升级工作，并借鉴先进的互联网企业的经营管理模式，促进自身的融合发展。[2]

在以上全员推动和机制建设的基础上，人卫社的数字化进程飞速推进，数字出版建设成果显著。其中，数字教育出版、学术数字出版、科普学术出版及微信传播矩阵建设等方面表现尤为突出。数字教育出版方面，实现超过1000 万册的教材融合，人卫社推出的师生共同体验参与的慕课平台、人卫开放大学、人卫 E 教、人卫 3D 系统解剖学等项目受到广泛好评。学术数字出版方面，则主打医药医学数据库、知识库建设，包括人卫临床知识库、人卫临床助手以及人卫用药助手。在科普学术出版方面，人卫社应用多种新媒体形式，力求贴近大众、服务人民，打造出"约健康"新媒体平台、"人卫健康"微信平台。在微信传播矩阵建设上，人卫社对内容进行深度挖掘，对重点传播平台进行纵向研究，形成了微信传播矩阵，由"人卫妇儿""人卫中医"等24 个微信平台构成。[3] 为升级服务，人卫社还推出了人卫大数据平台和人卫智慧服务商城等。总之，不同的数字出版板块发展侧重不同，均由独立的数字部门进行运营深耕，形成多元化、有深度、满足不同用户需求的数字化产品结构。

人卫社转型、融合的效果明显，初步实现"数字教材—人卫慕课—人卫开放大学"的跨越式发展，医药卫生知识服务和健康传播的产业链闭环逐渐形成。[4]

结合发展中遇到的新情况、新问题、新机遇，人卫社不断制定有针对性的解决办法和管理制度。如创新考核制度，在部门单品种核算中加入对数字出版转型升级部分的考核，以考核促发展；制定电子书同步出版协同运行管理办法、富媒体电子书制作审核流程、数字出版选题论证制度等，通过完善一系列管理制度打造精细化管理，实现数字出版业务转型升级。[2]

（二）人才培养

企业的转型升级需要专业人才的支撑。为此，人卫社根据数字出版的战略发展需要，制定了专门的人才培养和人才队伍建设机制。根据产品需要吸纳数字出版人才，并组建了不同部门和相应的人才队伍，如产品设计团队、技术管理团队等。人卫社通过建立新型业务管理模型，合理配置负责数字出版业务的人员结构。

对外，人卫社则通过加强与相关院校、研究所等的合作，促进医药卫生出版领域的交流沟通，探索搭建交互学习平台。出版社与其他机构之间采用举办分享会、课程交流、战略合作的形式，实现产学融合。人卫社还为数字出版、印刷发行专业的在校学生提供实习、见习场所，与一些高校交换培养研究生，用实际行动落实习近平总书记做出的指示精神："坚持产教融合、校企合作，坚持工学结合、知行合一"。[5]

综上，人卫社建立了数字出版人才培养体系，利用外部培养资源，加大对数字人才的培养力度。同时，通过建立考评制度和人才保障体系，科学管理和激励数字出版人才。

三　业务概要

人卫社在医药卫生出版领域发展迅猛，在出版业内有口皆碑，营收效益良好，其主要指标年增长率在8％以上的好成绩已经持续多年。

人卫社坚持在医药卫生出版领域深耕发展，积极响应国家对医学教育改革的号召，在激烈的业内竞争中坚守本心，做最好的医药卫生出版物。人卫社将国际与国内的医药学资源整合，促进医药卫生体系发展，积极承担社会职责，实现经济效益与社会效益的双丰收。其市场表现优越，医药数字产品市场占有率远高于竞争对手，达到70％。[6]

人卫社依托已有的医学出版内容积累，在医学数字出版和数字教育领域着力发展，主要面向以机构为主的 B 端市场。目前推出了 E‐learning、数据库、电子书等较为成熟的数字化产品。不同的用户需求勾画不同的产品设计，根据 E‐learning 的产品设计和用户定位，其主要服务对象是未来需要从事医学事业的学生群体。而医药学数据库则更多面向汇集大量医学研究者、工作者的大学校园和医院。电子书则主要以电子教材的形式出现，面向的主要对象是学校。人卫社推出的大量数字化产品中，部分已经实现盈利（如医学考试培训类产品、医学教学素材库、数据库等），数字化业务发展整体呈向好趋势。其中，医学教学素材库的收益在 2014 年超过了光盘。[7]

以 E‐learning 为例，它包含"医学考试"和"人卫慕课"两种服务项目。人卫社作为卫生部医考中心及人才交流中心指定的考试配套辅导书的出版机构，在医学考试方面的业务发展模式较为成熟和稳定。相应的，人卫社根据业务需要在全国设立了不同的销售网点，形成了跨地域的课程内容分布格局，有效吸收了各地的医学内容资源。除了招收课程代理，人卫社还与各类高校医学院合作，共同开发医学内容资源，包括医学数字课程、医学考试题库等。人卫社同第三方公司合作，将收集的医学数字资源汇编成集，以手机应用的形式向市场推广，既实现了经济效益，又便捷地服务于有需求的用户，如目前已经推出的医考学堂 App。借助技术发展的红利，人卫社从数字化产品中可以得到用户的及时反馈，在这个基础上实现产品的进一步优化，并在内容上实现精细化打造和雕刻。

人卫社充分吸收权威师资力量，发挥出版优势，实现了产业的融合与内容的价值延伸，通过合作的形式发挥企业优势，不断拓展业务，实现企业更高更强的跨越式发展。产品的专业性和企业本身的口碑则进一步强化了人卫社的市场地位，从而实现企业经济效益的增长和品牌效益的增强。

人卫社在教材业务上紧跟国家医药学发展需求，其五年制本科临床医学专业数字教材是国家卫生计生委"十二五"规划数字教材。人卫社超强的业务能力得到广大读者的肯定和政府的支持，医药学教材成功进入政府出版项目，得到政府财政的支持。在教材的实验教学阶段，人卫社与各大高等院校进行合作试点，彼此建立了良好的合作关系。部分高校成为"中国医学数字教育项目示范基地"。教材的本质是服务于教育、服务于人民。人卫社的医学教材从创编到发行形成了完整的产业链，形成了出版产品从产出到市场推行的良好生态系统，为保证人卫社的盈利提供强大支持。

在数据库搭建上，人卫社与第三方公司合作，将积累的传统医学出版资源打造为数据库形式，并针对 B 端机构进行销售。根据用户需求和资源的形式，推出了按天购买的消费方式。人卫社基于以往合作的高校和机构，在积累了大量用户的前提下销售发行，有力地规避了数字化产品研发投入高、盈利低、成本回收慢的风险。

可以看到，人卫社的数字出版离不开政府的支持，其产品类型多样，以机构用户为核心受众群体，自主发展，以 B2C 为主要盈利模式，并依托人卫智网和传统渠道销售数字产品。[7]

四　发展成就

人卫社坚持推进传统媒体和新兴媒体的深度融合发展，贯彻落实传统出版数字化转型升级的发展战略方针，积极响应国家出版融合发展的时代号召。经过不断的探索，在数字化发展上取得了显著成绩，推出"人卫数字"，形成数字化多元发展的结构。部门之间相互合作，有序推动数字化建设。

人卫社是全国数字出版转型示范单位、复合出版工程应用试点单位、数字内容资源知识服务模式试点单位，连续获得文化产业发展专项资金、中央国有资本经营预算支持，数字平台及产品荣获多个行业奖项及赞誉。2018年，《全国数字出版转型升级动态评估研究报告》显示，人卫社在全国各出版传媒单位数字出版转型升级综合指数排名中居第 5 位，在全国出版单位中排名第 1，在知识服务类排名第 1。人卫社作为医学出版转型示范案例被写入报告。"十三五"期间，人卫社共立项国家重点出版物规划项目 19 个，出版重点图书、电子音像和数字产品 140 余种，一般图书 2.3 万余种，重印书是新书的 1.5 倍，其中 2020 年重印书是新书的 2 倍。人卫社还开展"人卫精品力作 献礼伟大祖国"系列活动，向新中国成立 70 周年献礼；出版精品教材1400 余种，服务医学教育人才培养；实施中国医药学术原创精品图书工程，打造"中华""实用""临床"等多系列医药学术精品著作；制定人卫社"健康中国行动"实施方案，策划出版健康科普全媒体出版物；发挥"WHO卫生信息和出版合作中心"作用，加大中医经典走出去和西医原创成果走进来的力度。

人卫社打造出中国首套国家医学数字教材，建成全球首个医学教育慕课平台。多个产品获得中国出版政府奖，入选国家新闻出版署"数字出版精品遴选推荐计划"。数字融合收入逐年增长，2020 年达到近亿元。创建人民卫生电子音像出版社有限公司、北京人卫智数科技两家数字出版全资子公司，前者获得国家高新技术企业认证。加速建设人卫慕课、人卫融合教材、人卫考试平台、"人卫助手"系列等国家级数字平台和产品。大力推动新媒体平台建设，"截至 2016 年初，人卫健康"用户 110 余万，人卫学习强国号订阅用户 2700 余万。

作为人卫社数字出版发展的重要推手，主攻数字出版的人民卫生电子音像出版社多年来不断研究和探索，始终认真发展优势出版业务，同时勇于突破与创新，先后推出医学在线考试培训系统、人卫临床知识库、融合教材、人卫电子书、人卫慕课、人卫教学助手、人卫题库等系列数字出版产品。[8]2018 年，人民卫生电子音像出版社有限公司被认定为国家高新技术企业。

（一）单位荣誉

人民卫生出版社曾获全国文明单位、全国优秀出版社、中国出版政府奖先进出版单位奖、中央国家机关文明单位、全国百佳图书出版单位、WHO卫生信息和出版合作中心、新闻出版"走出去"先进单位、国家卫生计生委直属机关文明单位、数字出版转型示范单位等荣誉和奖项。

（二）出版荣誉

人民卫生出版社原董事长兼党委书记陈贤义当选 2015 年度"中国十大出版人物"。主持人颁奖词为："组建了专业的数字出版团队，搭建了全国第一个医学数字慕课平台，推出了全国首套医学数字教材，开拓了具有自身特色的医学数字出版模式，使人卫社数字出版风生水起。"

（三）获得国家知识产权局发明专利授权

2019 年 7 月 19 日，人民卫生出版社下属的人民卫生电子音像出版社有限公司申请的发明专利"出版物处理方法和装置"顺利通过国家知识产权局审查，并获得国家发明专利证书（专利号：ZL201610972309.6）。该项专利技术是人卫社在数字出版和知识服务领域多年深耕细作的成果，通过对已出版图书排版文件进行分析，获取版式信息，再按照知识点进行拆分，利用自建的医学词表和专业分类体系进行自动分类标引，最终将图书内容转换为结构化数字内容。对于知识库的构建和数字出版物的发布来说，这是重要的核心工作。该项发明突破了以往出版物数字化加工技术的局限，进而进一步提高了出版物数字化加工的效率，增强了灵活性。

此外，人民卫生电子音像出版社有限公司还拥有中华临床影像库软件、《人卫 3D 人体解剖图谱》移动版软件等 52 项软件的著作权。

五　主要的数字出版产品

人卫社以"健康中国、数字人卫"为核心理念，大力实施数字化转型和融合发展。依托人民卫生电子音像出版社，人卫社持续推进医学考试、医学教育等领域的数字出版平台建设，打造出医学考试服务、医学教学素材库、临床知识库等数字产品。从建成图书网络增值服务平台到出版我国首套医学专业数字教材，再到建设"中国医学教育慕课联盟暨中国医学教育慕课平台"，进而提出"医学教育解决方案"发展目标，创新开展"融合教材"出版，整合多样化的数字资源和服务，人卫社全方位服务于医学专业全程，实现了融合发展的目标。在此基础上，积极探索医学专业出版与AR/VR 技术、人工智能等前沿科技的融合模式，陆续研发出人卫 3D 解剖等系列数字产品，极大地丰富了数字产品体系，为人卫社数字出版转型升级和创新发展贡献力量。多年来，人卫社的数字出版始终走在国内前列，引领医学专业领域数字出版的发展方向。2013 年，被授予数字出版转型示范单位称号。

从数字化转型成果来看，人卫社围绕内容资源开发了相应的医药学数据库、电子书（电子教材）、医药学手机应用、在线课程、图书增值服务等。深耕内容资源，积极探索内容延展形式，为优质内容赋值，形成了多元、成熟的数字出版产品结构群。在信息搭建和对外合作上，实现收集内容、依托内容、发挥内容价值的发展思路。

人卫智网（www. ipmph. com）是人卫社搭建的医药健康大数据智慧综合服务平台。平台是以"健康中国、数字人卫、智育内容、智慧平台、智能服务"为理念，以用户需求为导向，运用互联网思维，大数据、虚拟现实等技术，整合各优质资源和平台，为医药院校师生和医务工作者、广大人民群众提供了个性化终身智能服务的全媒体平台，由教育、学术、科普等 16 个子平台组成。[9]

（一）医学教育领域：让学习更加轻松

1. "人卫助手"系列数字平台

"人卫助手"系列数字平台，即中国临床决策辅助系统是人卫社自主研发的，以人卫临床型知识库为数据内核，以人工智能为数据引擎，应用于临床工作场景，能够帮助医务人员提高诊疗决策质量与能力的系列数字产品及平台，包括人卫临床助手、人卫用药助手、人卫中医助手、人卫 Inside 和人卫 CDSS 等。

（1）人卫临床助手

人卫临床助手从实际的临床工作需求出发，包含人卫学术专著、诊疗指南、专家共识、临床病例等基础内容，对多种内容资源进行碎片化、结构化深入挖掘和系统整合，旨在为我们的医务人员提供可以进行医学知识查询和学习的专业平台，并嵌入医务人员的实际工作流程中，从理论与实践多个层面对医务人员的实际工作给予全方位的支持。[10]

（2）人卫用药助手

人卫用药助手是科学整合、深入挖掘人民卫生出版社近 70 年积累的药学专业内容资源，运用大数据、人工智能等先进技术研发的，具有自主知识产权、适用于中国临床实践的用药知识服务系统。

人卫用药助手主要服务于临床用药，是一个为医务人员提供智能用药服务的平台，具有权威性和科学性。平台囊括数万条药物信息、数千个用药案例，并有药物相互作用、用药说明书、常见病处方、用药案例、用药问答、特殊人群用药等海量数据助力诊疗。

（3）人卫中医助手

人卫中医助手作为中国临床决策辅助系统的重要组成部分，结合中医药知识体系的特点，满足中医药整体大框架下各类内容细分交互的总体要求，功能强大，特色突出，用户体验好。

（4）人卫 Inside

"人卫 Inside"是人卫社提出的知识服务新概念与产品形态，是充分发挥人卫社的内容资源优势、持续产生内容的能力以及品牌优势打造的新型产品。人卫 Inside 软件整合了人卫临床助手、人卫用药助手的相关内容，可单独安装，为用户提供疾病、病例、药物、用药分析、医患沟通和临床检验等快速查询服务。[11]

（5）人卫 CDSS

人卫 CDSS（临床决策支持系统）以人卫 Inside 为基础，搭配智能大数据引擎，深度融入医院信息系统及电子病历系统，为医生工作站提供辅助诊疗、合理用药、相似病例、知识查询等服务。

2. 融合教材

为了实现不再有堆成山的教材书的愿景，人卫社利用多种科技手段，将纸书内容与数字服务有机融合，形成新型立体化融合教材。每本书的封底附有唯一激活码，即一书一码。码相当于教材的身份凭证，读者激活后可获得配套数字服务，通过多个平台及终端可随时获取教材专家和作者编写的各类特色学科资源，畅享全新数字服务。

3. 人卫电子书

人卫电子书是人民卫生电子音像出版社有限公司旗下的数字阅读产品，将人卫社近 70 年的医学精华图书以富媒体化形式再次呈现，提供海量医学参考资料。电子书共计千余种，并关联了人卫临床助手以增加数据量。电子书有内容搜索、词典翻译、复制文本、编辑笔记、添加书签、数据库检索、翻译词典等功能[6]，为广大医学人士提供便捷、优质的医学知识服务。目前，人卫电子书已形成一整套稳定高效的选题策划、编辑加工及以 XML 为核心的数字转化技术体系。人卫社电子书城（books. ipmph. com）已上线电子书 3000 余种，涵盖中西医参考书、教材、科普读物、考试用书、外文书等类型。人卫社基于医学图书的特点及读者的实际需求定制开发了阅读客户端——人卫电子书 App，该应用软件除拥有市面上其他阅读类 App 的阅读功能之外，还有自身特色：①权威正版，官方首发，排版精美，个性定制；②支持图文、音视频、动画等多媒体文件；③支持 WORD、PPT、HTML、PDF 等多格式文件；④视频资源在云端存储，随看随下，不占手机内存；⑤集书签笔记（支持文本、图片以及音频形式笔记）、复制高亮、字号调整、夜间护眼等多功能集一身；⑥可实现手机、PAD 多终端同步阅读。[12]

4. 人卫慕课

人卫慕课作为中国医学教育慕课联盟的官方平台，专注于优质医学在线教育资源和平台的建设。中国医学教育慕课联盟是由人民卫生出版社联合国内 200 多家医学院校、科研院所、医学社会组织等共同组建的。面向全国高校医学专业学生及对医学感兴趣的社会人士。免费提供高质量的医学专业课程，提供的服务内容包括在线学习服务及在线学习数据支持。此外，人卫慕课还向医学院校提供 SPOC 平台＋课程资源联合应用的定制化服务，辅助院校完成自主教学管理；打击疫情期间该项服务提供免费试用。[13]

5. 教学科研辅助产品

人卫 3D 解剖学系列虚拟仿真产品，是基于人体三维数字化模型构建的教学软件。该软件严格按照教学大纲设计，以人民卫生出版社"干细胞"教材为蓝本，以 5000 多组人体 DCOM 数据为基础，形成标准化人体模型。采用数字化建模和物理渲染的方式，数字贴图逼真，模型可以无极放大而不会失真。该产品主要面向广大医学院校师生，辅助教学使用，紧密结合教学和学习的需要，既能解决教学中尸体标本不足的问题，又可以通过模型清晰展示不同系统、器官之间的毗邻关系，完成普通人体标本观察没法完成的工作。

人卫 3D 经络腧穴学系统使用高精度的三维数字人体模型，依托人卫社完整、权威、精细的针灸学数据库，在国内针灸学顶级专家组成的编委会的悉心指导下，对人体所有的经络和腧穴的形态，以及它们和人体各组织之间的空间关系，进行精准的三维可视化呈现，并且可以任意角度查看。同时，该系统还提供人体所有穴位的真人实拍取穴视频，创新引入真实人体断层数据库，将穴位解剖知识以立体动态的方式科学、准确地呈现出来。该产品突破了传统医学在教学上的局限，以多种形式助力中医药学人才培养，标志着人卫社数字化教学产品在传统医学领域的启航。

眼视光虚拟仿真实训系统是由人民卫生电子音像出版社与温州医科大学合作打造的一款全新的医学可视化工具，利用 VR 技术使人机交互完美结合，为用户提供沉浸式学习体验。该系统包括眼部解剖生理、眼视光检查两大模块。眼部解剖生理模块通过 3D 建模技术展现正常眼球及其血管、神经、肌肉等局部解剖结构；眼视光检查模块通过教学视频、引导训练及实训考核满足实际教学需求。

（二）医学考试领域：用考试检验成果

1. 中国医学教育题库（教学辅助）

2017 年 3 月，中国医学教育题库院校联盟成立。2018 年 5 月，临床医学题库发布。

2018 年 7 月，中国医学教育题库院校联盟 – 药学专业题库建设工作指导委员会成立，药学专业题库启动建设。

2018 年 10 月，中国医学教育题库院校联盟 – 中医药学专业题库建设工作指导委员会成立，中医药学专业题库启动建设。

2018 年 11 月，中国医学教育题库（护理学题库）院校联盟成立，护理学专业题库启动建设。

2018 年 12 月，中国医学教育题库（口腔医学题库）院校联盟成立，口腔医学专业题库启动建设。

人民卫生出版社中国医学教育题库获得了财政部国有资本经营预算资金支持，定位是八个特色：高质量、高水平、高信度、高效度、内容丰富、功能多样、随时更新、长期使用。中国医学教育题库具有试题管理、智能组卷、考试管理、教学应用、数据分析、评价反馈等多项功能（见图 19 – 1）。

1.试题优质	2.功能强大	3.服务完善
·编写团队阵容强大，编写流程科学规范 ·全国范围实考测试，试题参数准确稳定 ·试题数据持续更新，保证题库常用常新	·一类二类试题系统，满足多种测试需求 ·提供私有题库功能，多方资源混合组卷 ·智能组卷条件灵活，百万试题毫秒响应	·云平台配合局域网，服务稳定、数据安全 ·多维可视测评分析，细致反馈、指导教学 ·Web端加手机App，功能多样、使用便捷

图 19 – 1　中国医学教育题库的产品特点

2. 人卫智网·考试（考试辅导学习管理系统）

"人卫智网·考试"是人卫社组织国内医学教育和考试专家共同研发，以护士执业、医师资格、执业药师、考研西综、健康管理师职称考试为出发点，结合日常临床需求，通过互联网技术构建的医学信息化系统平台。可以协助学校教务处、网络中心、各学科教研室等部门落实医学相关考试的培训与考核，提高医学院校毕业生执业资格考试通过率，促进学校教育和医学考试的高效对接。同时，人卫智网还推出了手机移动学习客户端"医考学堂"App。用户可以在线或将课件下载到手机上观看人卫智网的音视频课件，突破学习环境和地点的限制，随时随地学习，更方便、更快捷。

（三）健康科普领域：让每一个人都了解医疗

1. 官方微信：人卫健康（大众健康科普公众号）

"人卫健康"是人卫社的公众号平台，秉持"根植卫生健康，服务健康中国"的发展理念，落实国家"推进健康中国建设"的宏伟目标和《"健康中国 2030"规划纲要》的重要抓手和提升人卫健康教育、健康促进、健康传播综合水平的重要载体，目前关注粉丝已经超过 80 万人。

"人卫健康"每天更新 3 篇具有科学性、权威性和实用性的微信推送，主打医学科普，将传统文化知识包装和衔接，使用平实的语言进行医学知识的阐述，将枯燥无味的医学科普和养生常识传神、直观地传播给大众，吸引了许多粉丝的关注。

"人卫健康"充分体现"互联网＋医疗健康"，根据用户需求的差异，精准搭建内部模块和栏目。"健康百科"栏目根据不同人群的需求进行细分，便于用户在线按需检索，使用户尽快找到所需的知识内容。同时，"人卫健康"与"约健康""人卫临床助手""人卫用药助手""人卫中医助手""人卫数字图书馆""人卫智慧服务商城""人卫 E 教"等平台底层贯通，充分整合既有的医卫资源，实现用户的多维度交流沟通，创造跨平台、跨渠道的品牌传播体系，将各类资源融会贯通，发挥规模效益。[14]

2. 融媒体平台：约健康（大众健康科普 App）

"约健康"是一个包含文章、漫画、视频、直播等多种形式的医学科普融媒体平台，覆盖母婴孕产、疾病保健、营养膳食、中医养生等多个领域，满足全生命周期的健康需求。

"约健康"提供图书网络增值服务，致力于将图书、杂志与新媒体平台三方融合，更好地连接读者、专家和粉丝用户。所推出的"医说到底"精品知识服务付费专区，提供更具个性化、精准化的深度内容服务。

3. 医疗学习应用：肝炎防治（专项知识科普 App）

"人卫肝炎防治"是一款专门为爱肝、护肝人士准备的肝病防治知识学习应用，主要提供肝炎防治的基础知识和指南，用户可以在这里了解更多与肝病相关的知识。App 共分为 4 个模块：肝炎防治资讯、课程、阅读、个人中心，提供知识问答、课程学习、练习和阅读等功能。

（四）电子商务领域：在这里深入了解

"人卫智慧服务商城"是人民卫生出版社自营的电商平台，为广大医学从业者、爱好者提供舒适、优质的网上购书体验。人卫智慧服务商城于 2015 年上线，目前可以通过 PC 端、微信端、移动 App 等多个通道访问。2019 年，商城会员数超过 80 万人，年销售额突破 500 万元，客户满意度高达 98%。

六　数字出版发展路线及成功经验

(一) 数字出版发展路线

人卫社在国家卫健委、中宣部、财政部、教育部等国家部委的领导和指导下，依托自身长期积累的资源优势和品牌优势，将企业数字化转型升级战略落实，从顶层设计、战略目标、发力平台等多角度进行合理规划，形成了专门的规划文件。目前形成了《人民卫生出版社数字出版战略规划 (2013～2020)》发展意见，构建了"124811"体系。即1个引领：健康中国、数字人卫；2大目标：国内领先、国际有影响力；4大战略：全领域战略、整体转型战略、公司化战略、持续创新战略；8大工程：中国医学数字出版和国际化信息平台、中国医学教育数字出版平台、中国健康科普数字出版平台、人卫医学百科数据库、人卫医学电子书城、人卫内容生产与管理平台、人卫数字印刷基地工程、中国医学教育慕课平台；11大领域：医学学术、医学教育、医学考试、健康科普、电子书、App、报刊出版、数字印刷、国际化、创新拓展、技术和营销。[11]

在整体布局上，人卫社总结了传统出版与数字出版及二者深度融合发展的经验，参照相应的规范标准，推动"三步跨越、四步迈进、八步迭代"的深度融合创新。[11]

1. 第一步：国家级医学数字教材建设

2013年，人卫社在前期医学系列教材成功出版的基础上，以合作的方式加强与国内高校院士、专家、院校的合作，全面开展医学数字化教材的探索和研究工作。合作的院士及专家超过1300名，院校超过150所。在多方合作下，人卫社完成第一部国家级医学数字教材建设，即中国医学教育"干细胞"教材——全国高等学校五年制本科临床医学专业规划教材。

2. 第二步：中国医学教育慕课联盟及平台建设

2014年，人卫社开展新型合作，创新医学教育与数字化发展的深度融合，设立了全球首个医学专业的MOOC，组织创建了国内医学教育MOOC联盟。这是中国医学教育慕课的首个大型组织平台，对中国医学教育发展与数字化技术的结合起到很好的示范作用。2015年，相应的医学规划课程立项建设。同年底，人卫社推出了人卫慕课的升级版本，医学规划课程和手机端应用也顺势发布。人卫社的平台建设成功地将全国多家医药单位联系起来，联盟单位 2015 年时现已近 220 家，涵盖相关院校、科研院所和学会协会等，联盟单位之间初步实现学分互认，在推动优势资源共建共享、促进医学教育教学改革和培养卓越医学人才方面发挥了重要作用。[11] 人卫慕课平台的建设，是医学与互联网相互融合的又一次成功实践，全面推进了"互联网＋医学教育"的创新模式。

3. 第三步：人卫开放大学的规划和建设

人卫社在人卫慕课建设的基础上，联合国内知名医学院校发出创建"人卫开放大学"的倡议，迈出了在线教育实体化发展的步伐。[15] 2015 年，人卫社建成了人卫开放大学。本着"校社联手、资源整合、共建共享、学分互认、开放共赢"的发展理念，人卫开放大学在广度和深度上进一步拓展医学教育资源的融合与共享。以"互联网＋医学教育＋医学出版"为发展方向，以服务院校教育为发展契机，将医学教育逐步推向网络化、数字化、个体化、终身化发展，努力构建开放、共享的在线医学教育平台，造福大众。

4. 第四步：人卫融合教材建设和发展

2016 年，人卫社对融合教材建设和"一书一码"进行试点，按照"以学生为中心、以课程为基础、以纸质为载体、以网络为纽带、以融合促共享"的理念建设融合教材。通过纸质内容和数字内容的有机互动，将原有的图文平面的教材形式拓展为更鲜活、更立体的融合教材形式。目前已推出超过几千种融合教材，实现了传统出版与数字出版的产业衔接和线上线下服务模式的创新。

5. 第五步：人卫健康医疗大数据智慧平台建设

2016 年，人卫健康医疗大数据智慧平台"医学学术"的子平台中国临床决策辅助系统（人卫助手）正式上线。该平台遵循"健康中国，数字人卫，智育内容，智慧平台，智能服务，全程终身"的思想和服务意识，是人卫社积极落实国家促进和规范医疗大数据应用发展倡导的成果。中国临床决策辅助系统的服务对象不受限制，即不局限于广大医疗工作者，同样服务于广大人民群众，目的是为用户提供智能、科学的医疗诊断参考和用药指导等。人卫健康医疗大数据智慧平台建设造福万千大众，在国家精准扶贫工作中做出了重要贡献，受到广泛好评。"人卫助手"系列平台更是入选国家新闻出版署 2019 年度数字出版精品遴选推荐计划。

6. 第六步：人卫医学 AR、VR、MR 及 3D 数字出版研发

人卫医学 AR、VR、MR 及 3D 数字出版，充分利用前沿技术研发一系列虚拟仿真软件，实现技术与医学的完美融合，为医学教育提供了可以实践操作的虚拟场景，有效解决了医学教育资源分配不均的问题，对师生的学习和我国未来医学事业的发展起到重要作用。

7. 第七步：健康 AI、人工智能迭代

人卫社不仅深层挖掘医学内容资源，同时对现代科技进行深度应用。2017 年 7 月 28 日，科大讯飞与人民卫生出版社达成战略合作，双方在北京签署战略合作协议，正式宣布携手致力于智慧医疗，就人工智能技术在医药卫生领域的研发与应用展开合作。基于科大讯飞国际领先的人工智能技术以及人民卫生出版社专业权威的医学资源，双方在个性化医疗学习、医学健康科普等方面进行深度探索。科大讯飞董事长刘庆峰指出，此次双方的合作从具体业务切入，形成战略合作机制，携手发力智慧医疗领域，让智慧医疗真正惠及民生。[16]

目前，人卫社积极应用人工智能中的机器学习、自然语言处理等技术。在医学人工智能技术应用层面，已经在"人卫助手"系列数字平台中开始研发人工智能技术场景化"落地"。如在"人卫临床助手"中建设智能诊疗系统，在"人卫用药助手"中建设智能问药系统，运用大数据与人工智能技术推动临床决策辅助和支持系统更加科学化、智能化。[11]

8. 第八步：5G、万物互联、区块链创新技术探索

5G 时代的来临，让我们看到科技发展给生活带来更多可能。人卫社紧随时代发展潮流，在用户体验和产品设计上充分发挥新科技的优势，利用 5G 技术对用户进行精准捕捉，对产品内容进行精准投放。利用区块链技术实现不同平台的信息共享，在保证安全性的同时实现对数据的有效管理与版权追踪，建立了数字版权全生命周期服务体系。

（二）数字化建设成功经验

1. 医药卫生出版成为竞争优势

人民卫生出版社主要的出版领域为医疗，所以我们不禁问："这会不会成为贵社发展道路上的障碍和局限呢？"相关负责同志这样回答："我们社如果从单一与综合角度看的话确实存在局限性，但是若换一个角度看呢？专门做医学看似受众群体受到局限，然而却可以帮助我们形成受众群体固定的天

然优势，我们何不利用这一优势，更好地服务于用户呢？于是我们想到利用电子书这一形式，直观、全面地帮助用户了解更多的医学常识。更是因为医学的特性，解剖、器官形态、手术内容等本应形象化理解的东西，碍于文字的局限，读者很难理解。电子书的这种方式可以很简单直接地解决这一问题。从这个角度来讲，专业出版不是人卫社的劣势所在。"[17]

2. 对用户精准定位

各大出版社纷纷争取懂得网络技术的人才，而仅掌握传统编辑技能的人才将何去何从？相关负责同志给予中肯的回答："当下出版社确实对网络运营方面的人才比较渴求，但是熟练掌握编辑技能、流程的人我们是一定不会忽视的。对于这类人，我们往往会进行培训，使他们在实践中慢慢掌握熟练的技能，从而更好地应用于工作中。一名编辑最重要的是要把握用户群体，只有了解了用户的想法，策划才能更加到位。策划之初要进行用户定位，我们首先要对对象进行分类，针对不同的用户进行了解。或者可以利用大数据来帮助我们做出精准的用户定位，做好定向策划，提高工作效率。"

3. 重视国际交流合作

谈到出版的国际化，我们一定会联想到版权交易问题。相关负责同志告诉我们，电子书这一形式可以很好地帮助出版走向国际。"一些问题我们确实不能忽视，如国内外医疗政策、标准流程会有所不同。经济水平、医疗保险也各具特色，这些问题我们可以针对不同国家具体分析。最重要的是，数字产品可以为出版社大大节省运输成本，节约运输所要消耗的人力、物力与时间。除此之外，电子书这一形式使得图书内容的更新更加便捷、迅速，相比纸质书出版的繁琐步骤与冗长的交易时间，可以说电子书对出版社的国际化有很大助益。除了做原创图书的推广，我们也与新西兰等国家合作，互相翻译医学著作，做好引进来与走出去，实现医学文化的互相交流。"

七 结语

人民卫生出版社在国家有关部门的领导和指导下，依靠医药卫生专业出版的资源和品牌优势，积极探索数字化转型发展路径，制定了《人民卫生出版社数字出版战略规划（2013～2020）》，构建了"124811"融合发展顶层设计。人卫社通过"三步跨越、四步迈进、八步迭代"，形成了医药数字出版的全新格局。在数字出版的国际化征程中，我们期待看到人卫社更多的进展和惊喜。

参考文献

［1］王运平：《全国高等医药教材建设研究暨人卫社年会在京举行》，《中国出版》2017 年第 21 期，第 70 页。

［2］《从产品到服务，一家专业社的数字出版转型之路》，《出版商务周报》微信公众号，https：//mp. weixin. qq. com/s/6L9BxhYvAf371KyYIy9NFA。

［3］原业伟：《从产品到服务，一家专业社的数字出版转型之路》，出版商务网，http：//www. cptoday. cn/news/detail/4343。

［4］李允：《顶层设计促融拓有机联动开新局——访人民卫生出版社有限公司董事长、党委书记郝阳》，《中国出版传媒商报》网站，http：//www. cbbr. com. cn/article/115310. html。

［5］孙伟：《创新人才培养模式架构企业管理新框架——以人民卫生出版社为例》，《中国出版》，2015 年第 3 期，第 56 ~ 59 页。

［6］黄敬滢：《人民卫生出版社数字化转型策略分析》，北京印刷学院硕士学位论文，2015。

［7］耿爽：《人民卫生出版社数字出版研究》，南京大学硕士学位论文，2016。

［8］李学菊：《面向知识服务 打造新型业态——人民卫生电子音像出版社有限公司数字出版转型实践》，《出版参考》2016 年第 2 期，第 11 ~ 13 页。

［9］马润东：《人卫社：以数字出版普及医学知识》，数博荟微信公众号，https：//mp. weixin. qq. com/s/QJVWIebpDYLCWYiuYu_bhQ。

［10］万众：《人卫临床助手、人卫用药助手专业版上线 科学诊疗和合理用药的好帮手》，《中国卫生信息管理杂志》2019 年第 1 期，第 108、120 ~ 121 页。

［11］杜贤：《知识服务之路：深度融合发展的"人卫"模式》，《中华读书报》2020 年 2 月 26 日。

［12］《1 分钟了解富媒体电子书出版》，人卫电子书微信公众号，https：//mp. weixin. qq. com/s/PZmHg8RDaRk_90ckmzc_vA。

［13］弥度：《疫情阴影下，教育行业如何自救?》，《中国对外贸易》2020 年第 3 期，第 72 ~ 75 页。

［14］黄蕾、宋秀全：《探索传统出版企业如何做强做大做优微信公众号——以人民卫生出版社官方微信"人卫健康"为例》，《中国出版》2018 年第 15 期，第 5 ~ 8 页。

［15］任刚：《探索医学专业图书营销的创新之道——以人民卫生出版社医学学术图书竞拍为例》，《科技与出版》2015 年第 10 期。

［16］王蕊、李兵：《北京地区中医出版物网络调研分析》，《中国数字医学》2015 年第 10 期。

［17］《解读特色出版，走进人民卫生出版社》，新出版人微信公众号，https：//mp. weixin. qq. com/s/oVsKRm - fTs6KfAmamRb - Ow。

第二十章
贵州出版集团：精准定位下的转型之路

从 2010 年新闻出版总署发布《关于加快我国数字出版产业发展的若干意见》至今，传统出版社的数字化转型已然是大势所趋。地方出版社如何在数字化发展的过程中发挥自身优势成功实现转型，是亟待解决的问题。贵州出版集团作为贵州省大型国有文化企业，多年来把握政策要求，全方位布局数字出版业务，充分利用集团优势，突出地域特色，不断尝试新的数字化转型方式，探索出贵州出版集团的数字化转型之道。

一 贵州出版集团简介

贵州出版集团是中共贵州省委、贵州省人民政府、新闻出版总署批准建立的大型国有文化企业。[1] 集团从成立以来，出版了大量优秀出版物，为弘扬贵州文化、打造地域文化品牌做出了巨大贡献。

近年来，集团以习近平新时代中国特色社会主义思想为指导，认真贯彻落实习近平总书记、党中央和省委的指示精神，增强"四个意识"，坚定"四个自信"，做到"两个维护"，创新工作思路、工作方法、工作机制，推进高质量发展，通过实践打造了一支忠诚、务实、高效、担当、廉洁的出版队伍。

集团把出版立企放在发展的首位，保证出版业务的高水平发展。持续推动产业园区建设，整合多元发展业务板块，提升创新能力。推进新华书店文渊超市建设工作，提升书店的服务质量和经营效益，促进书店转型。完善管理体系建设，提升集团的综合治理能力，探索集团的现代管理模式和先进经营理念，促进自身稳步发展。

二　人才培养

2005 年，贵州出版集团成立。2009 年，贵州出版集团转企改制全面完成。

"想干事的人有机会，能干事的人有舞台，干成事的人有地位。"多年来，贵州出版集团坚持这一用人方针，构建人才发展平台，以人尽其才、才尽其用的理念充分组织人才，建立完善的人才机制，形成极具向心力和凝聚力的人才队伍。早在 2007 年，贵州出版集团就在实地考察的基础上对贵州省新华书店和 5 个市州地级新华书店中心支店的领导班子进行了调整，让干部走入发行一线。同时，在集团内，对省外文书店和省新闻图片社领导班子成员进行公开竞聘。与此同时，考察、调整贵州科技出版社、贵州民族出版社等所属单位的主要负责人。

集团通过公开、公平、公正的方式招聘朝气蓬勃、政治素质高、业务能力强的新型出版人才，解决集团人才队伍老化的问题。[2]

贵州出版集团实施人才强企战略，通过举办中高层管理人员培训班等方式，针对不同专业领域人才的需求，大力实施重点业务培训和能力提升工程，积极推动企业人才成长与事业发展。开办"振兴贵州出版大讲堂"系列讲座，邀请名家大咖讲授、辅导。总之，集团以创新性的人才培养渠道和培养模式来促进人才的发展和聚集，从政治素养、业务素质等方面培养优秀出版人才，满足出版实践的需求。[3]

在数字化转型过程中，能够兼顾传统内容和数字技术的人才数量少，专业人才匮乏是贵州出版集团面临的重大问题。在多年的发展中，集团与北京印刷学院推进产学深度合作，设立研究生实训基地，主动走出去，深入北京大学、中国人民大学、复旦大学、武汉大学等各名牌高校，引进出版领域相关人才，与各高校建立合作联系，达成常态化沟通协作。集团分层次、分板块、分类别培育和引进高素质专业化人才，形成产学结合的人才培养和引进模式，培养出适应数字出版转型发展的全能型人才。

三　多元业务构成

贵州出版集团经营业务范围广泛，主要包括图书、期刊、音像制品的编辑、出版、发行、租型，图书报刊、文化用品、体育用品、数码产品经营，印刷物资购销，印刷、版权交易，出版物进出口，物流服务，广告设计、发布，会展服务，文化服务，大数据服务，医疗服务，健康服务，养老服务，旅游服务等。集团以出版为主营业务，兼顾多元，创新融合。2009年转企改制后，集团形成旅游类、文史类、教育类等不同类型图书出版的格局，实现数字出版、印刷、房地产、经济类酒店、内外贸易、旅游等多元业务拓展。[4]

四 数字出版转型策略

随着数字化转型的不断深入，贵州出版集团已经将数字出版作为其发展的重点任务之一，积极推进企业治理的数字化转型及出版产业的智慧化演进。通过整合现有的出版资源，建设专题数据库、有声书平台、教师教育云平台等，全方位开发数字出版产品，依托集团现有的资源优势，走出一条具有贵州特色、弘扬贵州文化的数字出版转型之路。

贵州出版集团的数字出版转型呈现出布局时间早、涉足领域广、地方特色浓厚的特点。

在2010年前后，集团就着手开拓数字出版市场。2010年12月，数字出版资源数据库系统验收。2011年2月，集团总部成立数字出版中心。2012年3月，全资子公司贵州数字出版有限公司成立；同年5月，贵阳亚青动漫数字出版传媒有限公司成立，由贵州数字出版有限公司投资控股；10月，贵州数字出版有限公司参与投资"北京漫动亚青数字传媒有限公司"。2013年11月，贵州出版集团参与承办的"第七届亚洲青年动漫与数字艺术大赛暨中国（贵阳）数字产业投洽会"在贵阳举行。2017年，贵州出版集团与A8新媒体集团签署战略合作协议，双方在数字出版、技术研发、产品构建、内容分发、人才交流、资本合作等方面展开合作。2018年5月，集团承办了数博会的"首届新闻出版大数据高峰论坛"；同年，与京东集团达成全面战略合作，发力"无界零售"，推动发行业务的数字化和现代化。2019年，贵州数字出版集团与华为公司签订协议，以互联网技术作为支持，促进传统出版与数字出版的融合发展，依托贵州的大数据基础和华为企业的先进技术，在信息化建设、智慧园区建设以及云计算、融合出版等方面进行深度合作。

在十余年的发展中，贵州出版集团从内部体制机制调整、对外投资合作、数字化产品创新等方面助力传统出版向数字出版转型升级，主要体现在以下方面。

（一）成立子公司，调整组织结构

贵州出版集团为推进数字化转型，成立了专门的全资子公司，负责数字出版项目，集中精力推动数字化产品开发。2011年，贵州出版集团数字出版中心成立，主要负责集团的信息化建设，搭建集团统一的资源管理平台，整合集团的内容资源，实现内容资源的数字化生产，以及数字化管理和经营。但贵州出版集团不满足于此。2012年，进行公司制组织结构改革，成立贵州数字出版有限公司。截至目前，公司经营范围包括：利用互联网及数字媒体制作和发布数字产品；电子出版物、网络读物、动漫媒体及其他媒介产品的编辑、租型；计算机及通信设备硬、软件开发、销售及相关技术服务；信息系统集成；版权服务；数字内容与图书、期刊、教具、文具、玩具等结合的数字产品开发；互联网文化活动。

贵州数字出版有限公司短时间内投资控股了贵阳亚青动漫科技信息有限公司、北京漫动亚青数字传媒科技有限公司以及贵州闻通数字传媒有限公司，形成数字出版业务多元化和重点发展相结合的发展格局。

2018年，为有效落实"大数据＋出版"的转型战略，推动中央文化产业重点项目"国家出版业大数据应用服务重大工程（试点）"建设，贵州出版集团与贵阳高新区大数据产业投资合伙企业合作成立贵州版云大数据出版有限公司，以51%的股份比例控股。目前，主要经营范围包括：用户驻地网业务、基于出版业大数据的产品开发及咨询服务；网络运营、软件开发、数据产品开发、计算机系统设计、集成；计算机技术服务与咨询；智能网络控制系统的设计及安装；服务器托管和租用；计算机、网络、数码产品及通信器材（除专项）的销售；通信综合集成系统网络的设计、开发、安装；计算机网络工程、宽带服务等。

集团从部门建设到企业建设，实现了内容资源、技术资源、人才资源的集中整合管理，有效促进了数字化产品的研发以及对数字化道路的探索。

（二）技术支持，完善数字支撑平台

贵州出版集团在数字支撑技术、基础设施建设上积极从传统出版向数字出版转型，利用数字出版新技术，整合数字出版产业链各环节的资源。早在

2011 年，贵州出版集团就搭建了作者、出版单位、读者的互动网络平台，完成了包括书刊协同编辑系统和新型内容制作系统、图书结构化标引加工系统、内容资源管理系统、数字产品运营网站和基础平台在内的，整合数字出版关键业务、服务功能及运营模式的体系构建。[5]

（三）紧跟潮流，多元化布局

从贵州数字出版有限公司成立以来，集团的数字化转型速度加快，从手机报到移动出版，从传统内容数字化加工到知识服务，从单一到多元的数字化业务拓展，从各自为营到产业化基地建设，紧跟出版转型潮流。截至目前，已经取得了较大的进展。下面以知识服务和数字教育出版为例加以介绍。

1. 知识服务

贵州出版集团的知识服务，开始时间早、经营时间长，并且随着数字技术的革新和用户需求的变化不断更新完善。首先，体现在资源库、数据库建设上。贵州出版集团利用所拥有的传统内容资源，结合当地特色，从资源库中选择兼具社会效益和经济效益的图书进行内容数字化。经过内容挖掘、版权确认、内容拆分、元数据标引、二次加工等步骤，建设了一大批传播贵州文化的数据库产品。至 2014 年，贵州出版集团的历史资源数字化工作已全部完成。

2019 年，集团以"非遗守望 知识共享"为主旨，推出"非遗云村寨"平台。该平台基于 PC 端和手机端，依托近 500 册黔版非遗类书籍，以大数据、移动互联网、VR 等技术为手段，全方位对贵州不同村寨所拥有的非遗文化进行解读，推动村寨走出大山、走向世界。数据库的建设，既使得原有的内容资源被再次利用，提升其版权的利用价值，也实现了贵州特色文化的多元化传播，加快集团的知识服务转型战略的实施。将地方特色深度融入数据库的研发，也体现出贵州出版集团转型的独特性，提升了知识内容的价值。集团于 2019 年 8 月与五洲传播出版社签署战略合作协议，建立合作关系，促进"非遗云村寨"平台"走出去"，实现多元合作、互融互通。

其次，有声书是近年传统出版社数字化转型的热点。数字出版产业报告显示，目前出版机构知识服务转型以音频开发为主力，贵州出版集团也积极参与。相较于耗资较多的自有 App 建设，贵州出版集团选择依托用户流量较大的微信平台实现业务布局，通过有声书馆的搭建，让用户通过微信平台收听种类多元的有声书，构建丰富多彩的"声活圈"。集团于 2017 年开始运营"黔版图书"，将传统图书有声化，在微信公众平台进行传播。2019 年，着力开发"黔版听书"的有声书销售，实现订单管理、微信支付等业务功能，以及数据可视化分析等。

2019 年 5 月，"听·到贵州"听书平台正式运营，平台以微信为入口，宣传口号是"听贵州故事，品多彩文化"，将贵州的历史、人文、艺术等通过"阅读＋诵读＋声音＋故事"的方式进行传播。

2. 数字教育出版

贵州出版集团还布局数字教育出版，涉足教育领域。其打造的贵州数字教育云平台，已经成为贵州省最权威、专业、负责的数字教育产品代理和区域服务商。云平台分为"教学大师"、"影视课堂"和"贵州数字校园"三个模块，成为全国规模最大的多媒体教学资源库系统，开创了多媒体教育教学新纪元，实现学校"建网""建库""建队"三重目标。同时，建成了国内规模最大的多媒体积件素材库，储备了视频、音频、动画、图像、图表、文本等多种积件素材，帮助广大教师轻轻松松地实现多维互动教学。平台还系统分析教学、教研和教务需要，整合教学策略，集成各种媒体资源。

云平台还可以为学校提供数字校园整体解决方案，为教师提供符合教材版本的备课参考等资料素材，促进教师与学生互动交流。平台还提供考试题库资源、试卷难点和错题分析及学生综合评价，为学生提供社区互动的平台，为家长提供学生全面成长的分析报告。云平台功能完备，成为连接教师、家长、学生的桥梁。

（四）产业园区建设，实现集群化、现代化发展

贵州出版集团按照贵州省委、省政府的决策部署，在新闻出版总署牵头的有利条件下，建设了贵州文化出版产业园。

产业园通过打造"两基地一平台"（现代物流产业基地、印刷产业基地，创新创业孵化平台），有效实现物流的自动化配送，提供出版物、包装、广告等绿色印刷服务，文化创意及文创产品制作服务，以及文化产业培训服务，在园区内形成完整的产业生态。

该产业园具有新媒体融合创新、新媒体科技、数字出版、动漫制作、设

计创意及衍生产品服务等产业功能。通过集群化建设聚合产业、共享信息，贵州出版集团实现产业发展全流程现代化、数字化。

五　数字出版转型成果

二十余年的转型发展，使贵州出版集团的数字化建设无论从营收还是成果上看均实现了突破。

从数字出版产品来看，数量多、类型多样，大量产品获得各类奖项，成果丰硕。典型产品有《敦煌》、《"一带一路"动漫故事》、"本草风物志·中草药数据库"等。

《"一带一路"动漫故事》是由贵州人民出版社创作的具有丝路风情的网络漫画作品。之前，国外绘本创作质量高、影响大，在过去的很多年里，中国持续引进国外绘本。在这个过程中，创作出具有中国特色、宣扬中国文化的原创动漫绘本也成为传统出版机构的目标之一。《"一带一路"动漫故事》以时间为轴，以"古丝绸之路""中国'一带一路'五年发展成就""中国再出发"三个篇章为主要内容，采用现代插画画风，突出了"丝绸之路"上不同时代的闪光点，形象化地展示了从"丝绸之路"到"一带一路"的历史变迁和发展进步。画面层次感强，内容丰富，时代特征鲜明，人物形象丰满，读者很容易被带入场景中。该产品利用现代数字出版技术和先进的动漫制作技术，给读者耳目一新的视听阅读体验，并于2019年入围国家新闻出版署"数字出版精品遴选推荐计划"。[6]

《敦煌》是贵州出版集团"动漫客"平台于2019年策划的重点项目。这部长篇漫画作品以敦煌莫高窟作为创作背景，具有浓厚的地域特色。作者以极具中国风味的绘画风格，演绎唐代"丝绸之路"上发生的故事，将敦煌莫高窟的雕塑、壁画艺术和"丝绸之路"的历史融入其中。该产品入围厦门国际动漫节最佳漫画竞赛单元，并获厦门国际动漫节组委会邀请，参加于2019年12～15日举办的厦门国际动漫节的相关活动。[7]

本草风物志·中草药数据库是由贵州数字出版有限公司承担建设及运营的项目。数据库以《中华本草·苗草卷》《中国常用中草药彩色图谱》等为基础，以碎片化、数字化手段精选内容，形成有关中草药、茶药等的相关条目。数据库内容丰富，图文并茂，是全面介绍中草药信息的工具型数据库，用户可以在数据库中进行中草药条目查询、专题阅读、电子书阅读。该项目于 2019 年入选国家新闻出版署"数字出版精品遴选推荐计划"。

六　贵州出版集团数字化转型经验

（一）布局时间早，抢占先机

贵州出版集团利用贵州省大数据等产业的发展优势，较早地意识到传统出版转型的必要性，并且很早介入数字出版领域，获得了来自政府、行业的支持。同时，长期的探索发展，也为集团积累了很多经验。

（二）利用地方优势，精准定位

贵州的地域特色浓厚，贵州出版集团很早就确立了"讲好贵州故事"的战略目标，认清自身的发展优势，将发展精确定位在传统文化、民族文化的传承上。充分挖掘地方特有资源优势，对中草药、民族村寨等具有民族和地方特色的出版内容进行全方位开发，做到"差异化"经营。

（三）关注热点，紧跟潮流

贵州出版集团有着敏锐的洞察力和快速的反应能力，能够及时把握行业最新的发展动态，关注读者的阅读兴趣变化，了解技术发展的新趋势，利用政策优势，在动漫出版、有声出版、数字教育出版等领域实现快速布局，形成多元化发展格局。

七　结语

总的来说，贵州出版集团积极响应国家号召，采用集团内部体制机制改革、部门调整、企业投资等策略，快速布局数字出版业务，在数据库、有声书、数字教育出版等方面全方位拓宽数字出版业务。集团依托已有的内容资源优势，依靠贵州地方特色，打造了一批独具特色的数字出版产品，使得数字出版业务成为集团发展的新增长点，集团也成为传统出版社数字出版转型的典范。贵州出版集团在数字化转型过程中取得了成功的经验，为其他传统出版机构尤其是地方出版机构提供了参考。

参考文献

[1] 贵州出版集团官网，http：//www. gzpg. com. cn/jtjj/index. jhtml。

[2] 许明、张忠凯：《贵州出版集团：积极探索做大做强之路》，《当代贵州》2007 年第 10 期，第 31 ~ 32 页。

[3] 谢亚鹏：《振兴贵州出版实现路径探析》，《中国出版》2020 年第 3 期，第 13 ~ 15 页。

[4] 李卫红、沈士卫：《贵州出版集团变身市场主体实现多方突破》，百道网，http：// www. bookdao. com/article/8089/。

[5]《2011 年：贵州出版集团坚守文化理想开创出版新局》，贵州出版集团官网，http：//www. gzpg. com. cn/lndsj/214. jhtml。

[6] 崔益明：《"一带一路"动漫故事》，光明网，http：//topics. gmw. cn/2019 – 12/ 03/content_33371737. htm。

[7]《〈敦煌〉入围厦门国际动漫节"金海豚"奖》，贵州出版集团官网，http：// www. gzpg. com. cn/jtxw/809. jhtml。

第二十一章
陕西新华出版传媒集团：以现代企业改革
实现数字化发展

陕西新华出版传媒集团于 2014 年成立。集团积极践行"集团强大、单位富裕、员工幸福"的发展理念，围绕全省"追赶超越"的要求，确立了"成为省属国有文化企业集团领跑者"和"打造西部一流出版传媒集团"两个阶段性目标，初步建立起推动产业科学发展的思想体系。在现代数字化新媒体的激烈市场竞争中，陕西新华出版传媒集团积极规划数字出版发展路线，并在此基础上推出了一系列数字出版产品。

一 陕西新华出版传媒集团简介

陕西新华出版传媒集团有限责任公司，是由陕西出版传媒集团股份有限公司和陕西新华发行集团有限责任公司于 2014 年 10 月 28 日全面融合组建的省属大型文化企业集团。陕西新华出版传媒集团积极响应中央文化体制改革的精神，助推陕西文化强省建设。[1]

集团始终牢记国有文化企业的社会担当，深入贯彻"双效统一"的精神，向广大读者奉献了一大批高水准、高质量的精神食粮。2017 年，出版图书 6000 多种，超额完成省政府下达的各项指标任务，经营情况位居省属国有文化企业前列，被省总工会授予"陕西省五一劳动奖章"，改革发展成效得到省级层面充分肯定。截至 2017 年，集团有 42 个项目入选"十三五"国家重点出版物出版规划。[2]

集团持下辖 1 家分公司、8 家出版社、10 家市级新华书店、79 家县级新华书店、1 家物资公司、1 家文化公司以及 2 家参、控股公司和多家报刊社等 110

余家单位。[3]

根据集团官网公布的企业信息，公司管理层法人治理结构为董事会、监事会、经营管理层。企业内设组织机构包括办公室、党群工作部、纪检监察审计部、出版业务部、人力资源部、数字出版部等11个部门（见图21-1）。

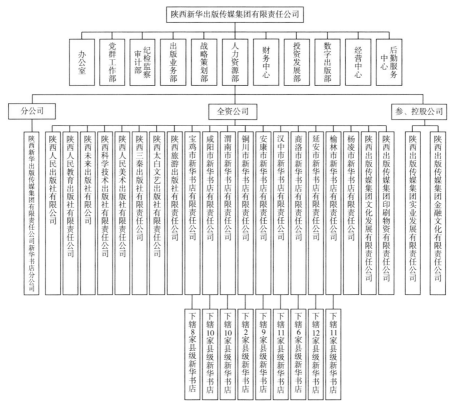

图21-1　陕西新华出版传媒集团组织架构

二　人才培养

随着人们生活水平的提高、物质生活的丰富，以及互联网技术的不断发展，精神文化也得到进一步发展。人们在精神文化方面的消费支出比例不断扩大，文化市场因需求的迅速增长呈现出更加繁荣的一面，人们的消费结构更加多元化、合理化。在这样的情况下，出版行业需要横向和纵向进一步拓展业务，在人才需求上也逐渐向更加专业化和多元化转变。成熟的企业发展需要优质人才的支撑，相较于一些国际先进企业，陕西新华出版传媒集团在人才培养和人才吸纳上仍有一定的上升空间，集团内部员工的学历水平还有待进一步提高，整体职工的年龄结构也需要进一步优化。

因此，集团在人才培养方面积极采取措施，创造性地应用人力资本价值管理理念。在人员管理、考核与发展上，通过建立人才库、健全人力资源绩效考核评价机制、创新体制机制，将人力资本优势转化为集团发展的内在驱动力。[3]

集团重视人才队伍建设，不仅从观念上更新人才发展理念，还设立了培养领军人物的目标，在制度管理中增设人才队伍建设内容。集团针对企业内部人才需求情况，合理引入外部人才，"内外兼修"，培养成熟的经营管理人才，建设一支具有专业素质的出版人才队伍，积极推行"人才强企"战略。

集团设置相应的激励和选拔机制，尊重人才、善用人才、完善内部人员流动机制，灵活选人、用人——领导干部能上能下、员工能进能出。队伍建设上，倡导营造良好的学习氛围，通过自主学习强化职业素质，提升员工的专业知识水平和实践能力。总之，集团从企业发展和员工成长两个方面不断研究和制定既有利于未来集团发展，又能满足员工成长要求的职业生涯规划，多层次、全方位为公司员工实现自身价值提供通道。[3]

陕西新华出版传媒集团在整体完成转企改制后，在公司管理制度的细节上继续创新，出台《重大出版项目人才孵化办法》，实现高层次人才培养。集团根据发展需要对高层管理人员进行专业培训，积极落实"新闻出版行业出国研修计划"，通过"走出去"培养集团人才的国际性视野和战略性发展眼光。集团内部实行职业发展培训全覆盖，在继续教育和职业培训方面年均投入近100万元。陕西新华出版传媒集团的现行继续教育体系遵照国家新闻出版署的规定，员工每年按时按量完成专业课程的学习。课程安排由集团内部制订，各出版社根据实际情况通过线上和线下两种方式完成学习任务，扎实提升员工的专业素质，打造出版专业人才的过硬本领。除了常规性的教育课程安排，集团还创新形式，通过分享会、学术会议、年会等各种交流形式，使员工保持对出版行业的敏感度，在沟通和交流中达到交换信息、互相学习的目的。[4]

集团切实推进的人才管理制度被实践证明是行之有效的。第三届"韬奋杯"全国出版社青年编校大赛，集团参赛单位荣获团体第1、2名的好成绩，参赛个人获奖率达到100%。2014年，陕西人民出版社社长惠西平荣获第十二届韬奋出版奖，这是陕西省首次获得该奖项。四年后，集团党委委员、陕西人民出版社社长惠西平又获得第四届中国出版政府奖"优秀出版人物奖"。[5]

三 业务发展情况

（一）主要业务

陕西新华出版传媒集团规模宏大，涉及的业务范围广。集团下辖多个出版社，出版主业是集团建设与发展的根本。集团深知，出版主业繁荣，才能维持公司的良性运转，只有主业根基扎实，企业转型升级才有资本。集团为发展主业、协调"副业"，推出了一系列有效的管理措施。以出版主业发展为核心，坚持科学发展观，制定整体发展规划，从细节入手调整内部管理。集团根据业务的发展水平和公司的运营状况，理顺发展思路。一是制定完备的集团内部管理文件，含各类制度与规章的设置，并予以实施。二是采用项目制激励员工，员工不再限于一个单纯的执行者，而是同集体一起成长，从市场需求出发，打造精品图书，引导产品的结构调整。三是借助外部力量，充分利用政策优势，申请国家和省部级各类出版资金的资助，推出受人民欢迎的优质图书。四是在第三点的基础上衍生而来，把眼光瞄准农村建设问题，将书籍或其他产品服务等提供给农村，为推进我国文化事业的发展尽一份力。五是在发行渠道上着力，发挥渠道优势，强化品牌优势。六是进一步深耕发行板块，充分利用旗下各类型出版社，在版权发行上保持敏锐度和创新性，提升版权价值。[4]

（二）数字出版业务

陕西新华出版传媒集团的数字化业务，除了包括传统出版业务的数字化，还涉及游戏开发运营和互联网终端创新项目运营。集团开办了官网。目前，整体数字化业务发展态势良好，营收状况稳步发展。集团的主要数字业务集中在数字出版加工、门户网站运营和游戏开发运营三大板块，结构上还有待进一步优化。

陕西出版集团数字出版基地，是陕西出版集团根据《国家文化产业振兴规划》《陕西省国民经济和社会发展第十二个五年规划纲要》要求实施的重大产业项目。该项目于 2009 年 9 月经陕西省发改委批准立项，2010 年被陕西省委宣传部列为全省文化产业建设重点项目，2011 年被新闻出版总署列入新闻出版改革发展项目库，2012 年被列入西安市重点建设项目，2013 年被列入陕西省重点建设项目。

陕西出版集团数字出版基地开发建设有限公司隶属陕西出版集团，它既是陕西省数字出版基地的承建单位，也是我国西北地区数字出版领域的国有控股企业。公司成立以来，始终坚持开拓创新，业务发展非常迅速。目前，办公场所面积达上万平方米，公司下辖陕西数字出版传媒有限公司、陕西数字信息技术有限公司、陕西数字互动娱乐有限公司、陕西数字新媒体艺术有限公司、陕西书海科技网络有限公司、陕西数字媒体教育有限公司、陕西商泰数字出版产业园区建设有限公司等 7 家子公司。

总体而言，近年来陕西新华出版传媒集团的数字业务发展态势良好，数字业务营业收入实现稳步增长，说明集团数字化转型升级经市场检验较为成功，整体呈现向好发展趋势。

陕西新华出版传媒集团数字化业务范围较广，在出版主业上综合实力较强。相应的，集团开发的数字出版业务也较为丰富。主要涉及的数字出版业务有数字出版产品（包括数字化产品出版、发行）以及凭借数字化技术和内容优势打造的创新项目等。集团数字化发展呈上升趋势，规模不断扩大，利润持续增长。

四　发展成就

（一）深化文化体制改革，落实科学发展观

陕西新华出版传媒集团的成立是积极响应国家文化体制改革号召的结果。2009 年，陕西出版传媒集团和陕西新华发行集团完成转企改革。之后，对企业进行股份制改造，实行"转企、改制、上市"三步走战略。积极发展出版主业，坚持科学发展观，完善企业体制机制，积极探索数字化发展路径，在企业改革上收获了不少成果。2012 年，集团获中宣部、文化部、国家广电总局、新闻出版总署联合颁发的"全国文化体制改革工作先进单位"称号。2014 年，为贯彻落实中央文化体制改革的精神和陕西省文化发展的相关要求，陕西出版传媒集团和陕西新华发行集团融合组建，形成一家新的大型集团企业——陕西新华出版传媒集团。此后，集团在内部管理上不断创新发展，扩大企业规模，不断向现代企业靠拢。

（二）力促主业繁荣发展，切实提升社会效益

传统出版企业经过合并，在企业发展制度和规模上有了变化，但业务的基础仍然是传统出版。集团紧紧围绕"产品结构调整，精品项目带动，做强出版主业，重塑陕版形象"的发展主线，以项目制形式力促出版的精细化和优质化，切实提高集团出版的市场竞争力。转企改制后，集团继续深耕出版主业，在"十二五"期间有效分配资金，资助精品图书项目85个和市场化图书项目77个。同时，重点扶持了19个数字出版项目，共投入近500万元。实践证明，立足于社会效益的提升，用市场化的眼光发展出版，能够获得良好的回报。集团的一系列图书均获得社会大众的好评：《鼎立南极》《百年钟声——香港沉思录》荣获中宣部第十二、第十三届精神文明建设"五个一工程"奖；《梦和颜色一样轻》《法门寺》《这个冬天懒懒的事》《延安文艺档案》荣获第二、第三届中国出版政府奖；《中国美术分类全集——中国陵墓雕塑全集·第1卷·史前至秦代》《诚斋诗集笺证》（5册）、《从长安到罗马——汉唐丝绸之路全程探行纪实》（上、下卷）、《光学手册》（上、下卷）、《统万城》、《中国马克思主义发展规律论的历史演进》、《北川记忆——震后重建全纪录》荣获第四、第五届中华优秀出版物奖。集团重视图书出版的社会效益和经济效益，通过市场化引导产品结构调整，出版了一大批具有时代特色、地方色彩和品质优良的图书，包括《告诉你一个真实的雷锋》《陕西精神》《统万城》等。"十二五"期间，集团出版图书近3万种，再版率达到60%以上；入选重大出版活动和基金项目的数量位列各地出版社前茅、居西部首位。[3]

在发行业务上，集团坚持社会效益与经济效益的统一，合理规划产品发行。在渠道运营上，展开多方合作，下辖的不同出版社的不同图书采取差异化营销方案和发行渠道，扩大销售网点，增强营销效益，以点带面，实现出版产品的市场高占有率。在文创产品、酒类产品等业务的发展上，集团也抓住时代发展机遇，积极探索数字化业务。集团于2011年开始在数字教育领域探索。

（三）加快结构调整，壮大产业经营规模

集团要做大做强，不仅仅需要出书数量上的增长，更需要业务范围的扩展。陕西新华出版传媒集团吸引民营资本，组建了多家出版主业外的公司，

不断拓展企业发展的边界。对新业态及其经营模式采取积极面对的态度，加快集团结构调整，实现产业转型升级。集团不局限于业内发展，更积极探索对外合作，努力寻找业务发展的新增长点。

（四）坚持数字化转型，推进媒体融合发展

集团对数字化转型具有敏锐的眼光，并据此果断制定相应的行动方案。早在"十二五"期间，集团就大胆针对数字化发展进行资金投入，尽管当时资金并不充裕，但独到的发展眼光为企业后续的数字化转型打下坚实基础。集团的数字化转型实践得到国家的肯定，集团成为全国三个 MPR 产业项目试点单位之一。之后，在政府资金的支持下，进一步推进传统出版与新兴媒体的融合发展，在数字化转型上取得了一定成就，集团成为国家数字出版转型示范单位，集团下属的陕西人民教育出版社、陕西太白文艺出版社均为国家数字复合出版系统工程应用试点单位。集团数字出版基地推出的红色手机游戏《延安英雄传》，受到中宣部和省委领导的充分肯定，同时还入选"第九批中国民族网络游戏出版工程"。

（五）实施"项目带动"策略，有力获取项目效益

集团以项目带动的方式将企业的数字化发展图谱一步步绘制出来，以项目的效益和成功经验反哺新项目的孵化。集团先后策划了近 60 个重大项目，同时，策划并实施重大产业发展项目 10 余个。这当中不乏颇具分量的实践项目：陕西出版传媒产业基地项目在曲江启动建设，入选陕西省"十二五"文化体制改革和发展规划项目；数字出版基地在浐灞平稳运行。新闻出版改革发展项目库将"MPR 复合数字出版工程"等 10 个项目含括在内，多个项目不仅获得财政部文化产业发展专项资金资助，还入选陕西省文化产业重点项目。

五　投资发展

陕西新华出版传媒集团针对不同的项目和业务采取差异化发展方针，主要在红色出版、网络文学以及 5G 出版方面投入了大量资金和技术支持。

主流出版一直是集团的重要出版方向。陕西新华出版传媒集团坚持正确导向，始终把社会效益放在首位，大力实施精品出版战略，策划出版了一系

列弘扬主旋律、传播正能量的精品力作，在国家各类出版奖项评选中取得不俗成绩，收获了累累硕果。

数字出版基地下辖重要的战略性公司书海公司，其主打的书海小说网发展势头良好，优秀作品层出不穷，通过签约优秀作者、运作 IP 等扩大流量和影响力。书海小说网坚持打造图书精品战略，通过与优秀网文作者进行全版权合作，构建在线 VIP 作品付费订阅的盈利模式。目前，网站包括男生频道、女生频道、文学频道。至 2017 年，网站已独家签约优秀原创作者 1000 余名，签约作品超过万部，全版权原创网络作品近千部；与超过 50 家书商合作数字版权 5000 余部；与集团旗下的 8 家出版社，及遍布全国的 30 余家出版社和书商合作，推出精品版权书籍 3000 余部。[6] 同时，书海小说网凭借自身拥有的优质版权资源，与中国移动、中国联通、中国电信、新浪、腾讯、百度、凤凰网、网易等 40 多个运营商及阅读平台形成了深度合作，实现版权增值最大化，并在多个平台营收中排名前 5。

书海公司通过自有的技术团队研发的"书海阅读"App，完善了书海小说网的立体化阅读体系，扩大了阅读用户的覆盖面。目前安卓客户端已经到了 2.6，苹果端已经完成上线运营。此外，公司面向繁体字偏好用户专门策划开发了繁体字阅读平台，针对具有收入高、正版阅读习惯良好等特点的群体进行精准营销。书海小说网新的业务拓展方向已逐步确立：漫画等图书改编、有声书录制、网络游戏联运等。

关于新技术对传统出版的影响，陕西新华出版传媒集团党委副书记、总经理范新坤表示："随着区块链、5G 等智能技术的发展，读者群体消费方式的转变，头部产品效应持续放大。大量资本的介入等，使无缝、无边界、高质量的概念不断被放大，出版业的竞争越发激烈，机遇和挑战并存。"

而随着国家对绿色出版的要求，纸张成本增加，纸质图书的印刷成本也不断上升。加上人工成本和办公成本的增加，地方中小出版社将面临更多的困难，企业发展难度增大。另外，新技术不断发展，使用户对出版产品也出现新的期许。5G 技术、虚拟现实技术、区块链技术、人工智能等不断发展，为出版业的数字化转型升级提供了良好的技术环境，但技术成本并没有随着技术发展的加快而迅速下降，不同出版企业在转型发展中陷入新一轮困境。

《2020—2021 中国数字出版产业年度报告》显示，2020 年，包括电子书、数字音乐、网络游戏等在内的数字出版产业总体收入超过万亿元。数字出版产业提速增效发展。由此可见，"内容为王"在数字出版中仍然站得住脚，这是在成本上涨的劣势环境下，传统出版所能掌握的为数不多的资源优势，这也将成为出版社数字化发展的重要努力方向。从长远来看，随着技术的更新迭代，成本一定会有所下降，因此传统出版需要同时间对抗、与技术融合，不断开发和探索丰富多元的出版形式和产品，利用技术红利实现内容的增值和产业的革新发展。2019 年，陕西人民教育出版社首次将 VR/AR 技术应用于图书《奇妙的博物馆之旅·节气篇》中，书中文物呈现立体化，图书发行仅 3 个月销售量就达 1.5 万套。

总的来说，陕西出版传媒集团的投资呈现出两大特点。

1. 坚持正确出版导向，提升陕版品牌竞争力

集团坚持正确的出版导向，以明确的思想指导行动，对出版产品结构进行恰当调整，增加数字化产品数量，严格管理出版物的品质，持续推进精品生产，有效提升了集团的品牌竞争力。在这样的条件下，集团推出的不少产品获得社会各界的赞誉。

比如，《百年钟声——香港沉思录》获中宣部"五个一工程"奖，并连续两届蝉联该奖项。《延安时期党的文化建设研究》《统万城》获第五届中华优秀出版物奖。《延安时期新闻出版档案》等 18 个项目获 2014 和 2015 年度国家出版基金资助。《整理石头》获 2014 年鲁迅文学奖。《中国梦——千年回想》等 4 种图书获省"五个一工程"奖。《永远的丰碑——全国八路军办事处抗战记事》等 3 种图书选题入选中宣部、国家新闻出版广电总局"纪念中国人民抗日战争暨世界反法西斯战争胜利 70 周年重点选题"。《抗日战争时期的西安八办》等 4 种图书入选中宣部、国家新闻出版广电总局"百种经典抗战图书"。[7]

2. 依托新型技术发展，加速产业数字化升级

陕西新华出版传媒集团依托技术发展，利用技术红利，加速数字化转型升级，成功探索出适合自身发展的道路。

凭借项目制带动，集团在数字出版领域大放异彩：先后策划了《陕北民歌艺术精粹》《文学陕军》《地道尖兵》等 28 个重大数字出版项目，并投入 605 万元进行资助；《从这里出发——古丝绸之路起点上的文明印记》等入选"十二五"国家重点图书、音像、电子出版物出版规划；i 延安精神数据库与数字出版复合出版平台、全媒体数字地图·历史文化数字地图等，入选新闻出版改革发展项目库；"秦腔文化"数字资源平台项目获中央财政专项发展资金资助，共 900 万元；等等。

在影视和手机应用领域，集团推出了一系列优质产品，包括游戏运营和影视动画制作项目。如 2015 年，红色手机游戏《延安英雄传》入选"第九批中国民族网络游戏出版工程"并拔得头筹，成功进入中国移动南京游戏基地正式运营，周注册量达 1 万人次，日均营业额超过 2 万元；11 集大型动画纪录片《帝陵》在央视科教频道《探索·发现》栏目首播，引起广泛关注；《中华诵·经典诵读》产生经济效益 345 万元，输出电子版权 15 万元；红色塔防游戏《地道尖兵》也上线运营。[7]

六 主要数字出版产品[8]

（一）图书类数字出版

1. 《奇妙的博物馆之旅·节气篇》

二十四节气是劳动人民长期经验的积累和智慧的结晶，与人们的日常生活息息相关，千古流传。这套书通过文字、图片、音视频等形式，结合博物馆里的文物、时令古诗词，全面展示二十四节气。通过阅读，孩子们随着二十四节气的展示不仅走过了春夏秋冬，也了解了古往今来，在奇妙的博物馆中了解历史与文化。

2. 《中国历史密码》

《中国历史密码》一书从对陕西历史博物馆馆藏的最具代表性的珍贵文物入手，对历史、相关人物和背后的故事进行深度解读，还原中华文化的发展历史。按照历史纪年的顺序，从政治、经济、科技、文化等方面立体式演绎出中华民族五千年文明发展的历程，也展示了三秦大地厚重而悠远的历史文化。这是一本陕西深度文化旅游的指南，也是了解陕西和探源中华文明的绝佳读本。

《中国历史密码》一书灵活运用当代人熟悉、喜爱的新媒体传播方式，以图文和音视频等多媒体形式呈现，实现纸本图书为媒，网络阅读、互联网传播配合的全新知识体验。每件文物被赋予专属的二维码"芯片"，读者对于感兴趣的文物、故事，可以通过二维码扫一扫在手机上欣赏语音、视频、图文内容，也可转发分享，与亲朋互动交流。这种形式让人耳目一新。

3. 《三秦瑰宝》AR 项目

《三秦瑰宝》共分六卷，分别为"青铜器卷""金银器卷""碑刻卷""陶俑卷""瓦当卷""壁画卷"，由秦俑博物馆馆长曹玮、西安碑林博物馆原馆长赵力光、陕西历史博物馆副馆长程旭、汉阳陵博物馆原副馆长谭前学等亲自执笔撰写，采用图文并茂的形式，分类介绍文物的历史演变、文化价值、观赏价值。该书还专门选收了近年来最新发现、尚未公开展出的珍贵文物。项目通过 AR 技术，将文物以全息影像及 3D 形式呈现于读者面前，是对传统纸质书的全息化、立体化和数字化扩展，极大地增强了读者对书籍内容的感知效果。

本项目主要是针对艺术品的数字影像展示而研发的。人们在浏览图书的时候已经不满足于仅仅看到平面的图片和文字，在越来越数字化的今天，人们需要更多、更全面、更生动的表现形式。基于此需求，集团以手机为载体、以 App 的形式研发了一款可以扩展阅读的软件。该项目利用手机这个便携工具使书籍与数字影像结合，以多样化形式更好地展示书中的图片与内容。用手机扫描书中的图片，便可以获得全息影像、3D 图片展示或者对图片的语音描述等。

4. 《中华诵·经典诵读》MPR 复合数字出版项目

《中华诵·经典诵读》MPR 复合数字出版项目，充分利用 MPR 的技术优势，在传统纸质出版物中融入音频，将传统经典与先进的科技融合，使读者在阅读传统经典的同时，可以直接点击已关联的数字音频资源的内容，并跟随学习、诵读经典。

本书根据不同年龄段孩子的接受能力和兴趣爱好，编写了幼儿版、学前版和小学版，共三册，收录古代诗、词、曲、赋、散文中适合诵读的经典作品，民谣，红色经典作品，咏颂陕西的优秀作品，共约 130 首（篇）。每首（篇）都有知识链接，内容主要包括作者简介、写作背景、文史知识、朗诵技巧指导等。每个作品都配一幅传统线图写意插图，以帮助读者理解选文内容，提高诵读能力。

（二）数字出版平台建设

1. "太白书苑"平台

"太白书苑"平台，是 2016 年陕西省文化产业资金项目"陕西文艺精品自助出版服务平台"开发的成果。该项目根植于西部文化厚土，面向全国，深耕文艺出版领域，通过整合已有的文艺精品资源，将先进技术与传统出版的优势相融合，打造出一个服务于广大文艺创作者的自助出版平台。该平台的意义在于，为作者提供自助出版服务，在作者与读者、专家和出版社之间搭建桥梁，实现优秀文学作品的全终端发布及出版。

"太白书苑"平台是借助互联网信息技术，借鉴其他成功平台的运营形式，通过平台化、社区化、O2O、众包等商业模式建设的一个汇聚海量用户的资源平台。用户利用"太白书苑"平台，可以体验内容投稿、编辑校对、流程发布等环节。平台为用户提供自助出版、原创文学、在线书城、精品活动、资讯动态、图书设计等服务。用户可以通过平台创作、出版自己的作品，购买纸质及电子版图书，参与线上和线下精品阅读活动，浏览出版行业的相关资讯等。该平台是传统出版与数字出版融合发展的综合性自助出版平台。

"太白书苑"平台主要面向大众出版，又以文艺精品图书为主。用户可以通过"太白书苑"平台实现自主创作、自助出书。平台力求为作者提供优质的图书出版服务和营销推广服务，让作者享受出书的乐趣。该平台于2018年10月正式上线运行，是国内首个由文艺类出版社打造的专业性自助图书出版平台。

2. 教育出版数字资源库与电子书包平台

"教育出版数字资源库与电子书包平台"是集团数字化发展的重要项目，该项目入选国家新闻出版广电总局改革项目发展库，并获得900万元财政部文化产业发展专项资金资助。目前该平台已完成建设，并通过专家组验收而顺利结项。该平台使数字资源得到统一存储、系统化管理，对教育资源按照规范标引体系进行数字化处理，生成方便存储和发布的结构化数据。教育服务及应用平台是以课程为中心、以学生为主体，集成网络教学等功能，不仅能提供网络课程教学，还能提供在线测评、试卷下载等综合服务。

陕西人民教育出版社的数字资源平台，实现了新版图书信息实时发布、动画课件、高中实验教学音视频点播系统、会员管理系统、练习册答案下载、小学奥数在线学习功能，并安排2名专业教师在线答疑。在2016年第十届新闻出版业互联网平台系列荣誉评选中，该平台荣获"优秀数字教育平台"称号。

3. 丝路文化应用交互平台

"丝路文化应用交互平台"基于三秦出版社已有的与"丝绸之路"相关的出版资源，收集"丝绸之路"沿线的风土人情，包括文本、图片、音频、视频等资源内容，成为具有"丝绸之路"特色的文化应用交互平台。平台还结合最新的数字出版技术，打造了面向市场的、符合社会化需求的"丝路文化"交流社区。

该项目是将中华民族传统历史文化中与"丝绸之路"文化相关的内容、研究成果等与新技术结合，建成一个基于互联网及移动互联网的交互平台。平台囊括了与陆上"丝绸之路"相关的文字、图片、音频、视频、AR、VR等多媒体资源，并通过互联网和新媒体运营手段不断扩充内容，扩大了"丝绸之路"的社会影响力。

七 数字出版发展路线

（一）大力推进信息化建设，为转型升级打下基础

集团从 2009 年开始，用两年时间打造完成了数据信息中心、财务核算管理系统、ERP 出版信息管理系统和网站站群，助推集团在现代化信息技术管理、资源整合、集约运作等方面迈上新的台阶，从而实现编印发、人财物等领域的全面信息化，实现对业务和财务全面、系统的信息查询、汇总和监控，有利于信息在单位之间、部门之间流动与共享，并为集团传统出版与新兴技术的融合以及数字出版转型升级提供了必要的技术支持。

（二）努力建设内容多样、资源丰富的数据库及平台

在集团的指导和支持下，各出版社结合自身实际，积极完成数字化转型升级，策划、开发了文化资源数据库、在线教育平台、文学资源数据库等不同类型的数字出版项目及产品，多种产品及项目入选国家出版基金项目及新闻出版改革发展项目库。如"红色档案——延安时期文献档案汇编"数据资源库、"教育出版数字资源库与电子书包平台"、"未来童话馆"、《中国蜀道》开发的文化资源数字平台"中国蜀道"以及"西部文学数据资源库"等。

（三）积极开发寓教于乐的数字动漫及游戏产品

在数字动漫及数字游戏的开发获得了良好的经济效益和社会收益后，集团根据产品的市场表现和口碑积累，对相关的数字化产品做进一步深度开发和价值挖掘。集团在数字动漫和游戏作品方面的表现收获了不少好评，不仅对畅销书进行动漫课件的策划开发，还着力发展红色手机游戏、动画纪录片

等精品项目，众多项目被新闻出版改革发展项目库收入。[9]

（四）持续推动电子图书制作与开发，满足个性化阅读需求

在向数字化转型的过程中，集团重视传统纸质书籍的数字化。截至 2016 年，纸质图书的数字化率超过 80%，在各大网络平台上架的数字图书超过 1 万本，利润高达 330 余万元。在平台建设上，集团深耕内容资源，开发满足读者个性化需求的内容。数字出版基地的"书海网"系列项目完成了黄金链的协议，提升了网站的世界排名；"书海阅读"手机客户端获得专利申请；书海海外阅读平台在 30 多个国家和地区试运营，并获得外汇收入。[9]

（五）大力发展 MPR 复合数字出版，深化出版融合发展

集团在产业融合角度加大投入，成果显著，先后被确定为国家 MPR 国家标准推广应用三个试点省份之一，以及首批 MPR 应用示范单位。至 2016 年，集团累计发布教材教辅、少儿读物、少数民族文化读物等多个层面的 MPR 复合出版物 70 余种。[9] 同时，在陕西本地对 MPR 教材、教辅出版物进行了成功试验，为国家 MPR 的应用与推广提供了实践模型，更为传统出版与新兴技术融合发展积累了宝贵经验，从而更深层次和更有力地促进传统出版业的数字化转型升级。[10]

八 数字出版发展经验

（一）视野超前

集团上下认真学习、贯彻党和国家关于出版单位数字化转型升级与两媒融合的各项方针政策，充分认清数字化转型工作的重要性和紧迫性。2012 年，成立了数字出版重大项目办公室，负责数字出版项目的评审及资助工作；同时，设立了重大数字出版项目基金，制定了集团《重大数字出版项目资助管理办法》，每年拿出不少于 200 万元的资金用于扶持数字出版项目。2014 年集团重组后，成立了数字出版部，对集团的数字出版工作进行独立管理与考核。下属的各出版社也纷纷建立数字出版部门，配备专人负责数字出版工作，逐步完善了组织与人才制度建设。

（二）顶层重视

只有领导高度重视，才能确保组织到位、统筹到位、分工到位、责任到位。集团领导始终把数字化转型工作作为重点工作来抓，多次召开会议，制定和完善数字化转型的实施方案及配套制度，身体力行，督导各项措施落到实处，为数字化转型工作的推进创造了良好的条件。

（三）抢抓机遇

集团始终紧跟政策形势，积极转变观念，先行先试，抢抓机遇，不断修炼内功，努力探索数字出版的产品研发与营销模式之路，抢占新技术、新应用的高地，争做数字化转型领头羊。经过多年努力，集团于 2015 年成功入选第二批数字出版转型升级示范单位。集团下属的陕西人民教育出版社、太白文艺出版社成功入选国家数字复合出版系统工程应用试点单位；陕西人民教育出版社、陕西科学技术出版社、太白文艺出版社、陕西旅游出版社成功入选陕西省数字出版转型示范单位。[10]

（四）体系构建

集团制定了数字化转型工作规划与实施方案，由集团整体推动、各子公司分头实施，实现集团经营管理、出版业务、发行物流等全方位、多维度、立体化数字化转型升级，构建了完整的数字化生态体系。

（五）项目带动

陕西新华出版传媒集团以项目建设为基石，实行数字化战略，以项目制的形式由点及面地带动传统出版业数字化转型发展，由此助推集团的稳步发展。数字化发展呈现多元化趋势，具体包括：加速手机移动端数字阅读发展，推动创建原创性文学网站，开拓数字动漫和手机游戏板块，尝试拓宽综合性数字内容服务，参与"农家书屋"工程，发展电视阅读、POD 数码印刷等产品项目，强调版权意识、注重专利申请。集团通过采购互联网公司的产品和技术，采用合作开发的方式，进行产品整合与创新，加快集团内部的数字化转型，使集团从传统内容提供商转变为内容服务商。同时，通过成功实施 MPR 产品等多个项目，进一步推动数字化发展。[3]

（六）企业改革

陕西新华出版传媒集团在整个数字化变局中展现了强大的企业生命力和自我革新的创造力，在传统出版企业数字化转型的激烈市场竞争中占据了牢固的市场地位和市场份额。集团审时度势，大胆创新，逐步向现代企业经营管理模式靠拢。措施包括：明确自身发展定位；明晰公司层级责任；提高财税管理水平，提升资金使用效率；加强制度建设，做好风险管控，实施精细化管理；以领先企业为标杆，加快信息化建设，推动信息化系统应用；引入先进的人力资本管理理念；等等。集团通过引入现代企业经营管理模式，有力地促进了数字化发展，并为数字业务发展提供制度保障。[3]

参考文献

［1］杨小玲：《以改革实效加速实现"出版梦"——访陕西新华出版传媒集团党委书记、董事长陈建国》，《陕西日报》2014年12月9日。

［2］中共中央宣传部文化体制改革和发展办公室主编《典型经验选编：坚持把社会效益放在首位、实现两个效益相统一》，学习出版社，2017，第252页。

［3］张浩忱：《陕西新华出版传媒集团数字化发展战略研究》，西安电子科技大学硕士学位论文，2015。

［4］王婷：《基于胜任力模型的陕西新华出版传媒集团编辑人员继续教育问题研究》，陕西师范大学硕士学位论文，2019。

［5］《陕西新华出版传媒集团荣获6项中国出版政府奖》，西部网，http：//news. sina. com. cn/o/2018 – 01 – 19/doc – ifyqtycx0297649. shtml。

［6］张雅君：《书海网络文学出版协同创新基地项目规划研究》，陕西师范大学硕士学位论文，2017。

［7］《"1 + 1"强强融合发展 陕西新华出版传媒释放改革红利》，中国日报网，http：//cnews. chinadaily. com. cn/2016 – 01/04/content_22927078. htm。

［8］陕西新华出版传媒集团官网，http：//sxxhpm. com//index. php/shuzichuban。

［9］张炜：《践行"工匠精神"不负时代使命》，《出版参考》2016年第12期。

［10］中国新闻出版研究院、北京印刷学院编《中国互联网与数字出版研究指南：2014—2015》，中国书籍出版社，2016，第598～599页。

第二十二章
中国建筑工业出版社：专注专业领域，
平衡"变"与"不变"的艺术

自建社至今，中国建筑工业出版社立足出版主营业务，推出了一系列优秀出版作品。随着信息技术的发展，该社更积极进行数字出版转型探索。

作为国内较早开展数字出版转型的中央一级出版社，中国建筑工业出版社目前已经形成了"专业内容＋支撑平台＋多终端"的服务模式，有效进行专业内容资源知识化、场景化、个性化、移动化、社交化、数据化的知识传播和应用，为国内其他专业出版单位的数字化转型提供了有益的参考样本。

一　中国建筑工业出版社简介

（一）发展历程

中国建筑工业出版社（简称"建工社"）成立于1954年，是隶属于住房和城乡建设部的中央一级科技出版社。2019年7月8日，中国建筑工业出版社响应国家转企改制的号召，改制为国有独资公司，并正式更名为"中国建筑出版传媒有限公司"。旗下有建知（北京）数字传媒有限公司、中国建筑书店有限责任公司、北京建筑工业印刷厂有限公司等。[1]紧随时代发展的步伐，建工社积极进行数字出版转型探索。2013～2015年，获首批数字出版转型示范单位称号。2017年，成立数字出版中心。2019年为实现全面转型和融合发展，数字出版成为建工社的第五大出版板块。

（二）企业荣誉

中国建筑工业出版社的不断耕耘求索得到行业内的高度认可。从 1993 年起至今，建工社多次获得国家级奖项。1993 年，成为中宣部、新闻出版总署授予的全国首批 15 家"优秀图书出版单位"之一；1998 年，获评首批"全国优秀出版社"；2009 年，被评定为科技类一级出版社，获"全国百佳图书出版单位"称号；2013 年，被国家新闻出版广电总局评为首批"数字出版转型示范单位""国家数字复合出版系统工程应用试点单位"；2007 年、2010年、2013 年、2017 年，连续四届获评我国出版业最高荣誉——中国出版政府奖（先进出版单位奖）；2017 年荣获"数字出版创新企业奖"，获批"国家出版融合发展（建工社）重点实验室"和"新闻出版业科技与标准重点实验室"2 个国家级重点实验室；2017 年、2018 年，连续两届入选"中国图书海外馆藏影响力出版 100 强"；多次荣获"中央国家机关文明单位"等荣誉称号。

（三）发展愿景

中国建筑工业出版社一直肩负着弘扬建筑文化、传播建设科技的社会责任和历史使命，为社会和行业奉献优秀图书。紧跟我国住房和城乡建设事业快速发展以及出版行业融合发展不断深入的时代趋势，全面贯彻落实党的十九大精神，深入学习习近平新时代中国特色社会主义思想，坚持正确的出版导向，把社会效益放在首位，加快转变发展方式，有效推进融合发展，并实现由内容提供商向知识服务商的转型升级。同时，围绕住房和城乡建设事业发展的需要，继续做好出版主业，大力拓展相关领域的业务，努力为建设行业和社会发展提供智力支持，把中国建筑工业出版社建设成国内一流、国际知名的建筑专业出版强社。

二 改革创新与人才培养

（一）改革创新

近年来，在我国经济迅速腾飞的背景下，建工社积极应对信息技术快速更迭带来的外部环境变革，面对日益激烈的市场竞争和互联网新技术构建的全新出版格局，始终坚持问题导向，以党建工作为统领，以改革创新为主线，务实推进各项改革工作。

针对出版社改革发展中的重要及关键问题，该社突出目标导向，采取了一系列颇有成效的改革举措。包括：①加大改革力度，成立教育教材分社、建知（北京）数字传媒有限公司、建设发展研究院等，积极调整战略布局。②深化考核分配机制改革，将部门任务目标与年终考核和奖金分配挂钩，激发干部职工创业干事的热情与责任感。③以制度建设为抓手，规范企业的经营决策行为，提高企业科学决策的水平并强化执行力。④改革重大项目管理机制，创新重点图书、重大数字出版项目的管理模式，增强品牌集聚效应，提高企业的核心竞争力。形成如下思路：编辑工作——加强选题规划，突出精品意识，做好出版主业；出版工作——推进管理和技术革新，引领出版高质量发展；营销工作——推进现代营销体系建设，全面提升营销管理水平；数字出版——创新融合发展模式，推动产业转型升级。[2]

建知（北京）数字传媒有限公司是中国建筑工业出版社根据集团化发展战略和数字化出版转型战略而成立的全资子公司，其前身是中国建筑工业出版社数字出版中心。公司主要对中国建筑出版在线等多个专业数字内容平台进行开发运营，策划设计了包括建筑施工资源库在内的多个国家级数字出版重大项目，研发出电子出版物、音像制品、网络出版物等多种形态的数字出版产品，配合纸质出版物提供全面的数字网络增值产品和服务，建成两个国家级重点实验室和行业大数据体系，是一家专业的新媒体内容生产、集成和运营企业。[2]

建设发展研究院于 2017 年 11 月成立，是中国建筑工业出版社专门设立的"住房城乡建设智库"，主要对专业出版融合发展进行实践探索和应用研究。[3]根据发展需要，建工社在建设发展研究院下还专门打造了一个行业领域的新型智库。对这个智库的定位是：以服务于国家发展战略、服务于住房和城乡建设部和国家新闻出版署的中心工作、服务于行业发展为己任，依托出版社深厚的专家和内容资源优势，以需求为导向，以内外结合、跨学合作、创新运作模式和合作交流机制开展研究和咨询工作，为行业发展提供专业、精准、高效的咨询服务和对策，充分发挥智库咨政建言、理论创新、舆论引导和社会服务等重要功能。[4]

（二）人才培养

建工社对人才有自己的清晰定义，尤其是在数字出版领域，始终重视对复合型数字出版人才的培养。建工社积极创新融合发展模式，推动产业转型升级，在数字出版人才的培养上推出了一系列措施。

1. 复合型人才的特点

复合型人才不仅擅长传统图书的内容编辑，而且具有较为优秀的新兴数字技术运用能力和企业运营管理能力。

（1）具备一定的专业知识背景

数字编辑应是懂内容的专家型编辑，熟悉传统出版流程。有能力建立"三库"——专家库、内容资源库以及用户库。能和行业专家对话交流，构建数字内容体系，同时精准把握用户需求。该社国家重大出版工程项目《中国古建筑丛书》（35 卷），由 600 余名作者合力完成，涉及繁复的组织和管理工作，还需要将经典出版内容转化为知识服务，不真正懂内容、不熟悉出版流程的编辑是很难完成的。

（2）熟悉数字出版技术与传播

数字编辑不仅要懂内容，还要熟悉数字内容资源的开发与加工处理技术，熟悉数字技术在出版业中的应用与传播，熟悉数字技术产品的研发与升级。

（3）具有较强的学习创新能力

学习创新能力关乎编辑在数字出版工作中的工作能力。在知识爆炸时代，编辑要学以致用，依据出版单位数字出版的发展目标，不断学习新兴数字技术，善于跟踪和掌握基础学科的研究方向和重大成果，倡导研究性出版。

（4）具有较强的市场意识和产品研发能力

编辑应有市场意识，善于抓住机遇。通过大数据抓取用户的阅读倾向，并进行市场数据分析，研发满足市场和用户需求的数字出版产品。同时，依据用户的体验和反馈，不断调整和优化已出版的数字产品。

（5）具有较强的服务意识和组织协调能力

建工社近两年不断加强对读者的服务，安排传媒、设计等相关专业的编辑在微信平台上针对用户进行营销宣传。开展微信"营" + 微店"销"，融合传统"宣传"与"销售"的边界。具体而言，在微信公众号上按天推送专业内容并开展互动活动，增加读者黏性。在微信上设立微店，推送产品，转化读者购买率。中国建筑工业出版社微信公众号运营至今，订阅用户超过 10 万人。通过在微信平台加强对读者的服务，与作者、读者进行沟通，增强对读者的吸引力。

2. 复合型人才的培养机制

（1）做好人才规划，创造融合发展环境

建工社根据时代发展需要和企业战略目标，提出"以人为本培养复合型人才，全方位打造数字出版队伍"的发展战略。①实行数字出版人才的重点发展和培养，加强对创新型、复合型人才的培育和扶持力度。②优化企业人才结构，引导编、印、发、综合管理、数字出版等方面的优秀人才向融合发展方向转型。③统筹规划数字人才。从内容生产、技术研发应用、市场营销等方面出发，塑造一批有才干、有能力的出版专业化人才。[5-6]

（2）加强学习培训，培育复合创新人才

该社组织编辑参加数字出版界各种培训、研讨会等；聘请业内知名专家，开展出版继续教育讲座；组织员工参加内容编辑、技术研发等方面的数字编辑的职称培训和考试，增强数字出版人才的理论和实践技能，培养复合型人才。

（3）依托重大项目，锻炼数字出版队伍

依托重大项目，建工社先后开展数字平台、专业资源库、数字化转型升级、ERP系统升级改造等建设，从平台、内容、技术、运营等多个维度让编辑深入实践，从实践出发锻炼数字编辑队伍，培养复合型、专业型、实战型出版人才。[6]数字出版人才需要在实践中锻炼，在参与中不断强化技能，培养自身的行业敏锐度和团队协作能力。

围绕出版社业务布局，该社鼓励编辑人才参与数字化实践，掌握数字产品的结构化技术和方法，形成适应"互联网+"的思维模式。

（4）出台鼓励政策，完善考核保障机制

建工社出台鼓励政策即专门针对数字出版人才的"协议工资制"，鼓励人才发展。同时，鼓励优秀图书编辑转型从事数字编辑工作，并给予可观的工资待遇：若数字出版效益良好，社里会给予编辑比图书出版更高的奖励。

中国建筑出版社研究制定了针对重大项目管理的《数字出版重大项目实施管理办法》《数字出版重大项目执行负责人管理办法》，明确项目成员的权责。同时，建工社还积极探索分层管理和项目负责制的方式，成立数字出版重大项目工作领导小组和实施小组，培养员工数字出版业务发展的自主意识。

为完善考核保障机制，该社制定了《数字编辑考核分配办法》，鼓励更多的编辑参与和支持数字出版工作，参与各大新媒体平台的营销宣传，开展与读者和作者的交流互动。鼓励编辑利用人工智能等大数据技术对相关信息进行收集、分析和运用，增强出版社编辑的媒体营销和技术应用能力，提高传播力。

三　主要业务

（一）整体业务

根据改革后的公告内容，建工社的主营业务为：出版城乡建设、建筑工程方面的规范、规程、标准、定额，技术规范图书，建筑专业的大、中专教材，词典、手册、画册、图集，以及与建筑有关的理论著作和知识性读物；出版《建筑师》期刊；按（90）新出图字第174号文规定的出版范围出版电子出版物；出版与建筑行业相关的专业或科普类音像制品；提供互联网图书、互联网杂志、互联网电子出版物的网络出版服务；设计、制作印刷品广告，利用自有的《建筑师》期刊发布广告；提供与以上业务相关的咨询。[2]

（二）数字出版业务

在数字出版领域，建工社围绕新闻出版业以及住房和城乡建设的重点工作，积极探索适合自身数字出版的产品形态和服务方式，取得了一系列成果和经验。2017年成立"国家出版融合发展重点实验室"和"新闻出版业科技与标准重点实验室"。此后，建工社将这两个实验室作为模式创新和科技创新的基地，深入调研，确定研究方向，利用优势合作开展课题研究和项目运作，力争把实验室建成行业的知识服务平台、资源聚合平台、技术发展平台和人才培养交流平台，推动出版社向知识服务、智库服务转型，从而带动出版社的整体转型。

具体而言，建工社围绕建筑专业资源重点研究课题——知识服务创新开展了一系列专业知识资源库建设和知识服务研究。"中国工程建设标准知识服务网""建筑施工知识资源库""建筑结构与岩土工程知识资源库""建筑设计知识资源库""建造师全程知识服务"等知识服务产品依托出版社，立足优质出版内容资源，结合新闻出版业先进科技，帮助建设行业执业人员能力提升，促进出版产业升级和数字化转型。如"建筑施工知识资源库"就是为满足 10 多万家建筑施工企业和 4000 万从业人员的专业技术需要，整合了我国几十年来建筑施工领域的海量资源而形成的知识服务产品。又如"建造师全程知识服务"项目，以建造师这个群体的知识需求为导向，设计多形态产品并提供精准服务，从纸书到网络形成产品联动和价值落地。截至 2018 年 3 月，其微信公众号已有 90 万个用户，取得了不错的社会效益和经济效益。在盈利模式的探索上也取得了成效，2017 年销售收入为 3000 万元。

"中国工程建设标准规范服务网""建筑施工知识资源库""建筑结构与岩土工程知识资源库""建筑设计知识资源库""建造师全程知识服务"这 5 个知识服务产品，是建工社整体规划的 13 个专业知识资源库中的第一批上线产品，也是实验室的第一批成果。未来，随着两大资源库的全面推广运营和后续其他资源库的开发上线，建工社的数字出版将从产品到服务不断延伸，向智慧型综合服务平台建设迈进。

四　发展成就

在出版社整体荣誉方面，建工社每年都会获得 10 多项重要荣誉，其中就有很多数字出版领域的。这里简单梳理 2012～2019 年建工社在数字出版领域的成就。

（一）项目屡获政府资助

中国建筑工业出版社自 2012 年以来积极开展重大数字出版项目的建设，至 2016 年 11 月已有 7 个项目入选新闻出版改革发展项目库，12 个项目获得基金资助，包括：中国建筑全媒体资源库与专业信息服务平台；建筑设计资料库；建筑设计专业知识服务；等等。

（二）集体荣誉喜报频传

中国建筑工业出版社自 2013 年入选 2012～2013 年度"数字出版创新企业"、首批数字出版转型示范单位后，又相继获得 CNONIX 国家标准应用示范单位、国家数字复合出版系统工程应用试点单位、专业数字内容资源知识服务模式试点单位、第七届中国数字出版博览会 2017 数字出版年度"创新企业"等荣誉称号。

（三）数字产品获得好评

"中国建筑出版在线"在 2013 全国新闻出版业网站系列荣誉评选中成为出版业优秀数字出版平台网站，2016 年入选国家新闻出版广电总局首批新闻出版产业示范项目，又成为 2017 年度专业知识服务品牌，2019 年入选国家新闻出版署数字出版精品遴选推荐计划。

"i 施工"产品入选 2019 年第七届中国数字出版博览会数字出版年度"创新作品"。

"建工社微课程"在第九届中国数字出版博览会上获评 2018～2019 年度数字出版创新项目，在 2019 年第十二届新闻出版业互联网发展大会评选中获得"优秀创新项目"的荣誉。[7]

五　发展理念

建工社在 2019 年迎来建社 65 周年。中国建筑出版传媒有限公司党委书记、董事长尚春明接受媒体专访，谈到建工社是如何平衡"变"与"不变"来开展工作的。[3]

（一）坚守"不变"：守主业，重质量，谋发展

专注专业领域，追求出版质量，这是建工社始终明确的发展方向。该社积极响应中央号召，专业出版保质保量发展。一是积极顺应国家建设需要，出版市场急需的专业图书，满足建筑行业在不同发展时期的需求。二是通过出版教材、考试用书、标准规范等，培养不同层次的人才。三是及时整理、出版相关领域的前沿技术成果，传播经验和成就。

随着时代的发展变化以及互联网技术的蓬勃发展，传统出版业面临选题策划缺乏创意、行业竞争激烈等共性问题。面对这种情况，建工社提出"三个服务"意识——服务于国家发展战略，服务于建设行业发展，服务于住房和城乡建设部的中心工作。依据"三个服务"意识，建工社的选题策划工作边界明确，符合时代精神和市场需求。党的十九大后，建工社深入学习贯彻十九大精神，消化吸收与建筑行业息息相关的部署，迅速反应，组织编制了《围绕学习十九大报告选题计划》，策划相关图书选题，为促进建设行业的科学发展和人才培养提供了充分的知识产品和服务。

（二）主动求"变"：老牌社融合转型焕发新生机

随着互联网技术的发展渐趋成熟，读者的阅读方式发生转变——读"屏"趋势越发明显，出版业的转型升级不可避免。一方面，出版业内人士对融合转型的思想认识不到位；另一方面，行业内缺乏复合型人才来推动实施融合转型，这是制约传统出版与新兴出版融合发展的两个重要原因。

建工社对出版业融合转型升级做出积极尝试，努力把传统出版固有的影响力延伸到互联网空间中。2017年，对标一流高科技企业，成立了进行数字出版研发、专门运营数字内容平台的科技型、知识服务型全资子公司——建知（北京）数字传媒有限公司。公司主要负责建设多个数字出版重大项目，以及"国家出版融合发展（建工社）重点实验室"和"新闻出版业科技与标准重点实验室"两个国家级重点实验室。公司成立当年营收就达到3000余万元。2017年建工社成立专门负责"住房城乡建设智库"建设的发展研究院，设立创新发展基金和专家委员会，为智库建设提供资金和人才支持。

（三）融合创"变"：一体化平台构建现代营销体系

随着用户需求的转变，建工社对营销体系进一步改造升级，以产品信息库为信息发布基础，以传统代理连锁系统、新华书店、馆配为线下营销主体，以网店一体化平台、中国建筑出版在线、微信等为线上营销主体，构建了线上线下相互配合的现代营销体系，为用户提供更加高效、便捷的知识服务体验。

此外，建工社重视版权工作，努力净化出版环境。专门成立法律事务部（打盗维权办公室），同时修订出台《中国建筑工业出版社规范市场和打盗维权管理办法》等相关政策来打击盗版。通过线上与线下整合、现代化营销与维护版权结合，保障了建工社自身和读者的利益。

六 主要的数字出版产品

（一）中国建筑出版在线

"中国建筑出版在线"是建工社在数字化转型过程中推出的一款具有建筑专业特色的产品。该产品是建工社培育专业数字出版品牌的重要成果，有效地探索了专业出版社数字产品的发展形态、服务方式和盈利模式，为后续数字化产品市场的开拓做了良好的示范。[8] 该产品的前身是"中国建筑全媒体资源库与专业信息服务平台"，是国家新闻出版广电总局"新闻出版改革发展项目库"入库项目，也是中国建筑工业出版社第一个由国家资金资助的数字出版重大项目。项目旨在建设以中国建筑工业出版社的图书资源为核心内容的全媒体资源库，构建建筑专业数字出版的信息服务平台、资源采集加工平台、复合出版平台和基础平台，同时针对用户需求提供建筑图书、标准规范、知识服务、建筑资源平台等在线服务。

1. 考试知识服务平台

考试知识服务平台是为建筑类专业用户使用正版考试用书所提供的增值服务，帮助用户随时随地移动学习。它适用于安卓、苹果等系统，主要为一、二级建造师和结构工程师等专业考试提供考前培训服务，以文档或音视频的形式提供考试介绍、考情分析等高质量的服务。[8] 平台满足了不受时空限制的学习和考试的需求，体现出在线教育的优势。自 2013 年 10 月至 2014 年 10 月，仅一年时间，已有注册用户 386561 人，激活增值服务卡 286090 张，实现销售收入 1200 万元。

该平台提供网络增值服务与在线考试培训服务，在产品设计和思考上更多元，为读者提供更为多样的数字化产品与服务。同时，该平台的搭建使读者在传统出版与数字出版间产生互动效应，丰富了读者的产品体验。

2. 建筑图书

该平台提供 8000 多种在线电子书，并将电子书按照学科门类进行划分，分为建筑学、城乡规划·城市设计、园林景观等 10 余个类别。平台面向机构用户和个人用户开展服务，用户可以依据学科门类直接进行导航检索，便于内容的获取。同时，平台中所有图书信息支持在线浏览、检索，采用免费试读 + 付费全读以及付费下载的盈利模式，使用户在试读的基础上了解内容，产生阅读兴趣，出版社通过读者付费获得盈利。由于内容的专业性，平台还提供按需印刷服务，可以满足少量用户的需求。[8]

3. 建筑图库服务平台

建筑图库服务平台则聚焦建筑相关图片，满足建筑专业用户对图片绘制、参考的需求。平台囊括了 2 万张相关图片，图片的类型多样，效果图、示意图、施工图、墨线图等满足用户的不同需要。与图书平台类似的是，在免费的基础上，建筑图库平台采用增值服务付费的模式来实现平台的盈利。

"在线浏览免费＋下载付费"以及"低精度图片免费＋高清图片付费"的盈利模式维持了平台的基本运营。[8]

4. 标准规范服务平台

标准规范服务平台是建工社独立开发的针对建筑类知识使用者对于行业规范的查询需求的数据库系统，具有查找便捷、更新迅速等特点。平台的内容涉及建筑行业的各类规范条款，包括建工社出版的"工程建设标准强制性条文""工程建设国家标准"等600余种文件。平台采取数据库销售的模式，根据从业人员的需要，提供电脑终端、阅读终端等全媒体出版服务。[8]

5. 教育在线服务平台

建工社是教育部指定的教材出版基地，目前可供的建筑专业教材有200余个系列、近2000个品种，覆盖全面。根据读者需求和社会教育的需要，建工社将自身的建筑类教育资源进行有效整合，为相关的教材提供数字化服务，以此实现教育资源的增值。平台以逐步实现教材多媒体化、立体化为目标，仍然以纸书为主，提供书网互动。这是建工社搭建的一个和学校之间交流沟通的共享平台。[8]

6. 工具书在线

各行各业均有相应的专业字典、词典等出版物，建工社依托自身的内容资源，搭建了相应的建筑类工具书在线平台。平台已对《中国土木建筑百科辞典》《中国房地产辞典》等图书以条目化形式进行加工，相关人员可以通过检索免费查阅相关条目，获取信息。[8]

7. "建筑文库"

"建筑文库"是建工社推出的电子书项目，目的是实现不同电子设备之间的交互使用。"建筑文库"支持安卓和苹果等多个智能系统，专业图书中的大量图表、公式在手机和平板电脑上的转换和呈现问题也已经得到解决，实现了真正意义上的电子书产品的多终端发布。[8]

8. 多载体数字出版物产品

此外，建工社制作多载体的数字出版物产品，曾经推出"项目经理电子书架""岩土工程经典珍藏电子书"等以U盘为储存介质的数字出版物产品，并结合网络增值平台，形成书网互动、延伸服务、互为扩充的布局。近年来，随着用户的使用习惯向移动端转移，建工社又随之研发了包括移动学习、室内设计等在内的大量App产品，为用户提供手机终端可以获得的知识服务。建工社积极探索数字出版的多样化服务形式和产品形态，积极探索向现代化专业信息内容服务商转型，通过在线服务，为建筑行业相关人员提供全方位、立体化、多终端、多渠道的信息服务。[8]

"中国建筑出版在线"是建工社在数字出版实践中取得的阶段性成果。特别是考试知识服务平台，以建造师执业资格考试为切入点，以网站平台为依托，容纳视频、音频、文档、试题等多种形式的数字资源。通过二维码关联图书与多媒体资源，形成书网互动的服务形态。PC 端和手机微信端的数据同一，用户可以同时通过微信和电脑听课、做题、答疑和观看电子文档，而且学习记录同步。建造师考试是刚性需求，每年参加一级建造师和二级建造师考试的约有 500 万人，建工社以全国一、二级建造师执业资格考试大纲、考试用书的内容为基本架构，针对一、二级建造师考试设置精讲课程、冲刺课程、在线题库和答疑服务，帮助考生顺利通过执业资格考试。其中考试培训微信公众号到 2018 年 3 月已有 90 万用户。

（二）中国建筑数字图书馆

中国建筑数字图书馆是中国建筑工业出版社打造的建筑行业服务平台。平台是针对用户的现实需求而设计的资源类服务系统，旨在为建筑工业领域科研及实践用户提供包括基础文献资料、互动知识服务和科研辅助等在内的一整套学术服务，着力打造建筑领域行业级数字内容运营平台。平台收录了建工社自 1979 年至今出版的 5000 余种高质量电子图书。资源实时更新，可满足建筑领域不同层面用户的多元化需求。

（三）建筑施工专业知识资源库与信息服务平台

建筑施工专业知识资源库与信息服务平台是建工社在建筑知识领域进行知识结构深层细分产生的数字化产品，由"4 库 1 平台"组成。根据建筑领域的工业要求和行业知识类型划分，该平台积累了海量专业内容资源，通过分类发布的形式满足不同建筑类专业知识的需要，在此基础上，实现交互服务。[9]

（四）中国工程建设标准知识服务网

中国工程建设标准知识服务网是中国建筑工业出版社重要的数字化转型项目，是集建筑行业各类标准规范及配套资源服务于一体的标准服务平台，是目前国内唯一的有关国家建筑标准规范的正版电子化产品。主要业务包括：标准规范、最新标准、专家解读、图书资源、标准公告。该项目不仅有PC 端，还开发了手机端，同时进行内容和功能的升级，实现智能查找等多种功能，满足建筑行业从业人员对标准规范的需求。

（五）建知微圈

建知微圈拥有微信公众号和小程序。其中，公众号主要负责发布中国建筑出版在线数字出版物的动态资讯，并提供互动交流。小程序则将中国建筑数字图书馆的数字图书资源搬到网上，供读者下载和订阅。该平台的目标是书网互动，实现纸质书籍的数字化，并在此基础上提供相关的内容服务。对编辑而言，该平台提供了一种新型的数字化电子体验，是传统纸质书籍的延伸，实现内容的数字化赋值。在价值转化上，该平台充分挖掘传统纸书之外的配套衍生数字内容资源和商业价值，并通过内容服务和产品服务的方式吸引读者付费，创造收益。在管理上，该平台为编辑提供针对书刊、读者、收益的管理和数据分析等服务，从而提升数字化产品的用户体验和管理，使编辑更加直观地发现产品的市场表现，打造具备交互功能的线上内容融合服务模式。[9~10]

（六）建工社微课程

建工社在 2018 年底开发运营的"建工社微课程"小程序，本质上是一个支持数字内容呈现的增值平台，充分挖掘传统纸质书之外的衍生数字内容资源，提供更多衍生数字内容服务，吸引读者按需付费阅读，实现双效增值。读者借助公众号或者小程序，利用手机或平板等移动设备就可以实现多方互动，在电子设备上进行在线学习和相关教学资源的下载。编辑同样可以利用这一平台，实现对用户反馈意见的收集，省时省力，具有较高的便捷性和易操作性。建工社根据课程的需要，配备专业的运营人员，对系统和小程序进行稳定性维护，从而为编辑提供助力。

综上，专业出版与数字应用的融合为专业出版社的发展提供了借鉴和参考，即整合更多的数字内容资源，探索更多的表现形式，实现新规范、新技术的及时更新，做到作者、读者、编辑三方互动。中国建筑工业出版社建造师在线教育官方平台，属于中国建筑出版在线知识服务板块，有网站、微博、微信小程序等提供服务。平台不仅能够提供与纸质出版物相应的音视频资源，还提供了图书和不同端口的产品服务一体式解决方案。平台充分利用二维码、大数据、人工智能等先进技术对知识服务进行有效管理，创新产业链的服务模式，为用户提供最佳的知识服务体验。该平台不仅有力地促进了数字化产品生产线的多样发展，而且推动传统纸质出版物的销量，上线至今已积累了近 300 万用户，并多次获得国家新闻出版署的表彰和肯定。[10]

七　数字出版发展历程

（一）数字出版发展路线

1. 纸质资源数字化（2005～2012 年）

从 2005 年开始，中国建筑工业出版社对出版资源的收集整理工作不断加强，安排专人对电子文件的准确性和完整性进行检查。购买德赛样书管理系统，有效管理图书电子文档资源库；建设社内数字化图片数据库；并相应制定图书和图片数字资源建设管理办法，严格规范图书电子文件和图片的类型、命名、程序。[8]建工社不断充实自身的内容资源，积累的图书和图片数字资源达数万种。同时，依托先进的科学技术，对收集和积累的内容资源进行智能化管理与加工，按照专业分类，全部存储到建筑全媒体资源库，与建筑知识与信息服务平台相互联系，形成无缝连接，建设中国建筑出版在线品牌。

2. 知识平台 + 增值服务（2012～2017 年）

2012 年"中国建筑全媒体资源库与专业信息服务平台"项目被列入新闻出版改革发展项目库。该项目采用产业化运作模式，依托出版社多年来积累的版权资源，融合文本、图片、视频、音频等多种媒体资源，为建筑专业用户提供真正的数字出版信息服务平台、资源采集加工平台、复合出版平台、基础平台。在此平台上，建工社开展以"中国建筑出版在线"为品牌的 6 项在线服务。[9]2012 年，建工社在数字服务平台上实现了在线图书 10% 的免费翻阅，为广大读者提供在线咨询、网络下载、网络教学以及增值服务等多种服务形式。此外，建立图片库，为读者提供图片下载服务。这些图片多为古典建筑、古典园林、名胜古迹的图片，经德国高技术数码轮转印刷机扫描而成，每张图片的像素高达 40M，方便读者生动直观地浏览。为了借助经典纸质图书的影响力营销数字产品，建工社还以光盘或 U 盘的形式出版了《项目经理电子书架》《标准规范》等大型工具书。这些立体化、多元化服务，不仅使建工社的数字平台得到发展，还提高了纸质书的销量。

3. "智库 + 实验室 + 数字公司"的全链条产业（2017 年至今）

2017 年以来，建工社一是建立了适合数字出版的运行机制和管理体系，研究制定了数字出版重大项目管理办法、团队管理办法、激励性考核办法和薪酬制度等，在数字化转型的基础上梳理企业内部资源、人员、考核分配流程等，从制度建设上提供保障。二是推进体制改革，加强自身能力建设，成立"建知（北京）数字传媒有限公司"，进行人员优化调整，组建年轻化、专业化数字出版队伍。硬件方面，启用石景山区 5000 平方米新办公楼，为新型出版业态的建立和融合发展奠定坚实的物质基础。三是充分利用获批两个国家级实验室的机会，成立建设发展研究院，开展项目运作。该社以研究院和融合发展实验室为创新模式和顶层设计机构，以科技与标准实验室和数字公司为市场化载体，稳步推进专业出版融合发展，积极培育出版新业态。2018 年，建工社的数字产品营收达 3900 万元，实现历史性突破。

（二）发展特色

1. 超前的数字化转型意识，坚定的数字化道路选择

早在 2005 年，中国建筑工业出版社即开始对已有的纸质图书资源进行全数字化改造。丰富资源的沉淀为数字化转型奠定了基础。如果没有转型意识，没有坚定的将其作为"一把手"工程的信念并付出持之以恒的努力，那么想轻而易举地达到目的是不现实的。

2. 充分发挥专业资源优势，循序渐进，不断升级

传统纸质图书出版单位要实现数字化转型，没有康庄大道。对于专业出版单位而言，可以选择的道路是先把图书变成数字产品，再进行业务数字化和组织运营数字化。中国建筑工业出版社正是这样做的。例如该社 2004 年开始积极策划出版建筑师考试辅导用书，逐渐形成品牌。2007 年开始逐步提供教材增值文档，实现纸质书销量二次增长。现在则升级为"建造师全程知识服务"平台。

3. 数字转型与人才管理同步，制度创新，管理改革

不改变组织结构和人才培养、激励模式，要想在传统体制的地基上盖出数字出版的大厦是不现实的。正是因为在体制机制和人才培养等方面进行了大刀阔斧的改革，采取了一系列行之有效的措施，解放了组织和员工，极大地激发出他们的斗志，中国建筑工业出版社才能取得今日可喜的成绩。

4. 对接国家战略举措，充分服务于市场需求

该社把握住政府大力推动传统出版与新兴出版融合发展的历史机遇，借助外力发展自身的数字出版项目，仅"中国建筑全媒体资源库与专业信息服务平台"一个项目就获得国家超过 2500 万元的资助。建工社在"上接天线"的同时，也做到"下接地气"，针对数百万建造师考试人员以及更多的建筑行业施工人员开发考试和培训平台，满足市场需求。

八　结语

建工社深耕专业领域，发挥专业优势，在建筑出版方面进行了大量数字转型探索，目前已经形成了"专业内容 + 支撑平台 + 多终端"的服务模式，有效进行专业内容资源知识化、场景化、个性化、移动化、社交化、数据化的知识传播和应用。尽管在企业转型升级的过程中仍存在缺乏丰富的专业期刊群、出版"走出去"与"引进来"力度不足等问题，但充分迎合市场打造的数字化产品，实现了专业内容的升值与产业的延展，这些成绩不容忽视。建工社专注自身优势，在变与不变中展现出版发展的平衡艺术。未来，在数字化建设上仍大有可为。

参考文献

［1］中国建筑工业出版社官网，http：//www. cabp. com. cn/。

［2］《建知（北京）数字传媒有限公司诚聘英才》，中国建筑工业出版社微信公众号，https：//mp. weixin. qq. com/s/6Tz0pFPjG38NKGslmjotkA。

［3］《中国建筑出版传媒有限公司，共创建筑出版事业新辉煌》，《中国出版传媒商报》网站，http：//www. cbbr. com. cn/article/130886. html。

［4］《建工社：出版业新型智库的建设探索》，出版商务网，http：//www. cptoday. cn/news/detail/5724。

［5］沈元勤：《数字出版急需复合型人才》，百道网，http：//www. bookdao. com/article/389724/。

［6］尚春明、张莉英：《专业出版社在数字化转型道路上的思考与探索》，《中国出版》2017 年第 2 期，第 20～22 页。

［7］中国建筑工业出版社官网，http：//www. cabp. com. cn/newsdetail. jsp？id = 68653&nodeid = 1160。

［8］魏枫：《如何实现数字出版转型的跨越式发展——以中国建筑工业出版社为例》，《出版参考》2014 年第 30 期，第 21～22 页。

［9］沈元勤：《立足服务建设行业 做强做大专业出版》，《科技与出版》2016 年第 5 期，第 8～11 页。

［10］咸大庆：《论专业科技出版的融合发展》，《中国新闻出版广电报》2020 年 4 月 23 日。

第二十三章
人民法院电子音像出版社：做法律体系的
知识服务商

人民法院电子音像出版社是人民法院出版集团（人民法院出版社）旗下的全民所有制企业。自2013年成立至今，出版社不仅推出普法栏目剧、教学片、教育电影，还建设了中国审判法律应用支持系统、中国法律应用数字网络服务平台等专业化知识服务平台，致力于为国内法官、律师等法律工作者和人民群众提供全方位的法律知识服务。

一 人民法院电子音像出版社简介

2013年3月25日，由最高人民法院主管、人民法院出版社主办的数字新媒体企业——人民法院电子音像出版社成立。发展至今，人民法院电子音像出版社已经成为行业经验丰富和系统资源专有的法律文化、信息与资讯产品提供商和传播服务商。[1]

人民法院电子音像出版社业务范围广，除了法律内容的电子资源出版和产品研发外，还承接了新闻出版改革发展项目和最高人民法院的重点项目，建立了法律知识服务平台。在数字化转型过程中，依托法律专业信息资源，借助丰富的渠道资源和多年来积累的经验，融入包括新媒体、网络数字在内的多重新兴技术，逐渐发展成受到业界高度认可，具有权威影响力的法律专业产品、信息、服务提供商。

2005年、2006年和2008年人民法院电子音像出版社分别获得由新闻出版总署和国家广播电影电视总局批准颁发的"音像制品出版许可证"、"电子出版物出版许可证"和"广播电视节目制作经营许可证"，成为法院系统唯一集电子音像制作出版和影视节目制作经营的出版传媒机构。

十年间，人民法院电子音像出版社致力于为中国职业群体提供专业、权威、精准的资讯服务，建立了中国法律应用数字网络服务平台，即"法信"平台；同时，致力于传播中国法律文化、促进中国法治理念的社会化，为此策划推出了教学片《中国法庭》、普法教育电影《黑白记忆》和大型庭审栏目剧《今日法庭》，并且取得了很好的反响。

二　发展历程和人才培养

（一）发展历程

人民法院电子音像出版社是人民法院出版集团旗下的支柱企业之一，属于人民法院出版集团独立运营的企业。

1986 年，人民法院出版社成立，隶属于最高人民法院，作为新闻出版机构，成为法院文化建设的主要阵地之一，同时也承担起最高人民法院文化建设和法制宣传的任务。

2011 年，人民法院出版社转企改制完成，在此基础上形成了"三社一公司"的"四位一体"经营格局。图书、期刊、电子音像出版是出版社的主要经营业务，《中国审判》杂志社、人民法院电子音像出版社和北京东方法律文化传媒有限公司为人民法院出版社的全面发展提供支持。[2]

2016 年，人民法院出版集团挂牌成立，意欲打造国际知名的法律内容服务商。集团的核心企业包括人民法院电子音像出版社、北京东方法律文化传媒有限公司、北京天平文创视觉设计有限公司等。[3]

各个子公司围绕"法信"平台的数字内容服务运行，为人民法院电子音像出版社的数字内容服务提供了产业支持。而作为人民法院出版社旗下的一员，人民法院电子音像出版社的目标是成为中国权威的法律专业信息服务集成供应商、法律资讯整合传播平台运营商、法律文化全媒体传播服务商。在成立之初，便按照互联网企业的架构设置产品部、技术部、内容部、运营部等部门，对接整个平台的产品设计、技术研发、内容供给以及市场运营等各个环节，形成了一个完整的运行体系。

（二）体制机制改革促进人才激励

人民法院电子音像出版社也进行了体制机制创新改革，改变了以往传统出版社的薪酬体系和激励机制，建立了相对独立的财务权、人事权，自主决定人员管理、薪酬考核等。为引进技术人才，人民法院电子音像出版社充分实行更为灵活的现代企业管理制度，采用协议工资的方式，高薪聘请员工。

针对技术研发、内容设计、市场运营等数字出版流程的不同环节，人民法院电子音像出版社建立了完善的考核体系，将技术和产品部门的研发完成率、内容团队的知识库以及知识体系的增量和质量、市场运营部门的用户转化率作为考核指标。薪酬、激励机制的改革使人民法院电子音像出版社更具活力，既提高了员工的工作积极性，也为出版社融入市场，实现数字成果转化提供了机遇。

（三）人才队伍保障产品研发

人民电子音像出版社每年都广泛吸纳人才。在招聘过程中，要求人才具备专业扎实、逻辑严谨、主动思考的能力，对新媒体、新技术传播有想法、有办法，对法律职业、法治事业有理想、有热情、有见地。[4]通过人才招聘，人民法院电子音像出版社的人才队伍持续扩大，为产品研发、数字出版发展提供了强大的后备力量。

在人才培养方面，以实践探索和员工自我学习为主。一方面，出版社引导传统图书编辑的知识体系和专业理念向数字化方向转移；另一方面，鼓励团队系统学习提升互联网产品的用户体验设计和运营模式。人民法院电子音像出版社为员工提供了独一无二的系统资源和发展平台，以及与顶尖法律职业精英交流合作的机会，年轻的团队间进行智慧碰撞，在企业高速发展的同时，个人也快速提升。员工会在这里产生和谐友好的团体归属感和传播文化的价值感。

三　业务范围

人民法院电子音像出版社秉承诚正、创新、品质的理念，致力于为中国法律职业群体提供专业、权威、精准的资讯服务，为中国法律文化、法治理念的社会化传播做出应有的贡献。

在多年的发展中，随着数字出版的逐渐深入，该社不断扩大、调整其经营范围。目前，人民法院电子音像出版社的经营业务主要有法律资讯服务，法律数字产品、法律数据库的研发与营销，与法律相关的电影、电视剧、电视栏目和专题片的策划发行，电子音像制品的制作出版，相关培训及活动的策划组织等，并通过数字产品的研发，为全国司法系统、法律行业及社会公众提供法律信息查询服务、法律应用及教学服务等。

除此之外，人民法院电子音像出版社配合人民法院出版社的图书出版电子出版物、音像制品，为法律系统提供互联网信息服务，经济信息咨询，市场调查，以及技术开发、技术转让、技术服务等技术支持工作；还涉及组织文化交流，影视策划，会议服务，承办展览展示，软件开发，数据处理等相关的业务。

四　数字出版发展规划路线

人民法院电子音像出版社的数字出版有着明确的指向性——为法律行业提供智能知识服务。其数字出版发展历程主要分为两个阶段。在尚未成立独立公司的阶段，出版社主要从事音像电子和影视制作；2013 年以后，随着"法信"平台的建立，人民法院电子音像出版社也从单纯的音像电子和影视制作开始向更为深入的数字出版与知识服务转型。成为独立运营的企业，则进一步促进了出版社的数字出版真正向知识服务发展。

（一）音像电子和影视制作时期

2002～2013 年，人民法院电子音像出版社面向社会大众制作发行了《中国法庭》、《黑白记忆》和《今日开庭》等音像电子制品，并收获了很好的反响。《中国法庭》《黑白记忆》曾经获得奖项提名，《今日开庭》几经改版，至今仍在电视台播出。

2003 年，人民法院电子音像出版社与第三方技术企业合作，尝试法律数据库的运营。2009 年，中国审判法律应用支持系统被推广到近万个基层法庭，人民法院电子音像出版社服务法院信息化建设、构建知识服务平台迈出了重要的一步。2012 年末，中国法律应用数字网络服务平台，即目前的"法信"平台开始立项建设。这一项目受到财政部、新闻出版总署、最高人民法院等多方力量的支持，也获得多个外部资金的支持，成为人民法院电子音像出版社转型的主要标志之一。

2014 年左右，影视行业蓬勃发展，影视剧的竞争空前激烈，大量剧目积压，而网络发展十分迅速，仅仅依靠音像电子已无法在海量影视出品中出头，更无法承担数字化法律知识服务的职责定位。此时人民电子音像出版社能适时做出数字出版方向的调整，也可体现出其前瞻性眼光。

（二）知识服务时期

2013年，人民法院电子音像出版社正式启动"法信"平台建设，正式将数字出版发展方向转向知识服务。2016年，"法信"平台上线，随后几年国际版、蒙古语版也相继推出。同年，最高人民法院数字图书馆上线。2019年，"法信智推"上线，从建设"法律数据库"到"法律知识服务平台"到"法律知识中台"，人民法院电子音像出版社越来越聚焦知识服务和行业应用场景的深入融合。建设"智慧法院"到建设"学科知识服务平台"，人民法院电子音像出版社逐步将焦点转移到法律知识服务上来。

随着人工智能、大数据、互联网技术的发展，大数据平台成为数字出版建设的重点。就司法领域来说，大数据技术在该领域的应用和具体实践也受到关注。由技术带来的变革在悄然发生，司法系统需要大数据平台来提升数据治理的效能。在此过程中，司法数据质量不高、统计效率低、应用范围小等问题成为司法体系需要解决的问题，因此必须探索一条技术与法律深度融合的道路来解决上述问题。这意味着面向司法体系建设的大数据平台应该加强内容精细化运作，提高数据的应用水平，提供统计数据开放对接，确保系统功能拓展等方面的建设。[5] 这也使得人民法院电子音像出版社的知识服务转型显得尤为关键和必要。

五　数字出版编辑系统建设

为了适应知识服务的发展，人民法院电子音像出版社形成了一套独立于传统编辑出版流程之外的法律数字内容管理系统，以完成知识服务平台的采、编、发工作。这一系统由资源采集系统、内容编辑标注系统、知识体系搭建关联系统、法律文件关联引用系统、类案大数据分析系统、问答和百科编辑系统以及前台发布输出等子系统构成。

其中，资源采集系统通过采集公共法律文献、第三方版权资源以及出版社自有的图书排版文件，完成公共文件爬取，纸书数字化、XML化等任务；内容编辑标注系统负责对多源采集后的法律文献、案例、观点，图书、期刊论文、范本等各类数字文献进行分类、标注、加工、关联；知识体系搭建关联系统负责对知识服务平台的核心——大纲进行数字化搭建和知识元串联；法律文件关联引用系统，主要通过机器识别完成对各类法律文件之间的关联引用作自动标注；类案大数据分析系统主要通过机器学习和人工标注相结合的方式，对法律文书进行维度标记和知识元的关联。经过加工处理的各类文献，再根据前台的需求被分发到数据库、一站式知识解决方案、智能问答、百科词条、类案智推等各个面向用户的前端输出系统。各个系统之间相互支持，共同支撑知识服务平台的搭建。

六　主要的数字出版产品

（一）《中国法庭》

《中国法庭》作为宣传法律法规的音像制品，在规划之初便受到行业的广泛关注，最高人民法院给予了大量支持。2002 年 9 月，最高人民法院办公厅向各省（区、市）高级人民法院下发文件，全面部署《中国法庭》的出版工作，并在文件中明确了指导思想、组织机构和实施方案。在全国各地法院的积极配合下，《中国法庭》第一套（52 集）于 2004 年底摄制完成，并在同年荣获"法槌奖"。

《中国法庭》直击庭审现场，深入探讨法律精神和立法宗旨，展现具有权威性、经典性、吸引力和生命力的经典案例。该片大力宣传相关法律法规，树立新时代人民法官及律师形象，推动全国法院审判工作及我国的民主法制建设与时俱进。[6]

（二）《今日法庭》

2006 年，人民法院电子音像出版社制作的《今日开庭》在各地电视台开播，播出后观众反馈好，收视率高。这一大型庭审栏目剧作为天津电视台滨海频道的一个法制类节目，将宣传法治精神、普及法律知识作为节目宗旨。通过电视这一大众媒体，向观众展示情与法、情与理之间的矛盾冲突。就社会效益来说，该剧在宣传国家法律法规以及法治建设中起了重要的作用。

（三）《黑白记忆》

在我国大力开展禁毒斗争的环境下，最高人民法院、公安部、司法部等部门都面向社会积极开展禁毒宣传教育工作。

《黑白记忆》取材于真实故事，以几个小孩染上毒瘾遭遇种种磨难为故事主线，揭示毒品给儿童、家庭乃至社会造成的严重危害，起到强烈的警示作用。该片获电影华表奖提名。

（四）最高人民法院数字图书馆

在互联网和大数据技术迅猛发展的当下，最高人民法院从法院内部实际业务应用的需求出发，打造了以知识管理和知识服务为导向的数字图书馆。

最高人民法院数字图书馆以"服务法院审判执行、服务法治社会建设、服务广大人民群众"为宗旨，努力建设"智慧法院"智库平台，为全体法律工作者提供知识服务，为社会公众提供普法、学法的数字资源平台。[7]

它容纳了近 200 个数据库和超过 1.5 亿篇文献，总字数近 2 万亿字，视频时长超 8000 小时，含 6 大板块和 18 个特色专区，是我国最大规模的法律资源数据库。它呈现了古今中外众多案件的全貌，从裁判书原文、诉讼档案、庭审视频等方面多维度审视中国古代案例、民国时期案例、新中国案例等；集中展现中华法系立法典籍及相关研究成果，其中包括从商朝到清代的中国历代经典立法文献、中国历代法律珍本典籍和中华法系学术研究成果；集中展现 500 余位国内外法律人的成就；实现海量法律文献的互通、互联、共享。

（五）中国审判法律应用支持系统

在众多数字产品中，中国审判法律应用支持系统走在行业的前列。这一在人民法院电子音像出版社数字化转型早期便研发出的产品，可以在计算机局域网、广域网和单机上使用。该系统能够提供对法律法规和司法解释的在线检索，亦能对审判工作中法律的应用过程进行全方位支持。

2009 年，最高人民法院为全国近万个基层法庭统一免费配发"中国审判法律应用支持系统"（人民法庭版）。这一举措，成功突破了人民法院建设的瓶颈，提升了法院审判工作和司法管理工作的水平，提升了人民法庭司法服务的能力。该系统主要提供相关法律文件的查阅，以及法律文书的写作、典型法律案例的参考等服务，同时全方位支持法院的审判和其他工作以及法学研究。

（六）中国法律应用数字网络服务平台——"法信"

2012 年起，受财政部国有资本经营预算资金重点支持，新闻出版改革发展项目和最高人民法院的重点项目——中国法律应用数字网络服务平台，即"法信"平台开始建设。

2013 年，"法信"平台开始建设，历时三年，2016 年正式上线。它不仅为法律工作者提供一站式专业知识解决方案和类案剖析、同案智推服务，而且向社会大众提供法律规范和裁判规则的参考。一个传统出版社建设、运作一个互联网平台，从机制到理念都需要很大转变。"法信"团队 2013 年刚组建时仅有 7 个人，发展到 2016 年时已有近百人，可以称之为快速扩张。一方面，最高人民法院对平台的建设给予了大力支持；另一方面，法院社尽最大努力在传统体制机制的框架下，给予了音像社和"法信"团队一个更为自主、灵活的运作机制。[8]

2018 年，"法信"平台与国家知识资源服务中心门户网站完成技术对接。2019 年，"法信"平台成为国家知识服务平台法律分平台。在国家知识服务平台上，用户通过定位"法律"专业知识库，即可检索"法信"平台上的法律法规文件，用户查看条目详情时，系统会跳转至"法信"平台的具体内容，提供详尽、专业的法律知识服务。2018 年和 2019 年，"法信"平台连续两次被写入《最高人民法院工作报告》。"法信"平台上线后，先后获得第三届中国创意工业创新奖、新产品奖金奖、中国数字出版博览会年度创新作品奖、年度专业知识服务品牌和优秀知识服务平台等荣誉。

"法信"平台作为中国先进的深度融合法律知识服务与案例大数据服务的数字化网络平台，以为法治中国提供基础性数字化法律服务和为中国法律职业群体提供权威、精准的法律知识服务为目标，经过多年努力，研发出满足中国法律条例的"法信"大纲，作为平台独特的、具有针对性的法律知识导航。同时，通过人工智能和大数据技术，提供同案智推、类案检索、智能问答等功能。平台将法律资源进行碎片化、细分化处理，通过对法律条文、法律观点、案例要旨等进行深度标引、分类聚合、串联推动等，向用户提供精准、全面、高效的服务。

2019 年，"法信"平台在应用范围上又加以拓展，由最高人民法院立项、人民法院电子音像出版社承建、库伦旗人民法院合作建设的"法信"蒙古文版正式上线。这一平台满足少数民族用户需求，开历史先河。[9] 平台共包含 9

大资源库，下设 33 个子库，总字数达到 300 余万字。用户可利用蒙古语对专业法律资源进行网站检索，平台的用户范围扩大，也进一步推动了法律专业知识服务平台在全国的广泛应用。

至 2019 年，"法信"平台已从刚上线时的"一纲、六库、两引擎"发展为"一纲、十一库、三引擎"，从刚上线时的 2000 万篇文献、100 亿字发展到 6000 万篇文献、350 亿字；随着"法信"平台的不断迭代与完善，与"法信"同行的法律人也达到 90 万人。

同年，为积极推进"智慧司法"建设、向新中国成立 70 周年献礼，由人民法院出版集团、中国司法大数据研究院（简称"中国法研"）、北京国双科技有限公司三方共同打造的"法信"2.0 版，于 9 月 27 日正式上线。通过内容、技术、算法优势的深度融合，全新推出三大功能板块：类案检索、智能问答、同案智推。作为国内一流的司法大数据人工智能产品与"智慧司法"解决方案提供商，中国法研应用最新的机器学习与自然语言处理等技术，建设类案检索、同案智推两大功能板块，涵盖 1414 个案由罪名，实现全库 7885 万条裁判数据检索秒级响应，为"法信"2.0 版提供最快、最全、最准的类案推荐服务。[10]

"法信"2.0 版汇聚了目前国内容量最多的法律知识和数据资源，全面满足法律职业群体的业务需求，为用户提供法律文件、法律观点、裁判文书、案例要旨，以及图书、期刊和文本范文等资源。目前有 16 个一级库，总文献数达 1.24 亿篇，总字数达 1600 亿字。[11]在上线之后，平台持续进行更新，发布最新的法律文献、案例，更新频次达每 30 分钟一次，最大限度地保证了平台内容的时效性和实用性。无论是资源内容的数量还是更新的频率，在国内都处于领先地位。

此外，"法信"也与其他应用实现链接。例如，人民法院调解平台和陕西法院诉讼服务网上，根据需要和场景设计，把"法信"嵌入其中，用户在这两个平台上提出问题，"法信"可以做出解答。[12]

正因"法信"平台为用户提供全面、独特的服务，才吸引大量用户使用，目前已经有超过 150 万法律职业用户注册，分布在全国 34 个省级行政区的 3500 多家法院。[13]

七　发展成就

人民法院电子音像出版社是以电子音像、影视制作、数字出版、法律知识服务等为主业的跨媒体出版社。近年来，出版社在新旧媒体融合、数字出版等方面大力探索实践，先后运营了"法信"平台、最高人民法院数字图书馆、"法信国际版"等重要平台，并取得一定成效。

2018 年，人民法院电子音像出版社荣获第四届中国出版政府奖（先进出版单位奖）。"中国出版政府奖"这一三年一度的奖项评比，是我国新闻出版领域的最高奖，在全国上千家出版单位中，有 50 家出版单位获得先进出版单位奖，其中仅有 2 家电子音像出版社获奖，而在法律类出版社中仅有人民法院电子音像出版社获奖，这同时也是人民法院出版集团所属企业首次获此殊荣。获得表彰的单位、出版物、个人，无疑是被行业认可的有突出贡献者。

2018 年 7 月，人民法院电子音像出版社入选"智慧法院十大解决方案提供商"。

从上线起，"法信"平台先后荣获中国数字出版博览会年度创新作品奖，中国知识服务产业峰会 2017 年度新出版与知识服务年度致敬之专业知识服务品牌，中国出版协会的"优秀知识服务平台"，2018 年中国新闻出版业大数据平台"创新成果奖"等荣誉。

2004 年，中国审判法律应用支持系统获"国家电子出版物奖"。早年间由人民法院电子音像出版社制作的电子音像出版物也获得了优异的成绩。《中国法庭》曾经荣获版协中华优秀出版物奖；"记忆三部曲"由中宣部、教育部等十部委发文推荐，《黑白记忆》获电影华表奖提名；《今日开庭》在各地电视台播出后也有着较高的收视率和反响。可见，从质量层面来说，人民法院电子音像出版社制作的电子音像制品受到了业界的广泛好评。

八　人民法院电子音像出版社数字化经验总结

人民法院电子音像出版社作为传统出版社在数字转型浪潮中建立的全资子公司，通过精准的判断、对细节的专注以及体系的完善，实现了出版社的知识服务转型和数字化跨越式发展。

（一）及时调整方向，具有前瞻性眼光

随着数字技术和互联网的发展，人民法院电子音像出版社及时调整思路，从单一的音像制作公司转向知识服务，聚焦法律数据的整合、加工，为

司法系统提供专业知识服务。

不仅如此，人民法院电子音像出版社在数字化建设过程中重视先进技术的融合，对人工智能与出版融合的可能性与可行性进行了深入的探讨和研究，将大数据与人工智能技术融入"法信"等知识服务平台之中。在传统文献关键词检索和知识体系检索的模式之下，对知识节点进行改造，使法信码、法条依据等维度作为类案智推的重要权重分析点，从而提升法律文献人工智能推送的精准性。同时，将人工智能主体识别、意图识别技术与法律知识文献问答检索对接，以提升专业问答的精准度和权威性。

正是因为极早认识到人工智能、大数据技术对于出版转型的重要性，人民法院电子音像出版社才能在知识服务中排在前列。

（二）重视技术人才培养，发挥团队优势

人民法院电子音像出版社所经营的业务需要较高的技术门槛，这也意味着出版社必须引进大量技术人才。在实现独立经营后，该社依托现代企业经营制度，采取了更为灵活的技术人才吸引与培养机制。这一举措也为人民法院电子音像出版社积累了一定规模的技术人才，满足出版社的技术需求。该社在知识服务平台建设中注重发挥技术团队的优势，在与合作方进行沟通时，亦能互相学习、借鉴，共同推进平台建设。

（三）聚焦知识服务，关注平台基础建设

人民法院电子音像出版社在向知识服务提供商转型的道路上，关注基础设施的建设，扎根具体项目，形成符合项目要求的流程和规范。在平台建设过程中，关注平台的基础体系搭建和数字编辑流程的改良，为知识服务平台搭建了稳定的体系，同时提高平台建设的效率。ERP系统、资源管理系统以及云信息推送等平台为数字化流程的实现提供了更为便捷也更具效率的基础，为数字平台的建设提供了支持。

同时，人民法院电子音像出版社率先搭建了法律知识与案例导航体系。这一体系针对我国法律的分类、条目，依据七大部门法的法条，将所有案由罪名进行法律关系的分拆与案例事实分解，具有创新性和针对性，也为后续平台的建设打下坚实基础。

九 小结

在人民法院出版社数字化发展过程中，具有互联网公司特征的人民法院电子音像出版社在人才结构、运营机制等方面都进行了重新的规划。

在制定具体战略时，人民法院电子音像出版社并未像诸多传统出版社一样采取多元化经营策略，而是专注于建设服务于法律专业的知识服务平台。其知识服务项目流程建设、平台搭建等，都为其他专业出版社的数字化转型提供了可借鉴的经验。

参考文献

［1］人民法院电子音像出版社微信公众号，https：//mp. weixin. qq. com/s/1vYIkadFe75sgYuXMxaiuQ。

［2］人民法院出版集团官网，http：//www. courtbook. com. cn/bsjs. jhtml。

［3］严骏：《人民法院出版集团挂牌成立：打造国际知名法律内容服务商》，《中国出版传媒商报》网站，http：//www. cbbr. com. cn/article/109614. html。

［4］《诚邀学法律的小伙伴加入互联的未来》，人民法院电子音像出版社微信公众号，https：//mp. weixin. qq. com/s/OhPU4dd5iuqM8uK0q_Pg2A。

［5］周蓉蓉：《提升数据治理效能 助力智慧法院建设》，《人民法院报》2020 年 4 月 14 日。

［6］《〈中国法庭〉经典案例》，法律图书馆，http：//www. law－lib. com/fzdt/newshtml/27/20050709214308. htm。

［7］《最高人民法院数字图书馆概况》，最高人民法院数字图书馆，http：//eastlawlibrary. court. gov. cn/court－digital－library－search/page/portal/libraryBriefIntroduction. html？324。

［8］赵冰：《法院社：转型法律知识服务商》，出版商务网，http：//www. cptoday. cn/news/detail/1501。

［9］《全国法院系统首个少数民族语言文字法律数据库"法信蒙文版"上线》，《内蒙古统战理论研究》2019 年第 3 期，第 63 页。

［10］《推进智慧司法建设，中国法研助力法信全新升级至 2.0 版》，中国司法大数据研究院微信公众号，https：//mp. weixin. qq. com/s/dM_R－YrgEcw8xdXD2mGaUA。

［11］法信官网，http：//t37. faxin. cn/html/about/about. aspx？t＝about。

[12] 孟晋：《法律专业知识服务的智能化探索》，出版商务网，http：//www. cptoday. cn/news/detail/5177。

[13]《重磅！"法信"改版升级！为机构用户新增多库资源开放试用中!》，法信微信公众号，https：//mp. weixin. qq. com/s? _biz = MzA3MDczNDQwMw = = &mid = 2652701806&idx = 1&sn = 3a7a736f8c1f16149684722bc6282e02&chksm = 84d1e342b3a66a5421a909490b93a66a99129f9e78d1edc82513b729f2b1282cc30e6be43401&scene = 27。

第二十四章
商务印书馆：百年老店的数字化转型之路

　　商务印书馆作为一家有着百年历史的专业出版社，拥有多条具有影响力的产品线，例如《新华字典》《现代汉语词典》《牛津高阶英汉双解词典》等工具书出版的产品线，"汉译世界学术名著丛书"的产品线等。随着数字出版的发展，怎样灵活调用版权资源，助力实现数字化转型，使百年老店增添活力，成为摆在商务印书馆面前的问题。本章从商务印书馆的数字化发展历程出发，分析其数字产品品牌形成和经营过程，以期探寻传统出版社实现数字化转型的流程和步骤，为传统出版社调用内容资源实现数字出版品牌建设提供启示。

一　商务印书馆简介

　　商务印书馆自 1897 年成立至今已经有 125 年历史。作为国家级出版机构，同时也是中国出版史上第一家现代出版机构，一直以"昌明教育，开启民智"为己任，竭力继承中华文化，积极传播海外新知，出版了包括《辞源》、《新华字典》、《现代汉语词典》、《牛津高阶英汉双解词典》、"汉译世界学术名著丛书"、"中华现代学术名著丛书"、"世界名人传记丛书"等在内的各类图书共计 5 万余种。

　　1954 年，商务印书馆迁往北京。2002 年，中国出版集团公司成立，商务印书馆成为集团成员之一。2011 年，在出版社转企改制背景下，正式改制为商务印书馆有限公司。近年来，商务印书馆顺应出版融合、全媒体出版的出版业转型升级趋势，及时调整策略，布局传统资源的数字化转型、全媒体开发。商务印书馆以资本和业务为纽带，跨行业、跨地区开发和发展内容资源，助力出版业务的转型升级。同时，积极参与国际出版市场竞争，力图成为文化内涵深厚、品牌影响力卓著、主业特色鲜明、规模实力雄厚、具备持续创新能力和市场竞争力的大型现代出版传媒企业。[1]

二 业务构成

多年来，商务印书馆以图书、期刊、音像制品、电子出版物等的编辑、出版、发行为主业，除此之外，还涉足印刷业务、广告业务、图文设计制作，文化创意产品的研发与销售、互联网文化活动，基础软件服务、数据处理，影视策划、企业策划，展览展示活动、文化艺术交流活动，计算机技术培训、书法与绘画培训等业务。

商务印书馆以中外语文工具书、学术著译作、大众科教文化图书和经济管理类图书为四大基础内容板块，下设汉语编辑中心、学术编辑中心、英语编辑室、外语编辑室、教科文编辑中心、数字出版中心和百年资源部，《汉语世界》和《英语世界》两家杂志社，"语言战略研究"网站。

三 人才培养

商务印书馆注重人才培养和编辑能力的提升，尤其重视对数字化编辑的培养。商务印书馆原总经理于殿利上任后便提出"编印发一体化管理"，这是新形势下对出版的重新定位。在商务印书馆数字出版中心主任孙述学看来，在数字出版发展过程中，传统编辑缺少融合出版的思维，限制了好的产品和服务的构想和实现，而技术人才往往只关注数据的转化和处理，运营人才更是奇缺。没有好的运营人才，数字出版很难成功。因此，商务印书馆一直以来注重对编辑多媒体思维的培养，促进传统编辑的数字化转型。商务印书馆学术编辑中心的编辑刘涛说，商务印书馆学术编辑中心没有专门的网络编辑，一直依靠传统，通过对现有编辑进行培训，从而提升其岗位胜任力，来完成微博管理工作。就微博运营这一工作来说，采取编辑轮流值班的方式。而这也说明，传统编辑通过培训可以达到新媒体编辑的要求[2]，一定程度上也是对商务印书馆编辑培训工作的肯定。

商务印书馆在队伍建设上重点打造学者型编辑。为实现这一目标，推行"两会三沙龙"制度。在内部，定期召开编辑大会、经营管理大会等；组织出版社的骨干参加各种专业培训班；打造完善、优质的员工岗位培训课程；积极组建新员工的导师队伍，扩大队伍规模，以老带新，促进商务印书馆优秀品质的传承和新员工工作能力的迅速提升。原总经理于殿利认为，编辑的具体能力包括专业能力和商业能力，编辑既要有专业学术能力，又要将理论与实践结合起来，实现生产力的转化。[3]

四　数字出版转型

（一）组织结构

商务印书馆是国内较早关注数字化转型的著名出版社之一。早在21世纪初，商务印书馆便开始布局数字化发展战略。

2008年，商务印书馆成立数字出版中心，形成一个类似于小型出版社的数字化组织结构，专门负责数字出版工作的选题、策划、制作、发行、营销等全流程工作。此外，全资成立了北京商易华信息技术有限公司，负责技术推广、技术咨询、技术服务，计算机维修，销售计算机、软件及辅助设备、文化用品，软件开发，计算机系统服务，数据处理，电脑打字、录入、校对、打印服务，电脑喷绘、晒图服务等业务，为商务印书馆数字出版的发展提供了人才和技术上的支持。在商务印书馆的数字出版中心团队中除了7位数字编辑外，其余人归属于北京商易华信息技术有限公司。通过公司化的运作方式，将一些重要的项目从出版社中分离出来，建立全新的公司来支持数字出版的发展，也有利于数字出版业务的拓展。

当前，商务印书馆以三大基地并行的架构来组织全社的出版活动，传统的印制部门、数字出版中心、全媒体制作中心之间相互配合。由编辑发起策划，策划工作贯穿产品设计和生产的整个流程，与三个中心形成紧密的联系。

商务印书馆也基于数字出版的特殊性，建立了不同于传统出版的考核机制。在数字出版中心与全媒体制作中心不设置经营指标，但部门的产出与编辑中心挂钩[4]，以此调动编辑的创造力，提升编辑工作的活力。

（二）战略规划

在进行数字化转型之初，商务印书馆以"品牌、主导、分类"为理念，在对自身优势进行仔细分析，找准自身定位后，进行了精准的数字出版业务布局。

1. 品牌

经过百余年的发展，商务印书馆已然积累了以《新华字典》《现代汉语词典》等工具书和"汉译世界学术名著系列丛书"等为代表的具有影响力的特色品牌。在工具书出版领域，商务印书馆的市场占有率高达70%。从这些具有品牌效应的传统图书做起，将工具书和学术著作的数字产品开发作为产品研发的核心[5]，实现数字出版的迅速破局，对于商务印书馆来说，无疑是一项明智之举。

2. 主导

在商务印书馆的规划中，要实现角色转变，即成为数字出版商，而不是简单的内容提供者。在整个数字出版产业链中，商务印书馆要占据主导地位，引领数字出版的发展。

3. 分类

在商务印书馆决定进行数字出版改革的初期，数字出版工作者将商务印书馆已有的传统资源依照类别、产品特色和资源的年代进行分类，分为现代出版资源和历史出版资源，并且依据不同资源的特色选择不同的出版形态。例如工具书资源上传至相关的工具书在线平台，一般图书进行电子书转化，历史出版资源则建设按需出版网，实现传统内容的数字化转型。在商务印书馆的数字化发展规划中，一方面是历史出版资源与现代出版资源的融合，另一方面是数据库与数字出版平台之间的融合。商务印书馆并不满足于单一化的数字出版产品，而是将眼光投向更广阔、更具整合性的数字出版发展方向上，力图实现资源检索、知识挖掘以及数字化学习、数字化研究等功能的融合，从而打造整合化的、最为权威的专业数字出版资源平台，从而节省用户进行产品切换的时间，为用户提供便捷的、全方位和多角度的检索服务。[6]

（三）发展历程

在20世纪末和21世纪初，商务印书馆便开始涉足数字出版领域。2010年，商务印书馆做了十年规划，力图在十年内实现全流程复合出版，形成在数字出版领域的知名品牌，争取到2020年，数字出版收入能够占到商务印书馆整体收入的10%～20%。[7]为实现这一目标，商务印书馆分步推进数字出版业务。从其发展重点来看，数字化进程主要分为四个阶段。第一阶段是基础建设。在这一阶段，商务印书馆制定了工具书的结构化标准，对 100 多种工具书、3 亿多字内容进行了深度标引；对电子书也很早就确立了加工制作标准；同时，开发了辞书协同编纂系统，建立了大规模的语料库和语料分析工具，为后续数据库、知识服务平台等的建立提供了基础设施和数据基础。第二阶段是在第一阶段的基础上开发出"精品工具书数据库"、《东方杂志》全文检索数据库等大规模的 2B 关系数据库。第三阶段将目标转向个人用户，研发出《新华字典》App、《现代汉语词典》App、《牛津高阶英汉双解词典》App 等产品，将纸质工具书数字化，在单纯的纸质内容电子化的基础上，融入动画、语音等媒体内容，用人工智能技术实现语义检索等，为用户提供高质量的内容服务。第四阶段是目前的融合出版阶段，在以往产品的基础上实现内容整合。当前，以辞书为建设基础的语言资源知识服务平台（涵芬 App）已投入使用。在这一平台中，提供优质产品和服务成为重点。充分调用优质、精品辞书资源，聚合已有的作者力量，打通线上线下渠道，针对中小学生这一目标对象，为其提供整合化的、权威规范的语言资源成为这一平台的最大优势。这也意味着商务印书馆在融合出版这一新的阶段正稳步推进，知识服务的出版理念已经深度融入数字产品研发之中。

（四）主要业务

目前，商务印书馆的数字出版业务主要分为电子书、数据库、App 三大形态，以及工具书内容系统、网络学习平台、按需印刷平台、全媒体生产运营平台四大平台。

1. 三大形态

电子书业务是商务印书馆的主战场。商务印书馆和北大方正集团、新加坡电子书系统公司等展开合作，进行电子书的开发。现已遵循国际标准，开发制定了一套行之有效的转码流程与规范，以加快纸质书的转码与制作过程。此外，商务印书馆还与亚马逊、多看阅读、京东、豆瓣、圣智学习集团等展开全方位合作，在这些平台上均可购买或付费阅读商务印书馆的电子书。2014 年，与亚马逊公司签约，达成纸电同步的战略合作，实现纸书与电子书的同步售卖，同时将 639 部"汉译世界学术名著系列丛书"进行电子化。为达成此次合作，商务印书馆在技术上做出很多努力，项目技术负责人马益新与团队建立了技术样式标准，CPDocBook 来处理 80 余种不同的文字样式。

数据库是商务印书馆数字出版的重要方向，经营模式主要为 B2B 模式。目前，商务印书馆的数据库有三条产品线：工具书、学术著作和历史期刊。从具体产品来看，包括商务馆精品工具书数据库、《东方杂志》全文检索数据库、汉译世界学术名著数据库、商务精品工具书数据库·学生版、商务精品工具书数据库·编辑版、商务精品工具书数据库·公务员版……这些数据库以商务印书馆出版的工具书、学术著作、历史期刊为基础，经过深度加工和标引后进行动态重组，功能设计完善，增值服务多，用户体验良好。

发行于 1904~1948 年的《东方杂志》是商务印书馆出版的标志性刊物，也是近现代期刊史上影响最大、刊龄最长的综合性杂志。它忠实地记录了我国近现代发展的历史轨迹，被称为"中国近现代史的资料库""杂志界的重镇""杂志的杂志"。《东方杂志》全文检索数据库将包括 3 种增刊，46 种专号、纪念号，22 种专辑、特辑在内的 44 卷 819 期/号（812 册）杂志内容全部数字化。对原始内容进行分类标引，依照文章、图片、广告等不同类型集合成不同的子库。数据库内容丰富、全面、专业，共囊括了约 3 万篇文章、12000 多幅图画、14000 多则广告。为用户提供了多种检索方式，用户可以选择标题、作者、摘要、关键词等不同字段进行内容的查询。与此同时，实现了 1 亿多字的全部文本化，可以全文检索，发挥了出版社内容审校的专业优势，文字差错率低于万分之一；同步提供文章的原始图片文件，保证资料引用的准确性；将底层内容全部标引后形成 XML 文件，标引项详尽、准确、全面。

App 业务是商务印书馆数字出版近年的另一重要方向，也是从 B2B 转向 B2C 的标志。商务印书馆专业至上、用户至上的经营理念为 App 的开发提供了很多优势。目前，App 主要集中在语言学方向，包括中国人学英语、外国人学汉语等，已上线涵芬 App、《牛津高阶英汉双解词典》（第 9 版）App、《现代汉语词典》（第 7 版）App、《新华字典》（第 12 版）App、学习牛津 3000 词 App、汉语世界 App、Linguap App 等多款产品。App 的设计开发均在分析、研究用户需求的基础上进行，加入丰富的多媒体形式，设计了很多教育学习功能，用户体验好。除了语言学习外，还开发了商务印书馆 App、地铁世界 App 等平台型、功能型 App。[1] 如今，这些 App 均取得了很好的成效，总计拥有 7000 多万下载用户，日均活跃用户数达到 50 万，付款用户超过 90 万，改变了搜索引擎时代用户对搜索引擎的依赖状况，也在纸质书的读者外，找到了真正的忠实用户。其中《新华字典》（第 11 版）App、《现代汉语词典》（第 7 版）App、涵芬 App 连续三年入选国家新闻出版署年度数字出版精品项目。

2. 四大平台

商务印书馆在进行独立的数字出版产品开发的同时，重视资源整合，依托平台，实现图片、视频、音频等的融合出版。

商务印书馆的"工具书内容系统"包括辞书语料库、数据库排版和工具书在线（精品工具书数据库）三部分。内容系统的开发为商务印书馆完善了数字产品研发的基础设施，并优化了数字化编辑流程，使语料采集、辞书编纂、出版、存储、发行、营销等形成一个自动化流程，大大提高了工具书的编纂质量，缩短了出版周期。[8]

"精品工具书数据库"在建立时属于创新型数字产品，在国内是首次将电子书与条目数据库进行结合，采用网站的形式，选取优质、权威、专业的辞书进行加工处理，在平台中集合文字、图片、音频、视频、动画等多种媒体形态，丰富了平台的内容和形式。"精品工具书数据库"面向全球互联网用户，是目前中国提供工具书检索服务较为权威和专业的搜索引擎。

目前，"精品工具书数据库"设有字典、词典、成语词典、语典、专科词典等栏目频道，上线《中华人民共和国地名大词典》《辞源》等专业工具书，条目超过 50 万条，受到各方高度肯定。

网络学习平台以《英语世界》和《汉语世界》杂志为基础，在多媒体网络环境下打造英语和汉语立体化学习模式。

为了顺应在线学习潮流，商务印书馆以《英语世界》杂志为基础，将音频、视频、课件等整合，搭建了"英语世界"网络学习平台，提供在线网络环境下的公共英语立体化学习模式。2006 年 11 月 23 日，"英语世界"网络学习平台正式版发布，目前，已推出《英语世界》精选文章、《新课标英语阅读》等近 100 个插件的下载。[6]

商务印书馆是中国近现代出版业发展的缩影，积累收藏了 15000 余种1949 年前"万有文库""国学丛书""中山文库"等出版物。其中不乏梁启超、杜亚泉、王国维、胡愈之等大家之作。出版物中记录了几百年来的历史沿革、文化发展，揭示了中华民族的文化和历史，对于传承中华优秀文化有着重要的意义。2007 年，商务印书馆开发上线了"按需印刷网"（按需印刷平台），针对海内外机构和个人用户，提供历史类出版内容的按需印刷服务。实现了对历史内容资源的保护、传承和开发。当下，它为用户提供 1897 ~ 1949 年商务印书馆所出版书刊的目录检索服务，书刊超 15000 种，同时向用户开放约 2000 种图书的电子文档印刷服务。[6]

2019 年，"全媒体生产运营平台"和"人文社科知识服务平台"发布。两大平台与商务印书馆追求融合出版的战略规划相辅相成。"全媒体生产运营平台"通过重构编、印、发一体化流程，为融合出版奠定基础。"人文社科知识服务平台"则通过精细化人文社科专业方向的知识服务定位，形成商务印书馆融合出版背景下知识服务转型体系建设。"全媒体生产运营平台"包含近 6 万种图书资源，具有商务印书馆品牌特色的名家大讲堂、汉译世界学术名著数据库、《四部丛刊》数据库等内容都被纳入其中。在平台中充分融合新型数字技术，在大数据、知识图谱、人工智能等技术支撑下，实现了咨询服务、纸电同步出版电子阅读、音视频资源、论文导师、社群交流和信息集聚、信息检索服务、电商平台以及融合出版体验和展示等八大功能。[9]

五 商务印书馆数字出版转型的经验总结

商务印书馆是出版界的"百年老店"，从其数字化转型道路中我们可以看到，一个有着丰富传统内容资源的出版社如何占据数字出版市场。

（一）品牌转移

商务印书馆数字出版的发展壮大，很大一部分得益于其百余年积累的品牌影响力。作为一家百年大社，商务印书馆的传统出版资源数量多、口碑好，拥有一批忠实的读者，这为数字化转型奠定了良好的基础。商务印书馆抓住这一优势，围绕传统内容资源开展了一系列数字出版实践，将传统品牌效应延伸至数字出版领域，这对于同样历史悠久、已经在传统出版领域形成一定品牌效应的出版社有极大的借鉴意义。

（二）明确规划

商务印书馆的发展有着明确的战略规划和路线设计，这使得转型能够始终沿主线前行，降低了试错的成本。对于商务印书馆来说，抓好基础建设是数字出版的第一要诀，即基于数字出版产品的不同特点，实现源头数字化、生产过程数字化、结果数字化。同时，搭建数字出版编辑平台，为整体的数字出版产品开发奠定基础。在长期的经营过程中，商务印书馆也善于根据数字技术发展的前沿动态调整策略，在数字出版产品线规划的基础上及时融入前沿技术，提升产品的价值，使自身的数字出版发展能够走在行业前列。

（三）用户服务

传统资源固然是商务印书馆的优势，但是提高资源利用率才是商务印书馆数字出版转型成功的关键。单纯的纸质书电子化必然难以支撑数字出版赢利的目标，也难以在激烈的竞争中吸引用户的注意力。商务印书馆及时调研用户需求，为用户提供最为便捷的服务，整合平台，为用户提供基于内容的全方位服务。通过数据库建设、App 研发、平台搭建，将传统的内容拆分、重组，利用字词检索、语义检索等多功能检索，让用户能够更为便捷地实现对知识的获取和调用。同时，将全媒体理念贯穿产品研发，在产品中加入图片、视频等多样化媒体内容，在读图时代，极大地增强了产品的吸引力，获得用户青睐。将用户需求作为数字化产品研发的前提和基础，是商务印书馆能够成功实现数字化转型的原因之一。

六　结语

商务印书馆的数字化探索至今已经有 20 余年的历史。在此期间，形成了多条数字出版产品线，依托传统出版资源研发出多个满足用户需求的产品。商务印书馆的数字化道路是循序渐进、稳步向前的。在数字出版品牌树立的过程中，能够找准内部优势，并将优势加以充分利用，最终使品牌优势得以延伸，从而在数字出版领域占有一席之地。这一系列方法和举措，为其他出版企业在数字化升级道路上树立品牌、扩宽产品线带来诸多启示。

参考文献

［1］商务印书馆官网，https：//www. cp. com. cn/ourselves/outline/introduction. html。

［2］刘涛：《传统编辑数字化升级之我见》，《出版参考》2019 年第 2 期，第 80 ~ 81 页。

［3］钟边：《时代精神，创造精神，120 年的文化自信——访商务印书馆总经理于殿利》，《中国编辑》2017 年第 5 期，第 2、11 ~ 18 页。

［4］孙珏：《文化担当，永远在路上》，《中国出版传媒商报》2017 年 12 月 8 日。

［5］孙述学：《商务印书馆的数字出版》，中国出版集团公司网站，http：//www.

cnpubg. com/digital/2013/0813/17479. shtml。

［6］刘成勇：《探索向数字出版商转型之路——商务印书馆数字出版战略与实践》，《出版参考》2009 年第 22 期，第 16 页。

［7］陈旷：《商务印书馆：数字出版前程似锦》，百道网，https：//www. bookdao. com/article/30456/。

［8］刘成勇：《主动介入、掌握数字出版的主导权》，《出版广角》2007 年第 7 期，第 16 页。

［9］《商务印书馆发布"全媒体生产运营平台"和"人文社科知识服务平台"》，《中国出版传媒商报》网站，http：//www. cbbr. com. cn/article/130295. html。

图书在版编目（CIP）数据

中国数字出版业发展典型案例研究／杨海平等编著
. -- 北京：社会科学文献出版社，2023.4
ISBN 978 - 7 - 5228 - 1120 - 8

Ⅰ.①中…　Ⅱ.①杨…　Ⅲ.①电子出版物 - 出版工作
- 案例 - 中国　Ⅳ.①G239.2

中国版本图书馆 CIP 数据核字（2022）第 215523 号

中国数字出版业发展典型案例研究

编　　著／杨海平　张新新　等

出 版 人／王利民
责任编辑／赵晶华　谢　炜
责任印制／王京美

出　　版／社会科学文献出版社·联合出版中心（010）59367151
　　　　　地址：北京市北三环中路甲 29 号院华龙大厦　邮编：100029
　　　　　网址：www. ssap. com. cn
发　　行／社会科学文献出版社（010）59367028
印　　装／三河市尚艺印装有限公司

规　　格／开　本：787mm × 1092mm　1/16
　　　　　印　张：20.5　字　数：352 千字
版　　次／2023 年 4 月第 1 版　2023 年 4 月第 1 次印刷
书　　号／ISBN 978 - 7 - 5228 - 1120 - 8
定　　价／128.00 元

读者服务电话：4008918866

▲ 版权所有 翻印必究